現代の産育儀礼と厄年観

田口祐子◉著

岩田書院

目次

序章

はじめに

現代の日本人は、信仰している宗教をもっている人が少ないとされる。その一方で、人生の節目には驚くほどの宗教的行動を示すことがみられる。例えば現在戌の日に東京日本橋の水天宮に参拝するならば、大変な数の妊婦の姿をみかけることができる。また古くからいわれている生後一ヶ月を意識して、母子ともに万全な状態ではなくとも近くの神社へ初宮参りをすることが広く行なわれている。

何が多忙な現代人をこのような行動に駆り立てるのだろうか。そして人々は実施することの中に、どのような意義を見出しているのだろうか。現在さかんに実施されている人生儀礼(1)において、その背後に存在する現代人の心性を探ってみたいということが、本研究を実施するにあたっての動機となっている。そのために本研究では、現代においてさかんに実施されている人生儀礼を取り上げ、その実態を明らかにすること、そしてこれらの儀礼がもっている意義を分析し考察することを目的とする。

なお本研究では、主として一九六〇年代の高度経済成長期以降を対象とする。

一九六〇年前後は、日本人の生活を考える上で大きな節目といえる。例えば色川大吉は一九五五年(昭和三〇)を

「生活の転換点」として、戦後の一九四五年の政治的な節目とは別に、人々の生活に大規模な変革がみられたのが、この時期以降だとする見解を示している（色川　一九八六）。この時期の生活を取り巻く客観条件の変化、例えば産業構造の農業から工業への大転換、労働生産性の急激な伸び、平均寿命の大幅な上昇、医療・衛生環境の飛躍的な改善、といった大規模な変革によって、人生儀礼の内容にも重大な変化が生まれたとしている。六〇年代以降の通過儀礼（人生儀礼）に関する重大な変化として、色川は「通過儀礼の外化現象」「コマーシャリズムの私的儀礼への参入」「儀礼の伝統的様式の継受困難」「多様性の喪失」「節目観の変化」を挙げている。そして人生儀礼の中には、色川の挙げる生活を取り巻く客観条件の変化により、消失・衰退するものも多かった。しかし一方で、いくつかの人生儀礼は現代においてもさかんに行なわれ続けている。

　本研究においては、大規模な生活の変革を経ても、いまださかんに行なわれている儀礼を対象とする。そしてまた、その中でもこれまで「現代」という括りの中でほとんど研究されてこなかった「生」に関する儀礼を対象とする。後述するように、人生儀礼研究は、その多くが「死」に関する部分を対象としてきたといえる。これに対して、本研究では対象とする四儀礼を「生」に関する儀礼として位置づける。対象とする儀礼は、「安産祈願」「初宮参り」「七五三」「厄年」の四儀礼である。前三者は、人生の始まりといえる出産・誕生、人の幼少期における儀礼である。民俗学では、これらの儀礼をその時期にみられる習俗も含めて産育儀礼として分類してきた。本研究においては、現代に生きる人々が、子ども（視点によっては女性にも）に関する儀礼として意識して行なっているものを総称する名称として用いる。また、厄年は人生を過ごしていく中で、節目の時期に行なわれてきた儀礼である。現代においては、三〇代女性の関心が特に高い儀礼となっている。これは、他三儀礼の対象となる子どもの母親世代とも重なる。本研究でも厄年において、特に三〇代女性に注目し論じる。

そして、現代における儀礼の実態を把握する上で、最も適していると考えられる都市を研究のフィールドとし、東京を中心にして調査を進める。方法として、主に儀礼の執行者(社寺)と参加者にインタビューやアンケートを実施する形をとる。

一　本研究における問題意識

本研究における目的は、「現代の人生儀礼の実態の解明と意義の考察」である。この目的の設定において前提とする問題意識は次の二点である。一点目として、現代においてさかんに実施されている人生儀礼が数多くあるにもかかわらず、研究対象となる儀礼に著しい偏りがみられることがある。特に葬送儀礼や墓制といった「死」に関する儀礼の研究への集中がみられ、それに比して、「死」以外の時期にみられる儀礼に関する研究は甚だ少ない。そのために、本研究で取り上げる産育儀礼や厄年に関する実態は、現在さかんに実施されているにもかかわらず、正確な把握が難しい状況にある。

人生儀礼研究が多く行なわれている民俗学において、この傾向は顕著である。日本民俗学会の学会誌『日本民俗学』の一〇〇号から数年ごとに掲載されている研究動向において、現在に至るまで人生儀礼の分野では「死」に関する儀礼の研究動向に多くのページが割かれている。一一二号では、人生儀礼を「産育・婚姻」「葬制・墓制」の二つに分けているが、論稿をとおして取り上げられている研究数三五本のうち、二四本が後者の「葬制・墓制」に関するものであった(佐藤　一九七七)。一三六号では、「通過儀礼」というタイトルのもと、これを婚姻・産育・年齢・葬送の四項目に分けたうち、「葬送の項に、多くの論文や著書が集中しており、いささかバランスを崩している」(井之

口 一九八一：二〇頁）とさえ指摘されている。その後もこの傾向は変わらず、選ばれる下位テーマに変化・変動はみられるものの、「死」に関する儀礼への集中は現在も続いている。

こういった葬制と墓制に代表される「死」に関する儀礼に、研究の集中がみられる要因として、平山和彦は「これらのうちに日本人の霊魂観が顕著にうかがわれるところから、日本人の信仰や思想を探るには恰好の対象だから」（平山 一九九二：一六二頁）としている。

平山の指摘は広く共通の認識とされてきたといえるが、儀礼の置かれている状況を現代という時代背景の中で見直すならば、葬送儀礼以外の人生儀礼においても、現代人の信仰や宗教性を探る条件が多く揃っていることがわかる。

日本人の宗教性を問う昨今の世論調査では、信仰の有無を問う質問において信仰無しの度合いが高く、実際に信仰している宗教があると回答する人は少ないという結果が得られている（石井 二〇〇七）。一方で、現在多くの宗教法人が存在し、初詣、墓参りなどの宗教的行動がさかんにみられるといった矛盾した状況が存在している。日本人の信仰の特徴として、宗教意識の低さに比して宗教的行動の高さということが指摘されている。このことについて、宗教に関して諸外国とは異なる、日本人の宗教性を取り出す方法の模索が続いている。

一般に宗教性が低いとされる日本人に広くさかんにみられる宗教的行動として、人生儀礼に関することが挙げられる。本研究で取り上げる安産祈願・初宮参り・七五三・厄年は現在いずれもさかんな人生儀礼であるが、多くの場合、社寺参拝と、さらには祈禱・祓いといった宗教的行動をともなう。把握することの難しい現代人の宗教性を考える上で、宗教的行動をともなう人生儀礼に注目することにより、多くの示唆を得ることができると考えられる。

つまり本研究では、これまで「死」に偏ってきた人生儀礼における研究を人生の他の時期に広げ、その中にみられる宗教的行動の実態を把握し、儀礼に関する意識を探ることで、現代人の信仰や宗教性を取り出す試みをしていきたいと考えている。

問題意識の二点目として、儀礼研究における「人生儀礼」に関する取り扱いへの疑義、「現代の人生儀礼」を研究するにあたって「人生儀礼」の再定義の必要性ということがある。

民俗学では、人生の流れにともなって行なわれてきた誕生(出産)・成人・婚姻・葬送に関する一連の儀礼を、「人生儀礼」「通過儀礼」といった括りで総称してきた。また、人生の各段階(幼少年期・青年期・成人期・老年期など)に特徴的な儀礼の周囲にある事柄を取り上げ、明らかにするタイプの研究も含まれてきた。

先述の『日本民俗学』における研究動向においても、多くの場合「人生儀礼」あるいは「通過儀礼」といった区分の中で論じられてきた。概観すると研究動向のタイトルは、最初の一〇〇号(一九七五年)から三回続けて「人生儀礼」、その後に続く一三六号(一九八一年)と一四八号(一九八三年)は「通過儀礼」、そして一六〇号(一九八五年)にはまた「人生儀礼」といった具合に、その後もいずれかの儀礼名がタイトルに使用されている。さらに、最近の二六二号(二〇一〇年)は「『生』と『死』に向かう人生儀礼」という形で、「人生儀礼」の方が用いられている(2)。

この「通過儀礼」は周知のとおり、ファン・ヘネップの著書『通過儀礼』により、使用されるようになった概念である。その含む範囲は「門と敷居、歓待、養子縁組、妊娠と出産、誕生、幼年期、成熟期、イニシエーション、叙任式、戴冠式、婚約と結婚、葬儀、季節、その他の諸儀式」と広範囲にわたっており、目的とするところは「個人をある特定のステータスからやはり別のステータスへと通過させること」(A・V・ヘネップ 一九七七：三頁)としている。ヘネップは、儀礼を分離↓移行↓統合の三段階に分けているが、ターナーはこのうちの移行の概念を発展させ、その段階で生じる日常的な秩序とは対立する混沌の状態をコミュニタスと呼んだ(V・W・ターナー 一九七六)。このヘネップやターナーの唱えた通過儀礼の構造説明の魅力から、これらにみられる考え方は幅広い分野で援用されてきた。

しかし通過儀礼は、明確な説明なく人生儀礼と同義のものとして使用される場合が多かった。この両者の使い分けは論者によってその時々で変化し、一定の規定もなされてこなかったといえる。また、二つの用語は「人生儀礼または通過儀礼」として安易にまとめられることも多く、両者のそれぞれの定義はもちろん、違いなどについても触れられてこなかった。

そうした中、議論なく扱われてきた「人生儀礼」「通過儀礼」の区分において、民俗学では「人生儀礼」の方が好んで使われてきたといえる。「人生儀礼」とする区分に含めることができる儀礼全体の基底に、日本人の一生が循環的生命観にいろどられ、祖霊信仰論、生まれ変わりにつながるとする考え方があったからであり、日本人の人生観に合致すると考えられていたからである。

しかし、近年そうした「人生儀礼」と総称した区分に対する疑義が呈されるようになってきた。岩田重則は、「定説として理解されてきた祖霊信仰学説が一学説にすぎないことが、共通理解となる方向がようやく生まれてきている」(岩田 二〇〇六：六八頁)として、これまでの人生儀礼研究の見直しと、人生儀礼に関する分類や枠組の再検討の時期が来ていると論じている。そして、特に人生儀礼全体の構造的連続性の有無を問題視している(3)。

また、板橋春夫は「通過儀礼」を用いて、通過儀礼研究が現在の社会状況の急激な変化に対応していくことを求められているとしている。循環的生命観では捉えることのできない現代の通過儀礼について、現代社会におけるリアリティに目を向け、それらを捉える視点の確立の必要性を問うている(板橋 二〇〇八)。

このような議論が続いている間も、議論の重要な核である区分の名称の違いや使い分けに関する確認は行なわれず、「人生儀礼」「通過儀礼」はそれぞれの研究者独自の視点から使い分けられているのが実情といえる。

区分の仕方に関する疑義として、岩本通弥のものがある。岩本は産育習俗と儀礼に関する分析概念の曖昧性、つまり産育あるいは産育習俗のすべてを「儀礼」として一括して扱うことの問題性を指摘している。さらには「日本の民俗学では「儀礼」をどのように概念化しているのか、先行研究をみても明確ではなく、ファン・ヘネップの通過儀礼論が援用されてはいるものの、人生儀礼は通過儀礼と必ずしも一致はせず、なぜ人生儀礼なのか、またなぜ産育儀礼と一括するのか、これらを明示化した議論を筆者は寡聞にして知らない」（岩本 二〇〇八：二七一頁）と述べている。

また平山和彦は、民俗学において、人生儀礼と通過儀礼が類似の概念のように、指標なく同等に扱われてきたことに対して理論的な検討がほとんどされてこなかった理由として、①この言葉の普及が比較的新しいこと、②ヘネップの著書『通過儀礼』（原著の発行は一九〇九年）の訳書の刊行が、日本では一九七七年で近年の事態だということ、③柳田國男をはじめ在来の日本民俗学界には概念論を展開する学風が希薄であったこと、を挙げている（平山 一九九四）。

一方、宗教学においても人生儀礼を含む儀礼に関する研究は、重要な位置を占めてきたといえる。日本宗教学会の『宗教研究』における儀礼に関する研究動向をみるならば、古くは呪術と宗教の関係や違いについての議論の中で、それぞれの発生をめぐり儀礼の形式がまずあらわれるとする儀礼先行論が提唱された。それに関連して、儀礼における衝動性の重視と、それに相対立した社会的な面を重視する立場からの議論がなされた（例えば儀礼における社会的拘束がある）。そして儀礼における衝動的側面については、儀礼の発生に関する議論、儀礼における心理的動因の究明を志すものがあらわれた。一方で祭祀・祭り研究の盛行に関連して、日本の固有文化における儀礼の歴史的視野に立ちながら、実践的側面を重視して研究していく流れができてくる。この流れは、儀礼文化学会の起ち上げにもつながった（倉林 二〇一一）。

その後、儀礼に関する研究については、文化人類学においてもターナーにみられる儀礼的転移に注目が集まった時期もあり、近年では儀礼における身体性、心理学的・実験科学的知見の導入によるイメージやスキーマなど、新たな視点が導入されている。しかし、多くの研究者たち（竹沢 一九八七、飯嶋 二〇〇〇）も考えているように、視点の提供以上の発展はみられない。

このような宗教学における儀礼の研究の流れがある中に人生儀礼（死・婚姻など）に関するものも含まれ、「人生儀礼」の用語を使用している場合もみられるが、民俗学同様その位置づけを確認し、定義しているものは少ない。倉林正次・宮家準などは儀礼全般における定義の中に人生儀礼も整理して入れ込んでいるが、詳細な説明がない状態である（倉林 一九八二、宮家 一九九四）。例えば、倉林は儀礼文化を三つに分け、そのうち「生活の儀礼文化」の中の「晴の生活」の下位分類として「年中行事」「祭り」「一生の儀礼（人生儀礼）」を入れており、宮家は宗教儀礼に含まれる主要なものとして、「祈り」「祭り」「年中行事」「救済儀礼」「通過儀礼（人生儀礼）」を挙げている。倉林も宮家も儀礼全体をみた時の「人生儀礼」の便宜上の分類・整理の仕方であり、様々な変化の波に見舞われている現代の人生儀礼を研究する上で、定義として用いることには適していないといえる。

「現代」という中で儀礼そして人生儀礼を捉え直すならば、儀礼を構成する新しい要素や視点をその研究に組み込んでいく必要があるだろう。例えば、主に文化人類学における儀礼のこれまでの扱われ方を批判的に再検討した福島正人は、柳田國男の『祭から祭礼へ』の中における「観客」という存在の誕生、外部からの視点の導入の指摘の重要性を挙げ、儀礼をめぐる構成要素が複雑さを増大させており、そのことにより儀礼に対する意識の変化が生み出されていると述べている（福島 一九九三）。また昨今は、儀礼に対するメディアやビジネス産業の参入に関する事柄にも目配りしなければならない（島薗・石井 一九九六）。

そうした儀礼を取り巻く流れの中、本研究における「現代の人生儀礼」をどのように位置づけることができるだろうか。

先述したヘネップらにみられる通過儀礼の定義や捉え方を、現代の人生儀礼研究において、そのまま使用することは難しい。特に現代の儀礼における個人化の増大、社会的側面の減少の点において、このことは顕著である。現代においてもさかんに実施されている多くの人生儀礼を捉えるために、筆者は次の点の重要性を指摘したい。

・儀礼のもつ社会的役割の大幅な減少
・「人生」自体の捉え方の変化
・儀礼における「神」の存在・役割の変化

さらには、この三点の変化にともなう儀礼の形態の変化、「形骸化」という捉え方に注意しなければならないと考える。こういった現代における人生儀礼にみられる変化に対して、後述するように儀礼の参加者自身が自分たちの行なっていることを人生における重要な儀礼、「人生儀礼」であると考えている事実に注目し、取り上げる四儀礼を総称するものとして、本研究では「人生儀礼」を使うことにする。

人生儀礼を取り巻く個人化・多様化といった現代の状況を考えると、社会状況、儀礼の構造以上に、現代において「儀礼」を求める「参加者」の心性に注目していくことは、重要なことといえる。換言するならば、儀礼内容、形態（形式）、目的など、儀礼の名称以外が従来のものから大きく変化したとみえる中、筆者が特に注目したいことはそれらの儀礼を「人生儀礼」として捉え、実施している儀礼参加者、実施者の思いや考えである。

本研究は、現代の人生儀礼における参加者、宮家によれば「受けとめ手」(4)の儀礼を求める心性を調べていくこと（宮家 一九九四）を中心に据え、現代における「人生儀礼」の捉え直しを試みるものでもある。

二　本研究の位置づけ

本研究が取り扱う現代の「生」に関する人生儀礼に焦点をあてた研究をみつけることは難しい。しかし、そうした中で本研究と関連する研究の動向を概観し、その動向における本研究の位置づけを確認しておきたい。なお、第一章以降取り上げる四儀礼についてのこれまでの研究動向については、それぞれの章にて述べることとする。

1　民俗学における人生儀礼研究の概観

『日本民俗学』一二四号における研究動向の特集の「人生儀礼」の項の中で新谷尚紀は、特に戦後、昭和三〇年代以降の高度経済成長が日本人の生活形態をその全般にわたって大きくかつ急速に変貌させたとし、さらに「そうした中にあって最も改変を余儀なくされたのが、様々な民俗のうちでも特にこの人生儀礼の民俗ではなかったか」(新谷　一九七九：一二九頁)として、現代の人生儀礼研究を取り巻く歴史的状況について指摘している。

このような事態において、民俗学における人生儀礼研究は活況を呈しているとされている。柳田國男は『先祖の話』(一九四六年)の中で、近代社会における「家」を基盤に構築された先祖祭祀や祖霊信仰の考え方(柳田　一九六九)を示したが、この考え方は後にオームス・ヘルマン、坪井洋文によって整理され、日本人の人生儀礼の円環的構造としてその後の人生儀礼研究の基盤に置かれてきたといえる(ヘルマン　一九六七、坪井　一九七〇)。オームスが死後三三年忌の弔い挙げまでの人の一生を一部閉じていない円環で示し、それ以後を空白にしたのに対し、坪井は柳田が強調した「生まれ変わり」の存在を重視し、三三年忌以後と誕生をつなぐことで循環する構造を示したことは有名である。

祖霊信仰論、循環的生命観は広く支持され、人生儀礼のみならず広く様々な民俗事象における前提とまでなるが、先の坪井も述べているように、全国を一元的に捉えてしまうために、個々のムラにおける独自性が問われていないとした問題が指摘され（坪井　一九八四）、そして無批判に祖霊信仰論を儀礼研究のベースに置いていたことへの疑義が唱えられるようになる。例えば、宮田登は現代社会において通過儀礼にみられる精神世界を、画一化された柳田の祖霊観では十分に説明できないとしており（宮田　一九九九）、鈴木正崇は霊魂や他界を前提とする民俗社会の論理が崩壊しようとする現実を踏まえ、通過儀礼を従来の農民モデルから都市民モデルへと組み替えることの必要性を説いた（鈴木　一九九八）。このような現実社会の変貌に対応した新しいモデル構築に対する指摘が広くなされるようになり、人生儀礼研究でみられた祖霊信仰論は一学説として相対化されるようになる。それにともない、これまで人生儀礼研究の中で多く扱われてきた「死」や「生」についても、祖霊信仰論にとらわれない現代における新しいテーマに基づいた研究がなされるようになってきた。

そういった新しい現代の「死」に関する研究として、特に、位牌・墓上施設、さらには葬祭ビジネスによる葬儀の変容、そして近年の目覚ましい医療の発展による臓器移植や脳死の問題へと関心が広まってきた。近年の代表的なものには、位牌祭祀を「死者儀礼」と「祖霊祭祀」の併存であるとする中込睦子の研究（中込　二〇〇五）、家族類型論を継承しながら位牌祭祀の類型論をまとめた上野和男による研究（上野　一九九二）、両墓制以外にようやく視点が向けられるようになった墓上施設研究、例えば空間的ズレと後発的石塔発生の問題に関する福田アジオの研究（福田　二〇〇四）がある。葬祭業者に注目した葬祭儀礼の変容を追う山田慎也の研究（山田　二〇〇七）、墓にまつわる民俗資料を地域別に整理し、共通項を抽出分析した岩田重則の研究（岩田　二〇〇三）などは新しい民俗学の方法を提示している。

一方、現代の「生」に関する研究としては、現代医療を視野に入れた出産に関する研究が中心になっている。中でも、かつて出産において中心的役割を担った産婆や助産婦に関する研究が、現代医療への不信感や出産に対する新たな視点の提供という点からさかんになっている。現代医療を視野に入れた出産に関する研究としては、吉村典子の医療が抱える様々な問題をまとめたもの（吉村　一九九九）、鈴木由利子の産科医療の発達と関連させながら水子供養や間引きの問題を取り上げたもの（鈴木　二〇〇〇）、同じく鈴木の出産の医療化がすすむ中で地域社会における産婆の活動を調査した成果がある（鈴木　二〇〇二）。また佐々木美智子の母子のもつ潜在的な力に注目した出産方法の動向に言及した一連の研究（佐々木　二〇〇一・二〇一一）、現在の出産をめぐる状況を「第三次お産革命」として、特に当事者の出産に対する意識にみられる大きな変化の抽出を試みた安井眞奈美の研究（安井　二〇一三）もある。

このように「生」に関する研究は、生命への関心の高まりを背景に出産に関するものが多くみられ、かつて豊かにあった出産・産育習俗が失われたあとの現状を追うものとなっている。つまり、出産・誕生儀礼の実施される時期に特徴的にみられる現代の問題関心をテーマとすることが多く、安産祈願や初宮参りのように現代においても実施されている人生儀礼自体に焦点があてられてこなかったといえる。こういった研究の流れの中に、本研究を位置づけることは難しい。

戦後、研究対象としてきた古俗が次々と失われ、新たな研究内容や方法の開拓に関して、模索を続けている民俗学では、学創設者の柳田國男の考えに立ち戻るということで、現在の我々の生活に密着した社会的課題の解決を志向する立場がみられるようになっている。しかし、そのような立場に立った時、喫緊の問題がなく、また「形骸化」「イベント化」してしまったともとれる現代の人生儀礼の実態や意義に関する研究は、後回しにされてしまっている感がある。また、必ずしも一定しない「民俗」という概念の扱いではあるが、現在の暮らしや生活の中に、長い時間の歴史的展開の結果をもつものを「民俗」とする立場からは、現在の七五三や厄年・厄祓いなどの儀礼が過去からの同じ名称であっても、儀礼のあり様が変化し、従来の形とのつながりが見出しにくい現状から、民俗学的な研究対象として位置づけにくい実状が背景に見受けられる。

2 「死」と「生」に関する研究関心の広まりと高まり

このような近年の「死」や「生」に関する問題関心は、民俗学に限ったものではない。そして民俗学における祖霊信仰・霊魂観に関する研究関心、また柳田國男の祖霊信仰論の影響は、人生儀礼・通過儀礼と関連するテーマをもつ研究分野で濃厚にみられるようになっていった。

日本の宗教学界でも、現代の「死」と「生」をめぐる状況は、戦後重要な研究テーマとなった。このことを日本宗教学会の学会誌『宗教研究』で確認するならば、毎年の大会紀要号にみられる発表数において、現代の「死」についての領域の研究は、一九八〇年代から大幅に増加している。林淳は「宗教の伝承―柳田ブームをふりかえる―」（一九八〇年）の中で、戦後の社会経済情勢にともない、国民的アイデンティティの確認、異文化共存の必要性が希求されるようになり、この時期に起きた、いわゆる「日本人論」の動きのひとつといえる一九七〇年代の柳田ブームは、戦後の宗教研究史における節目となったとしている。そして戦後の宗教研究を主導したのは、既成宗教の研究ではなく、民衆の信仰を掘り起こす民俗学の流れをくむ立場であったとした（林 一九八〇）。この時期、宗教学が注目し取り上げたのが、主に民衆の信仰における「死」を含む事柄であった。それを示す証拠として、宗教学の分野では、特に先祖祭祀・葬儀・墓をめぐって様々なレベルからの議論がさかんになっていく。重要なものとして、前田卓『祖先崇拝の研究』（一九六五年）、藤井正雄『現代人の信仰構造』（一九七四年）、村上興匡「大正期東京における葬送儀礼の変化と近代化」『宗教研究』二八四（一九九〇年）、孝本貢『現代日本における先祖祭祀』（二〇〇一年）、鈴木岩弓ら

『死者と追悼をめぐる意識変化―葬送と墓についての統合的研究―』(二〇〇五年)などがある。

宗教学におけるこのような研究関心と前後して、あるいは同時期に、「死」と同様「生」とも関連した死生観や生命倫理の問題から発する社会的関心が、宗教学をはじめ関連する学問分野において大きな流れを作っていくことになった。この流れは一九六〇年から七〇年代の欧米におけるホスピス運動の普及と浸透をすすめたイギリスのシシリー・ソンダース(ドゥブレイ 一九八九)や、死にゆく者の心のケアの研究と臨床に従事し多くの研究業績を残したエリザベス・キューブラー＝ロス(ロス 一九八八)らによる活動の世界的広がりを受けたものである。日本においても医療技術の進歩に対し、病人の心のケアの不十分さが問われ、家族の死に直面した際の悲嘆に応じるグリーフワークの必要性が主として医療従事者の間から叫ばれた。またそのことと呼応して、現代人に対する「死の準備教育」の取り組みが、宗教者のアルフォンス・デーケン(池上 一九九八)らによってすすめられ、専門家のみならず広く一般の人々の間でも関心をもたれるものとなっていった。

このような動きを受けて、一九八〇年代に入り日本においても尊厳死や臓器移植・脳死の問題が広く社会で注目されると、宗教学・民俗学を問わず、「死」と「生」が表裏一体をなすとする死生観をベースにした研究が活況を呈するようになり、学術的に大きな関心事となっていった。主要なテーマは、死生観や生命倫理・生命操作を題材としたものである。その関心の高まりは、急速に広まり深まった日本における研究を総括し、今後の課題を提起するような書籍の刊行へとつながっていく。例えば二〇〇八年のシリーズ五巻本の『死生学』(島薗進・竹内整一編著)、二〇一一年にそれまでの研究成果の集大成を主旨とした二〇巻からなる『シリーズ生命倫理学』(5)などの刊行がある。また二〇〇〇年代に、東洋英和女子大学における死生学研究所の設立(二〇〇三年)と、それに続く他大学機関における研究所の設立(6)や大々的なプロジェクトの開始(7)をみても、その関心の広まりは明らかである。また、一九八八年には早くも日本生命倫理学会が発足している。元々あった人生における「死」や、「死」を通じて改めて注目される「生」への強い関心は、実際の現代的問題から発している死生学や生命倫理学の興隆により、さらに強まってきたといえる。しかし、この中でも特に「生」に関する分野において、人生儀礼に関連した動向を見出すことは難しい。

3 宗教民俗学における本研究の位置づけ

「生」に関する人生儀礼研究の可能性は、宗教民俗学の中にようやく見出すことができる。

民俗学とテーマを共有することの多い宗教学では、近年、宗教民俗学という分類名称が用いられることが多くなってきており、その領域において多くの研究業績が積まれてきている。宗教民俗学の主たる研究対象を総称して、「民俗宗教」[(8)]という名称が現在使用されているが、定義については研究者の間で相違がある。代表的な定義として「一般に成立宗教・既成宗教・組織的宗教などの用語で捉えられてきた経典的・制度的な宗教に対して、これらの要素を含みつつも、これらの教義的理念では捉えきれないような、一般生活者の日常生活に密着した宗教的信念や実践の総体をさす言葉」（池上 一九九八：五四七頁）がある。また宮家は『日本宗教の構造』（一九七四年）の中で、「民俗宗教 folk religion は、特定民族のもつ神話・祭や諸行事などの宗教的慣習・伝承、宗教集団などの体系をさしている。日本にひきつけて考えれば、日本人の生活の中からはぐくんできた特定宗教（神道・仏教・キリスト教）などに偏しない宗教慣習のことである」（宮家 一九七四：四一頁）と定義づけている。

これらの定義からわかるように宗教民俗学では、キリスト教や仏教などの成立宗教の枠では捉えきれない、宗教とは意識されずに生活習慣として行なわれてきたものを研究対象として含んできた。これまで宗教概念のベースに置かれていた諸外国の宗教理解からは、はかることが難しい日本の宗教状況を理解する上で、重要な視点や指摘を提供する可能性を秘めているとされる。

日本宗教学会の『宗教研究』二五九号（一九八四年）において竹中信常は、第一回〜四二回までの学術大会で発表されてきたテーマを、年ごとの研究領域別の発表数で集計している（竹中 一九八四）。これによると、宗教民俗学の領域から書かれたものは第三回大会（一九三四年）に最初の第一回の発表（杉浦健一「年中行事にあらはれた民間の宗教生活」）があり、その後若干増加がみられたが、一九七二年の第三一回大会では一二件に大幅に増加し、以後一九八二年の第四二回大会に至るまで二〇件前後で推移している。この数は竹中によって分類された一七の分類区分において、「仏教」「哲学」「キリスト教」に次ぐものであり、発表者数に対する割合についても一九七四年以降には毎年一割を占めるという結果となった。このことは、先述の林淳が一九七〇年代初めに起きた柳田國男ブームが戦後の宗教研究史における節目となったとし、既成宗教の研究ではなく、民衆の信仰を掘り起こす民俗学の流れをくむ立場といえる民俗宗教がさかんになったとする指摘と合致している。その後、八〇年代には桜井徳太郎（桜井 一九七九）、宮家準（宮家 一九八九）、荒木美智雄（荒木 一九八五）らによる民俗宗教の概念規定、研究領域の検討が続いた。先述の二五九号（一九八四年）における民俗宗教分野の発表数はおおよそ二一件で、発表題目には「民俗宗教（フォークレリジョン）の概念について」（荒木美智雄）による概念の規定に関するもの、「巫者におけるカミとホトケ」（川村邦光）といったシャーマニズムに関するもの、「納骨堂と立体墓地」（藤井正雄）にみられる現代や都市に視点を置いたもの、そして「祭における複合化の過程」（宇野正人）といった祭り研究もみられる。

『宗教研究』三二五号（二〇〇〇年）では「「民間信仰」研究の百年」と題した特集が組まれ、池上良正が「宗教学の方法としての民間信仰・民俗宗教論」、宮家準が「今なぜ民俗宗教か—民俗宗教の概念の再検討—」といった論考を寄せており、民俗宗教研究の高まりを示したとともに、拡張した研究領域の見直しや研究内容の整理の必要性を強く指摘している（池上 二〇〇〇、宮家 二〇〇〇）。

この論稿で池上は、今日の学問的状況の中で、民間信仰・民俗宗教を宗教学の学的系譜に位置づけるために議論すべき問題点を、実体的領域論、本質的構造論、操作的構成論、自覚的視座論といった論点から取り出し、考察している。その中で例えば民俗宗教の分野は、「近代の固着した宗教・信仰観を組み替え、そこに新たな広がりを見出してゆく突破口になるかもしれない、という可能性」（七頁）を秘めていると捉える一方で、歴史的特殊性をどのように読み込むのか、無意識にもエリートに対するある一種マイナスの評価をベースにもつもの（客観性の保持の問題）、また研究者の研究の視座に対する自覚的な問直しの必要性を指摘している。そしてこれらの指摘に自覚的に取り組むことにより、「民俗宗教論は宗教や「宗教学」の問い直し、自明視された社会・文化的価値を相対化しうる方法となる」（二〇頁）ともしている（池上 二〇〇〇）。

宮家は民俗宗教に含まれるものとして、民間信仰（祭り・人生儀礼・年中行事・俗信・神話・昔話・伝説など）、山岳宗教・修験道、陰陽道・巫者、社寺参拝・巡礼・群参、新宗教などとしており、これらもその社会的背景や宗教学内部からの要請により、その時々で研究されるテーマの傾向や広がりが変化している（宮家 一九九四）。例えば、堀一郎の「人神信仰」のモデルに触発されて、一九七〇年以降には、遊行者・異人・妖怪・魔・境界・無縁・女性・劣位者など新たなテーマを領域とする研究が多くみられ、流行のようにあらわれた。

そうした中で、宮家も指摘しているように、死に関するものを含む人生儀礼も宗教民俗学に入れて考えることができる。現在の人生儀礼の多くが、先述したような民俗学の立場からは過去からの蓄積を見出しにくく、「民俗」として位置づけにくいとした扱いであるのに対し、宗教民俗学においては「世俗化に対する対応」（宮家 二〇〇五：一八〇頁）として、その研究意義を見出すことができる。本研究は、宗教民俗学における様々な研究領域や視点のうち、既成宗教の研究からは読み取れない、生活の中に溶け込んだ現代人の宗教性を読み取るといった側面から、現代人の人生儀礼を求める心性について調査研究していくものとして位置づけていきたい。

4　現代の「生」に関する人生儀礼研究の動向と本研究

これまでみてきたように現代の人生儀礼を扱った研究は、様々な領域において「死」への偏りが顕著にみられる。そうした中、民俗学や宗教学には限らない、昨今の宗教民俗学の範疇に入れることができる現代の「死」以外の「生」に関する人生儀礼の研究をみていくならば、以下のような新しい視座を切り開く研究がみられる。民俗学のみならず助産学関係者らによって、現代の出産・育児の状況を従来のものと比較しながら事例を挙げ、紹介検討した鎌田久子らによる『日本人の子産み・子育て―いま・むかし―』（鎌田ら　一九九〇）、現代の家庭における儀礼食（特におせち料理）の実態を主に主婦の実際の生活記録から分析した岩村暢子の『普通の家族がいちばん怖い―徹底調査―破滅する日本の食卓―』（岩村　二〇〇七）、また昨今儀礼における重要な要素としてのメディアに注目して、出産における育児雑誌などのメディアからの影響について論じた大出春江の「出産の戦後史」（大出　二〇〇六）、現代の人生儀礼における写真の重要性に注目した阿南透の「写真のフォークロア―近代の民俗―」（阿南　一九八八）、折橋豊子の「人生儀礼を撮る―渋谷の写真館にみる世相の変遷―」（折橋　二〇〇八）、また近現代における結婚式の変容を追った石井研士の『結婚式―幸せを創る儀式―』（石井　二〇〇五b）、波平恵美子による現代の四二歳男性の厄年を多くのデータを用いて説明した「都市生活における危機と厄年の習俗」（波平　一九八八）といったものがある。

この他、二〇〇〇年に出版された倉石あつ子・小松和彦・宮田登の『人生儀礼事典』は、これまでの伝統的ムラにおける儀礼だけでなく、それと併せて新しく創出された儀礼も取り上げた斬新な事典となっている（倉石ら　二〇〇〇）。

こういった新しい儀礼を取り上げる研究もみられるようになり、特に阿南透は先述した論文の他、「情報・メディアの民俗学的研究へ向けて―郵便・電報・電話の場合―」（阿南 一九九八）、「運動会のなかの民俗―釧路市民大運動会の事例から―」（阿南 二〇〇七）と多くの成果を発表している。

これらの研究に共通することとして、儀礼を求める現代人の心性に大きな注目が向けられていることが挙げられる。例えば最初に挙げた鎌田久子の『日本人の子産み・子育て』は、妊娠前から出産・子育てが、現在どのように行なわれ、従来との違いに注目し、現代のはらむ問題点にも言及した内容となっている。特に医療化がすすみ、管理されるようになった出産に関する事柄に問題を感じ始めた妊婦たち自らが、従来の民俗や儀礼を手がかりにしつつ、「よいお産」を模索している様子を随所に取り上げている。岩村暢子の『普通の家族がいちばん怖い』は、主婦を対象とした家庭で行なわれているクリスマスや正月の食卓の様子を調査したものの報告が中心で、日記式の回答方法をとっているため、回答者の考えや思いなどを知ることができる。大出春江の「出産の戦後史」は、儀礼が一種の消費行動となっている現在、情報を追い求める妊産婦たちの行動が、育児雑誌の浸透をもたらし、儀礼を再活性化させていると指摘している。阿南透の「写真のフォークロア」は特に人生儀礼に限った論ではないが、写真を大きな契機として日本人の時間概念が円環的なものから直線的なものへと変わった可能性を示唆し、写真が日本人の心意の中に重要な位置を占めるに至ったことで、日本人の一生一年のサイクル、そして人生儀礼においても与えた影響について言及している。

現代において目まぐるしく変化する儀礼の形は、それを「儀礼」と呼ぶことを躊躇させるほどの場合も多々みられる。一般的な儀礼の定義からみるならば、順序性や反復性（ターナー）、カタの尊守、細則へのこだわりや重視（倉林正次）が特徴とされてきたのとはほど遠い様子を示す現代の多くの「儀礼」を、形骸化したもの、イベントとして捉えることもうなずける。しかし、第一章以降で述べる四儀礼の調査研究の結果をみていくならば、多くの人が人生の節目にこれらの儀礼を強く求めており、また人々がこれらの儀礼を人生における重要な儀礼、人生儀礼として位置づけ、実施あるいは参加していることは見逃せない。現代において、研究対象として「儀礼」を取り扱う際に、儀礼の方に研究の視点を置くのではなく、一見雑多にみえることもある儀礼を総称して同じ儀礼の範疇に入れ込む人々の心性に注目していくことで、重要な視点が得られるのではないだろうか。

このことを取り出す方法として、本研究では儀礼参加者に直接インタビューを実施する方法を多く用いている。また現代の人生儀礼において、後述するように社寺が中心的な存在として捉えられていることから、社寺へのインタビューを実施し、儀礼執行者側の意識・認識、儀礼の捉え方についても調査した。そして、主に民俗学における事例報告、調査研究を基にして儀礼の従来のあり様や意義を抽出し、現在との比較検討を実施している。この他、インタビュー以外にアンケートの実施、他機関における世論調査の結果や関連する雑誌記事の分析、インターネットにおけるブログへの記述を参考にするといったことを実施していくことで、できる限り複雑で多元的である現代人の意識を正確に取り出すことを試みた。

三　本研究の構成

「序章」では、本研究における問題意識と研究の位置づけについて提示した。民俗学や宗教学を中心に、人生儀礼研究は今日においてさかんでありながら扱うテーマに偏りがあることを指摘し、これまでほとんど研究対象とされてこなかった、現代の産育や成長とともにみられる儀礼の研究の必要性について述べている。そして、本研究で取り上げた四儀礼にみられる社寺参拝などの宗教的行動に注目することで、日本人の宗教性を取り出す手がかりを得ることの可能性を示唆した。また、「人生儀礼」の再定義の必要性を指摘し、現代の人生儀礼を研究するにあたり、儀礼参加者の心性に注目することを提起した。そして本研究を宗教民俗学の研究動向の中に位置づけて示した。

「第一章 現代における安産祈願の実態と背景」では、明治・大正期と現代の安産祈願の実態比較を行ない、変化している点・変化していない点について、それぞれ分析を実施した。特に変化している点として挙げた「特定の神社への参拝の集中」については、都内神社へのインタビューを実施、その中の一社における昭和初期から現在に至る安産祈願件数データの分析を行なっている。

「第二章 現代における初宮参りの実態と意義」では、現在の初宮参りの実態を神社と子育て中の母親たちへのインタビュー調査から明らかにした。その結果を民俗学で従来報告されてきた初宮参りの実態や意義と比較し、現代における初宮参りの意義について考察した。

「第三章 現代における七五三の実態と意義」は、「第一節 七五三に関する先行研究と意義」と「第二節 儀礼参加者に聞いた現代の七五三」と二部構成とし、さらに付論として「現代の七五三の変遷に関する一試論」を付した。第一節では、服飾専門学校の清水学園(東京)が戦前から継続して実施している七五三服装調査の結果を基に、着物の分析を子ども観の変化という視点とともに行ない、さらに都内神社へのインタビュー調査を実施して、現在さかんな七五三における神社参拝の実態把握を行なった。第二節では、子育て中の母親へのアンケートとインタビューを実施した結果をまとめた。第一節で実施してきた文献や神社側からの情報だけでなく、儀礼参加者側からの情報を得ることで、現状の把握をさらに深め、また現代の七五三の意義の分析へと論を進めた。さらに付論では、試論として人生において三回七五三を経験してきた六〇～八〇代の方にインタビューをして、七五三をめぐる事柄の変遷や印象の変化などについて聞いた。また、インタビューの中にも登場した儀礼産業への取材を基にして、これらの産業の七〇年代以降の動向・実態をまとめた。

「第四章　現代における厄年の実態と厄年観」では、現在特に厄年に対する意識が高い三〇代女性を主な対象として、現代の厄年の実態把握と現代人が厄年に対してもつイメージについて考察した。方法は社寺へのインタビューと三〇代女性へのインタビューを実施した。付論「女性誌の中の厄年」では、女性誌に掲載された厄年記事を分析して、三〇代女性の厄年に対する強い意識の原因を探った。

そして最後に「終章」として、本研究で得た知見を述べた。

注

(1) 本研究において「人生儀礼」という用語を用いるにあたって筆者の取る立場は、本章第一項にて述べる。

(2) 『日本民俗学』一〇〇～二六二号にかけてのタイトル参照。

(3) 岩田は、祖霊信仰学説を「葬送儀礼、墓制、特にそこにおける仏教との習合による死後供養を、個性の滅却と抽象的祖霊への昇華として説明し、その段階に至った祖霊が再度生まれ変わるとする理解である」としている。柳田國男が『先祖の話』などで強調したこの理論が、無批判に日本人全体の人生や人生儀礼を語る時の共通の定説とされてきたと指摘し、その批判が一九七〇年代より起こり始め、一九九〇年代に入ってようやく一学説に過ぎないとして共通理解に至ったとしている。

(4) 「日本人は誕生・七五三は神道、結婚式は神道かキリスト教、現世利益は新宗教、葬式は仏教というように、諸宗教を一定の原理にのっとって受けとめている。いわば、自分たちの民俗としての宗教をもっていて、そのなかに成立宗教すら位置づけて受けとめているのである」（宮家　一九九四：二一頁）とし、成立宗教などの送り手に対し、宗教的事柄を受けとめる側を「受けとめ手」としている。

（5）『シリーズ生命倫理学』丸善、二〇一一年。全二〇巻からなり、「日本の生命倫理学の現在の到達点」を示すとの説明が第一巻の「刊行によせて」にある。

（6）例えば、二〇〇五年に明治大学死生学・基層文化研究所、二〇〇九年にルーテル学院大学大学院付属包括的臨床死生学研究所が設立されている。

（7）東京大学大学院人文社会系研究科にて二〇〇二年より医学・教育・宗教の分野からなる「死生学の構築」プロジェクトもある。

（8）「民俗宗教」の語が用いられるようになる以前は、広く「民間信仰」の語が用いられてきた。「民間信仰」は、一八九七年（明治三〇）に「中奥の民間信仰」で姉崎正治によって学術的に用いられるようになり、その後堀一郎が『民間信仰』を著して以来、広く用いられるようになった（姉崎　一八九七、堀　一九五一）。一九七〇年代後半に、民間信仰と成立宗教の習合、融合的な性格が注目されるようになり、そのような意味で民間信仰という言葉よりも適切と考えられたのが「民俗宗教」である。

第一章　現代における安産祈願の実態と背景

はじめに

安産祈願は、現在妊娠してから出産までの間に行なわれる産育儀礼において中心的なものである。代表的なものに腹帯・帯祝いなどがある。妊娠・出産が人間にとって普遍的なライフイベントであり、医学が進歩した現代においても大きな不安をともなうものであることから、安産祈願に関する儀礼は現在もさかんに行なわれている。

インターネットの育児サイト「ベビカム」が二〇〇七年(平成一九)に登録メンバーに実施したアンケート調査(有効回答数一二三一〇)では、「安産祈願をしましたか」という問いに、全国で妊婦の七八%が「はい」と回答している。(1) ベビカムの育児サイトは、会員数一〇万以上(二〇〇八年時点)を誇り、多くの妊婦たちに利用されているサイトである。このサイトで「安産祈願」について検索すると、「戌の日の安産祈願」「全国の安産祈願神社・お寺」「お参り・ご祈禱の作法」という項目がでてくる。そして、それぞれの項目にある記事内容をみていくと、現在安産祈願に行く人の多くが妊娠五ヶ月目の戌の日を意識して社寺参拝し、参拝先から祈願や祓いを受けた腹帯をもらい受けてくる様子をうかがい知ることができる。

このように現在の安産祈願では、「社寺への参拝」、「五ヶ月目の戌の日」と「腹帯」が重要なキーワードになって

写真１　戌の日でにぎわう水天宮（東京都中央区）

いるといえる。「社寺への参拝」については、現在東京のみならず関東一円において、参拝先が日本橋の水天宮に集中していることは周知の事実である。「五ヶ月目の戌の日」については、犬が安産であることにあやかってとの説明が広く知られており、月に二〜三回めぐってくる戌の日に合わせて、参拝する姿が見受けられる。また「腹帯」は、神社においては由来を『古事記』に書かれた、神功皇后の鎮帯の伝説から説明されることが多い(2)。しかし、いずれのキーワードについても、詳しい実態については ほとんど明らかにされておらず、現代の安産祈願に関する調査研究も少ないのが現状である。

本章では、現代の安産祈願の実態について明らかにするために実施した都内神社八社へのインタビュー結果を示し、さらにその中の一社から提供していただいた安産祈願に関する詳細な件数データの整理・分析、過去になされた安産祈願に関する調査結果との比較を試みる。その他、現在育児をしている多くの母親たちが利用する出産・育児雑誌や、インターネットの育児サイトの記事を参考にして、安産祈願の実態の分析をさらに深め、背景にあるものを探る。

一　これまでの安産祈願と先行研究

安産祈願はこれまでどのように行なわれてきたのだろうか。民俗学の研究成果より、多くのことを知ることができる。民俗学では、安産祈願に関する研究は、人生儀礼あるいは通過儀礼の中の産育儀礼のひとつとして位置づけられ論じられてきた。

そこでの研究内容は主に次の三点に分類できる。一点目は、安産祈願の祈願対象・信仰対象に関するもの、二点目として安産祈願に使用する呪物・呪具に関するもの、そして三点目として産育儀礼の項目のひとつとして、他の儀礼とともに調査したものの報告であり、調査地域における安産祈願の特徴を簡潔に記したものである。

まず祈願対象・信仰対象では、子安神・子安観音・子安地蔵にみられる子安信仰、産泰神社を中心とした産泰様への信仰に関する研究などが多くみられるが、数として最も多いのはこれらのものを総称したともいえる「産神」に関するものであり、全国各地に信仰がみられる。「ウブサマ」「ウブノカミ」「オブノカミ」など様々な呼称があり、その信仰形態も様々である。産神とされる神も様々であり、山の神、箒神、便所神、荒神などを産神として考えることがみられる。山の神は東北地方、便所神は東日本に、荒神は西日本に多くみられ、また箒神は全国的に信仰がみられる。

しかし、柳田國男は「ウブスナのこと」の中で、産神の性質はあいまいで依然はっきりしないと述べている（柳田一九五四）。この産神の性格について井之口章次は、A．安産を祈願すれば聞き届けてくださると信じられた神、

B．産のケガレをも厭わず出産の場に立ち会ってくれる神、と二つに要約している（井之口 一九八〇）。このうち、産の忌みと絡めながら、Bのように産のケガレを厭わないという性質に重点を置いた研究が多いといえる。井之口は産神のケガレを厭わない点について、その根拠は産神が霊・霊魂というべきものだからではないか、さらに厠神や水神とも共通の部分があり、いずれも祖霊信仰へとつながるものではないかと指摘している。

小森揺子は産神＝水神であり、そのつながりで安産祈願に犬がよく取り上げられる理由を分析している（小森 一九五六）。小森は安産祈願において戌の日などが重視されることについて、通常される「犬は産が軽い」という解釈からではなく、犬が古くから水神の使いであった名残りであるとしている。

産神と霊魂との関連で、出産前後にみられるある種の石の習俗に注目した研究もみられる。新谷尚紀はそれまでの柳田國男にみられる小石を産神の御神体（本尊）だとする伝承を確認する形で、全国にみられる石の儀礼の一覧を作成した。そして、石を子授けと安産に意味づける民俗には、全国的な分布があると指摘し、産神とする伝承は愛知県一帯が顕著であり、全国的な分布はみられないとしている（新谷 一九八四・一九八六）。丸山久子は、産育の諸儀礼の中で、石が関係するものを抽出すると、最も早い機会が五ヶ月目の帯祝いであるとしている。特に古い産育の習俗が濃厚に残っているとして愛知県渥美半島の例を挙げ、儀礼を通じて石に神性を認めて、産神の霊のやどる石と考えられてきた様子を整理している（丸山 一九七八）。

また各地に伝わる産神問答に関する研究からは、出産に際して産神が重要な役割（主に運定め）をもち、出産・誕生に強い霊験をもつ神であると信じられていた様子がうかがえる（田中 一九七三）。産神問答とは話の冒頭に産神による、これから生まれてくる子に関する運定めの問答が語られ、それを秘かにある人物が聞くという構成をもつ民間に伝わるものである。

産神以外の祈願対象・信仰対象として、先に挙げた子安神については、柳田國男が「族より外の神々への信仰」として取り上げ、古い信仰で分布地域に偏りがあることを指摘している（柳田　一九六九）。一方、後述する第二項における全国的な民俗調査(3)の報告では、明治から昭和初期にかけ子安信仰は子安観音・子安地蔵への信仰も含めると全国的に広くみられたことがわかる。宮田登は子安神と産神は一致しないとし、産神は大きな変化なく伝承され、それに対して子安神には多様な霊験が付され、神社への昇格、あるいは仏教と習合して子安地蔵、子安観音へと信仰を展開・拡大していったとしている（宮田ら　一九七七）。その子安信仰は産神以外の安産祈願の信仰別の研究では最も広く行なわれている。例えば、鎌田久子「利根川流域の産神信仰」（鎌田　一九七二）、内野久美子「七里法華と子安講」（内野　一九七八）、大島建彦「龍湖寺の子安信仰」（大島　二〇〇二）、金野啓史「子安信仰の一考察」（金野　一九九六）がある。

また群馬・埼玉県に数多くの伝承が報告されている産泰様への信仰について、鎌田久子は子安信仰とともに論じている（鎌田　一九七〇）。例えば利根川流域の下流は子安、中・上流地帯は産泰と、地域によって祈願対象・信仰対象が分かれていること、子安信仰は形態として講が多く、産泰信仰は個人祈願が多いことを報告している。この鎌田の研究をさらにすすめたものとして、埼玉県の五つの産泰神社への調査を実施した安澤菊江の「産泰信仰―埼玉県下の事例を中心に―」（安澤　一九八七）がある。

様々な調査報告より、これらの祈願対象以外にも各地に多くの安産祈願の祈願対象があることがわかっている。例えば、観音・塩釜様・水天宮・粟島様への信仰を挙げることができる。観音に関する信仰は全国的に数多くみられ、例えば山梨県北都留郡の長作観音、岡山県倉敷市にあり中国地方一帯から信仰されている不洗観音、栃木県の日光東照宮の産の宮（本尊観音）がある。塩釜様・水天宮をはじめとした広い信仰圏をもった神社も多く、現代においてもさかんに信仰されているものも多い。

祈願対象・信仰対象をみていく際にその形態も考えることは重要である。かつてのムラでは、安産・子育てに関する講が存在し、祈願対象・信仰対象の名をとって子安講・産泰講などと呼ばれたり、また集まる日から十九夜講・二十二夜講などと呼ばれたりする講が各地にみられた(4)。特に鎌田久子の利根川流域に分布する子安・産泰信仰に関する詳細な研究からは、かつてのムラにおいて安産祈願に関して講が重要な役割を果たしていたことがわかる(鎌田 一九七一)。このような講で女性たちは産育に関する情報交換をし、普段の厳しく忙しい農作業から離れて休養をとっていたという。そして何よりも妊婦らは、講の他の参加者から安産をもたらす合力を得ていたといえる。鎌田久子ら編著『日本人の子産み・子育て—いま・むかし—』の「妊婦仲間」の章の中で、現代において安産に関する講はほとんどみられなくなったが、それに取って代わられる形で、現在母親学級が妊婦たちの仲間作り、妊娠・出産の情報源といった役割を果たしているとしている(鎌田ら 一九九〇)。

鎌田らのこれらの研究からは、講を中心としたかつての安産祈願の具体的な様子がみえてくるが、現代においてさかんな社寺への参拝については、かつてどうであったろうか。

『古事類苑』の神祇部の「祈安産」に挙げられている、平安から江戸期にかけての記録から、平安期には上流階級では社寺での祈禱を行なっていたとする記述をみつけることができる(神宮司庁 一九七七)。方法としては人を遣わして奉幣などしており、祈禱のために参拝するとの記述はみられない。具体的な祈禱の様子としては、懐妊の判明時点から降誕まで実施される、僧侶らによる頻繁な読経に関する記述が多くみられる。また祈禱する場所は、祈禱を受ける者にゆかりのある大社ばかりであり、特に安産に関して霊験のあるところといった記述はみられない。またこれらの記録では、現在のような出産前の祈願よりも、出産時の難産を防ぐための儀礼の重要性が際立っている。例えば、『公衡公記』(鎌倉末期に書かれた日記)では、亀山法皇の皇子誕生の際の難産をめぐる幾多の儀礼執行の様子を知ることができる（網野ら 一九九九）。僧侶が急遽招集され、お産がすすむにつれ、加持のための祈禱が雲をつきやぶるほど、雷のようであったとされる。そして悪霊を退けるための散米がされ、土器が次々と割られるとした描写もあり、鬼気迫る出産をめぐる騒然とした儀礼の様子を知ることができる。

この難産を回避するための儀礼の中に、こしきを落として割るというものがあるが、この説明として『徒然草』の中に「下ざまより事おこりて」（六一段）とあり、庶民の間で行われていたものが上層に取り入れられているとしている（永積 一九九五）。難産による死を避けるために、何でも取り入れようとする意識の一つの現われとも考えられ、出産時に行なわれる儀礼の数々と合わせて、人々の「安産」をめぐる並々ならぬ強い思いを知ることができる。

つまり、現在の社寺参拝という形は古くから一般的にみられたものではなく、医療が発達していなかった状況においては、死と隣り合わせであった、出産時の緊迫した状況に対応した祈願・儀礼が求められ、実施されていたといえる。

次に安産祈願に使用する呪物・呪具に関する研究をみていく。『日本民俗大辞典』では、安産祈願の呪物・呪具として、安産の護符、御守り、底の抜けた袋や柄杓、小さな枕・腹帯を挙げているが、特に多く研究されてきたものは、腹帯に関するものである（中島 一九九九：一五七頁）。一例を挙げるならば、大藤ゆきは『子育ての民俗』の中で「産の紐がとけますように」という古くからの言い方の紐は腹帯を指しており、帯の結び目に胎児の霊魂あるいは胎児自身が象徴されているとして、紐をとくことで「無事に出産ができますように」という願いが込められていると指摘している（大藤 一九七九）。

腹帯以外の呪物・呪具に関する研究については、若干みられる程度である。(5) 腹帯が取り上げられることが多いのは、その意義にバラエティがあるからではないだろうか。安産祈願の呪物・呪具の多くが、当然安産を願う呪術的意味合いが強いのに対して、腹帯にはこの意味合いの他に、例えば「社会的承認」の意味合いがみられる（大藤　一九八二）。大藤は、腹帯の締め始めの時に行なう、人を招いての祝いである帯祝いに、「胎児を一人の人間としてその生存権を社会的に認めるという大きな意味があった」としている（大藤　一九八二：三八頁）。そして共食などの機会を設け、神や周りの人たちから安産のための力を得るといった「精神的力づけ」も腹帯儀礼の中心的意義であるとしている。この「精神的力づけ」については、夫の褌を帯として締める（細木　二〇〇五）、安産だった人、産婆に締めてもらう（森瀬　一九七三）といったことにもあらわれている。

「社会的承認」については、加藤美恵子も中世の貴族・武家における着帯の儀礼に関する論稿の中で述べている（加藤　二〇〇六）。中世の貴族・武家では、儀礼の中で胎児の実の父親が妊婦の帯を締めることになっていたことから、自分が父親であることを示し、「家」の子の誕生を周知させる意味があったとしている。古くは帯が中ではなく（肌に直接巻くのでなく）、服の外に巻いて締めていたことからも、「社会的承認」の意義が強く見出せる。

この他、医学が未発達の時代においては、呪術と医療行為は未分化なものであり、腹帯をすることは一種の医療行為であったともいえる。このことは、江戸時代の医学者たちの著作の中に腹帯の妊娠・出産に対する効用を論じるものが多いこと、「腹帯論争」(6)が起こったことにもあらわれている（佐々木　二〇〇〇）。

腹帯に関して、現在の状況について述べている研究も少数ながらみられる。内藤美奈は、二つの論稿の中で、安産祈願の腹帯の現況について述べている（内藤　一九九九・二〇一〇）。特に後者は大阪の住吉大社における現在の安産祈願、腹帯授与の様子について調査したものであり、昨今の腹帯をめぐる様子を知ることができるという点で大変意義深いといえる。

以上、安産祈願がどのように行なわれてきたのか、これまでの研究からみてきたが、現代のあり様にもつながる、過去の実態を知るための研究は少なく、研究内容が限定的・断片的である。つまり、これまでの安産祈願の祈願対象や呪具に関する研究からは、過去においても、現在においても安産祈願の全容を把握できるとはいいがたい。

本章では、現代の安産祈願の実態を明らかにすることを目的としているが、得られた結果をよりよく分析するために、過去における安産祈願の全容について把握する必要があると考える。そこで、これまでの安産祈願に関する先行研究の三点目に挙げた産育儀礼のひとつの項目として、安産祈願を調査した大規模な民俗調査の報告を詳しくみていきたい。

二　大規模な民俗調査にみられる安産祈願の実態

明治・大正期から昭和初期の習俗・習慣を調べた大規模な民俗調査のうち、安産祈願に関する項目についても調査されたものを、ここで三点挙げてみたい。本研究では調査地を東京としていることから、主として東京を中心に当時の安産祈願の様子を確認していくこととする。

取り上げる民俗調査の報告書は、恩賜財団母子愛育会編『日本産育習俗資料集成』（一九七五年）、文化庁編『日本民俗地図』（一九七七年）、東京都教育委員会編『東京の民俗』（一九八四年から）であり(7)、いずれも土地の古老に明治から大正（一部昭和初期まで）の頃の様子について語ってもらったものを集め、分類・整理している。

『日本産育習俗資料集成』は、恩賜財団母子愛育会の求めに応じて柳田國男が日本における産育習俗に関する資料の編纂を行なったものである。調査は第二次世界大戦前に実施され、戦後の柳田亡き後は橋浦泰雄・大藤ゆきが引き継ぎ完成させている。北海道から沖縄にかけて全国的に行なわれ、項目別にそれぞれの地域で聞き書きしたことを掲載している。

安産祈願に関する項目としては、「安産祈願」（三章）、「帯祝い」（四章）がある。まず「安産祈願」の章の東京の記録をみると、西多摩郡一ヶ所、南多摩郡七ヶ所からの報告がある。その中で祈願対象に関するものとして、「子安の神」「下田の地蔵尊」「甲州北都留の長作の観音」「八王子大善寺の呑龍上人」「富士山麓の胎内くぐり」「信州善光寺」の名と、一ヶ所氏神についての記述があり、それぞれに参拝する様子を記した記述もみられる。全国の記録をみると目立ったものとして、水天宮・塩釜神社・子安観音・子安地蔵・八幡様への信仰に関する報告が多くみられる。また氏神神社・産土神社に関する記述も各地にみられる。

呪い事・呪具については、熊に関するもの、底抜け柄杓、短いろうそく、ほうきに関するものが全国各地でみられる。また麻ひもで産婦が髪を結ぶと安産するというものは東日本に多くみられ、神聖とされる場所の砂を産婦の周りに撒くと安産するというものは西日本に多い傾向がみられる。

このように、バラエティに富んだ呪い事・呪具が全国的にみられるが、その中でも最もさかんなのは、腹帯に関するものである。「安産祈願」「帯祝い」の両方の章から、安産祈願として産婦が腹帯を締めることは、全国各地で広く行なわれていることがわかる。

そして全国的に広く行なわれている上に、その実施のされ方には共通点が多い。つまり、妊娠五ヶ月目の戌の日に、「親族、近隣の人、産婆などを呼んで饗応すること」「帯は妊婦の里から贈られること」については、大方の地域にみられるということである。ただし、帯を里から贈られることが多いことについては、「今は神社から借用するものが多い」（神奈川）、「岩水寺子安地蔵尊から出す腹帯を借りる」（静岡）という記述が数件みられる。また、西日本では帯の贈り主が「様々」（福岡）、「むこ方から」（熊本・鹿児島）といった場合がみられる。そして少ないながらも、「腹帯をして氏神に参拝」(香川)といったような腹帯と神社参拝との関連を示す報告もみられる。

次に文化庁が編纂した『日本民俗地図』(一九七七年)には、一九六二年から一九六四年にかけて全国一斉に実施された民俗調査の内容が報告されている。各都道府県においてそれぞれ約三〇ヶ所ずつを選んで、明治から昭和の初期の時期を対象に、土地の古老に調査を実施している。報告書は全九巻あり、第五巻が出産・育児に関する項目を中心にまとめたものである。第五巻における東京都の出産・育児についての項目には、「腹帯」「安産祈願」「産の神」「出産の場所」「産の忌み」「宮参り」などがあり、これらの項目に関して調査場所によって回答がないものもある。

安産祈願に関係あると考えられる「腹帯」「帯祝い」「安産祈願」「産の神」の項目については、二三ヶ所において回答がある。このうち安産を願って神仏などに参拝すると明記しているところは一三ヶ所である。この参拝先の内訳は水天宮が二ヶ所、塩釜神社が五ヶ所、他県へは二ヶ所、近くの神社に参拝するとしたのは五ヶ所、子安様・子安神が二ヶ所、そして「新宿のゴリョウサマ」という回答が小足立の一ヶ所でみられる(複数回答あり)。最後のものは第四項で詳しく取り上げる中井の御霊神社と思われる。小足立は現在の狛江市にあり、中井(現在新宿区)からかなり離れた場所からの参拝といえる。

また腹帯に関する報告は一三ヶ所と多く、記述内容の大半は腹帯を五ヶ月目の戌の日に締めるというものであった。帯は妊婦の里方から贈られるとする報告が多いが、別の入手先として「シオガマ様にお参りに行ったときにいただく」(城木)、「六尺ぐらいのさらしを買って」(下成木上分)、「(牛込の塩釜神社の)祭の日に行って、さらし、ろうそく、麻、お札を受けてくる」(新町)、「妊婦がハラオビを特別に締めることはなかった」(八丈島)がある。「腹帯」の項目のいくつかと「帯祝い」の項目には、この締め始めの時に仲人、里方のもの、産婆を招いて饗応するという記述が七ヶ所でみられる。

『東京の民俗』(全八巻)は、東京都教育委員会が一九七七年、一九七八年度に行なった「緊急民俗文化財分布調査」の調査票を編集したものである。本書の序文では、社会構造の変化により、伝統的な生活様式、風俗習慣が急変し、有形・無形の民俗文化財が急速に失われていることを危惧して、と東京の一六一地域で民俗調査を実施することにしたいきさつが書かれている。大正年間当時の生活に関する様々なことについて、各地域の古老二人以上に聞き書きをしている。

いくつか項目がある中に「産の神」についてのものがあり、その中で挙げられているもので二ヶ所以上出てきたものには、水天宮が五三ヶ所、塩竈神社が二四ヶ所、氏神・産土神・鎮守神が一二ヶ所、尾崎観音(秋川市)が八ヶ所、東光寺(日野市)が五ヶ所、巣鴨の地蔵が四ヶ所、大國魂神社(府中市)が四ヶ所、手児名神社(千葉県)が三ヶ所、中井の御霊神社が三ヶ所、子安神社(八王子市)が二ヶ所であった(複数回答あり)。それぞれの信仰地域の広がりとしては、水天宮は都内全域で信仰がみられ、塩竈神社は南・西多摩郡(福生市を除く)以外で信仰がみられた。また、尾崎観音、東光寺、大國魂神社、手児名神社、子安神社はそれぞれの所在地周辺に限った信仰がみられ、巣鴨の地蔵と御霊神社はそれより広い散らばりがみられる。腹帯に関する記述は二二ヶ所、そのうち人を呼んで祝うということは二ヶ所で記載があった。腹帯の締め始め時期を戌の日とする場合は一五ヶ所、そのうち五ヶ月目が六ヶ所、三ヶ月目が二ヶ所であった。

以上の三報告書から、明治・大正期には安産祈願で社寺へ参拝することが一般的であり、行き先は社寺や地蔵・観音など安産祈願に霊験のあるところの他に、氏神神社・鎮守社も多かったことがわかる。腹帯に関しては安産祈願のために締めることは広くみられ、締め始める時期は妊娠五ヶ月目の戌の日が大半であった。ただし、腹帯の締め始めの時に社寺へ参拝したとする記述はほとんどなく、それよりも締め始めに帯祝いと称して親戚や産婆などを呼んで饗応することの方が一般的であったといえる。また、現在のように腹帯を安産祈願で社寺へ参拝した際にもらい受けてくるという報告は大変少なく、妊婦の実家から贈られてきたものを締めることが一般的にみられた。

ところで、これら明治から昭和の初期にかけての民俗調査よりも、さらに早い時期に全国的な生活慣習などについて調査したものがある。『諸国風俗問状』としてまとめられたこの調査は、江戸幕府の右筆であった屋代弘賢が中心(8)となって実施した諸国の風俗習慣の調査・収集である。方法は、年中行事を中心に冠婚葬祭など一三一項目からなる質問書に回答を求めたもので、全国各藩の儒者や知人にあて、一八一三年(文化一〇)頃に逐次送付している。後に柳田國男が注目し、「我々の学問の先駆と言つて差支の無い結構な企であつた」(柳田　二〇〇〇：一五二頁)と高く評価している。

実際の回収率も低かった上に、現存し発見されているものが少なく、平山敏治郎によって一九六九年に二二地域の答申を集録したものが最も多くの答申を紹介したものとなっている(平山　一九六九)。この二二の地域は、北は今の山形、南は鹿児島と全国に散らばっている。屋代の質問書には、安産祈願に関する項目として「婦人着帯何ヶ月、行事祝の品等何様候や」という項目があり、二〇地域より回答が得られている(表1参照)。回答を詳しくみていくと、腹帯の有無について言及しているものとして一七地域あり、このうち一地域で「あえてしない」としている以外はすべて締めているという記述であった。またその項目の中で、五ヶ月目に締めるというものは一四地域、四ヶ月目が一地域であり、併せてそれが戌の日であるとするものは二地域であった。腹帯を締め始める時に人を呼んで饗宴を催すとするところは九地域あり、帯を里から贈られるとしたのは六地域、舅の家からが一地域となっている。

安産祈願のための社参の有無や産神などに関する記述はみられなかったが、調査から腹帯についてはこの時期にはすでに全国的な風習となっていたことがわかる。戌の日については概ね現在のように妊娠五ヶ月目頃に締め始めるこ

表1　『諸国風俗問状』における婦人着帯（妊娠時）に関する記述一覧

問状名	現在の地域	回答	頁
陸奥国信夫郡伊達郡風俗問状答	福島県北部	五ヶ月に着帯いたし候。婦人の里方より紅白の岩田帯に酒肴等相添遣し、祝の節は里方はじめ近親を請し祝ひ申候。尤其人の分限に応し厚薄は有之候へ共、右通例也。	四八八
出羽国秋田領風俗問状答	山形県と秋田県	五月にて着帯、通例に候。その時、親族の婦女、穏婆もまねきて祝ふ也。其外何事も候はず。	五〇五
常陸国水戸領風俗問状答	茨城県水戸市	婦人着胎（帯カ）の祝、四ヶ月目、舅家より紅白の帯を贈、貴賤貧富にて異なり。	五三八
越後国長岡領風俗問状答	新潟県長岡市	五つ月を祝ふ。婦家より紅白の帯を贈る。穏婆にかつけもの定れる事侍らず。	五五四
三河国吉田領風俗問状答	愛知県豊橋市	懐妊五ヶ月目に着帯なり。此時産婆を請じて帯をしめさするなり。帯をば夫の左の袖より取入て右の袖へ出し、婦の右の袖へうつすなり。婦右手にて受取て懐中する也。さて産婆按腹などして結びてやるなり。祝事は親類など請じて饗するのみ。饗膳などすべて定りなし。異なることもなし。	六一四
伊勢国白子領風俗問状答	三重県鈴鹿市	婦の親より紅白の帯、強飯等贈る也。さて取上婆々来たりて帯を結び初むる也。〔但し、婦の親より帯を贈るは初子のみ也。〕又郷社にて卑下の輩は、夫の新しき褌にて結ぶとぞ。〔寺家村観音の氏子は妊婦着帯せず。昔より今にしかりとなん。〕	六二五
大和国高取領風俗問状答	奈良県高市郡高取市	五月め、其外異なること無之候。	六四三
若狭国小浜領風俗問状答	福井県小浜市	是に付殊なる行事無御座候。	六五一
		右、五ツ月目戌の日を以て相祝申候。初産の節着帯、婦人親元より紅白の切地、蒸物等相祝差越候。当日親類の婦人等相招申候。産後、右紅白の切にて出生の衣服仕、	

丹後国峯山領風俗問状答	京都府峰山町	社参為仕候旨、町年寄共申出候。〔但御家中、右町方同様の姿に御座候得共、右紅白の切は、妊身の者着帯の具に付、産後社参の初着には相用ひ不申候。一、在方にては、さらし木綿両端紅染に仕り、親元より送り申候。其外祝ひ日等、町方同様に御座候旨、大庄屋共申出候。〕	六七一
備後国福山領風俗問状答	広島県福山市	五箇月めに仕り、犬は産安きものとて、多くは戌の日を用ゐ候。大抵其法穏婆に托し、家内にては酒肴なと設候のみに候。懐妊三箇月の内、その夫田の畔をきり、地境に杭を打ち、竈をぬり、生るを殺し、不具の人を笑ふをいみ候て、胎内の児其事にあやかると申候。加様の事も村により人によりて一向にいみ不申候も有之候。	七二五
備後国深津郡本庄村風俗問状答	広島県笠岡市	大躰五月位にて仕候。祝の品下方にては別義も無御座候。取揚□《ば》ゝ、厚親属へ沙汰仕候て祝し申候。産所の作法、胞衣の納方左のみ改たる義も無御座候。七夜に産髪なと剃落、名なと定、親類集、産衣着なと祝し申候。是も大勢出来候て、後は只七夜に取あへす祝ひ申候。	七三八
備後国品治郡風俗問状答	広島県福山市の一部	懐胎し五月めに肌に帯を結び候。帯は生《い》わた帯と申、白絹或は白布、分に應し、子を多く持幸ある人を帯の親として乞受候て、其帯に父の名字書候者も御座候。又水引にて結び、長千鮑添候者も御座候。又其儘にて結候者も御座候。帯親をたのまず自身結び候者も御座候。分に応し盃祝仕候。	七五六
備後国沼隈郡浦崎村風俗問状答	広島市東部	五ヶ月懐胎目に腹帯をいたし、出産の節姥を相頼置、世話いたさせ、出産後、石を臺にして、竹を以て、臍の緒をきり申もの有、小刀にて切るものも御座候。	七六七
淡路国風俗問状答	兵庫県淡路島	婦人着帯、五ヶ月目に紅白の帯をす。行事祝の品異なし。…物部組には、五ヶ月目に着せし紅白の帯を、安産の後合して産衣にし、また産飯の膳に小き石を三つ添る事あり。…且近来は摂州中山寺鐘の緒を乞請、臨産の節腹帯にして安産の守と云所も有。	七八七
阿波国風俗問状答	徳島県	着帯は五ツ月にて、婦人の親里より紅白の絹二筋贈り、是にて腹帯いたし申也。取上婆竝に親類を祝儀の客に招き申候。	八一〇
阿波国高河原村風俗問状答	徳島県石井町	婦人着帯は、経水留り五ツ月目を帯の祝月と申て、吉日撰《ママ》、嫁里の方より赤白の絹を帯として指越、肴閣行、又は家重もあり。其節親類・懇意の方へ重の内に披露御	八一九

		座候。誕生の後、右の絹をねりかにとり、小紋を付、薄浅ぎに染、裏にも紅絹を付、かにとり小袖と號し、忌明宮参りに着と申義にて御座候。	
肥後国天草郡風俗問状答	熊本県天草市・鹿児島県長島	五ヶ月めに、いはた帯とて、幸ひある家より赤白の二筋をもらひて祝ひする也。	八二六

＊平山敏治郎「諸国風俗問状」『日本庶民生活史料集成　第九巻』（三一書房、一九六九年）より。頁数は同書のもの。

とがわかった。また、この中で帯祝いという名称はみられないものの、そのような意味合いの饗宴が広く催されたとする記述が確認できた。

質問書で腹帯に関する設問があることから、安産祈願のために腹帯を締めることはこの時期以前に広く定着していた様子がうかがえる。

先の明治から昭和初期にかけての三報告書より後に、調査した項目に安産祈願に関するものを含む大規模な調査は少ないが、その中でも高度経済成長期以降の安産祈願の様子を調査した研究の事例を二点示す。

依田新らは産育儀礼および年中行事に関する実態を調べるため、一九六九年に新潟、茨城、八丈島、東京山手の四ヶ所で当時一〇歳以下の子どものいる家庭に限定して調査を行った結果を比較検討している（依田ら　一九七〇）。このうち東京の山手については、他の農家の多い地域（一部漁業）に対する比較対象として選ばれ、幼稚園に子どもを通わせている中流サラリーマン家庭を主な対象としている。調査項目は、「腹帯・帯祝」「安産祈願のお守り」「産の忌みの守り方」「お七夜の祝」「お宮参り」「七五三」などである。これら調査項目のうち、「安産祈願のお守り」について、「頂いて来た」が新潟の農村では二四％、茨城の農村では九八％、東京山手は六三％であった（表２）。受けてき

表2　1960年代産育儀礼の実施状況　　実施率（%）

		新潟・西川町	茨城・猿島町	八丈島	東京山手
1	帯祝い	24	50	14	37
2	安産祈願	24	98	—	63
3	産の忌み：神仏を拝まない	71	43	—	19
4	産の忌み：不幸の席を避ける	24	63	—	28
5	へその緒の保存	43	73	97	93
6	生児の手形・足形の保存	—	—	—	36（手） 16（足）
7	乳つけの貰い乳の習俗	0	0	—	—
8	お七夜の祝	62	95	86	62
9	お宮参り	5	80	58	78
10	お食い初め	5	50	61	69
11	初節供の祝	24	88	78	92
12	初誕生の祝	95	73	97	92
13	七五三の祝	19	48	56	89

依田新ら「農家における産育儀礼ならびに年中行事の実態調査」（『日本女子大学紀要　家政学部』17号、1970年）での調査結果を基に、大出春江が作成したもの（大出 2006）

た場所として、新潟では「地域特定の安産のお守りを受けてきている所が認められなかった」、茨城では大部分が地域のお地蔵様や観音様から受けてきたとしており、東京山手では水天宮が多かったとしている（八丈島に関してはデータが示されていない）。地域によって安産祈願に行く割合が異なり、東京が比較的多いことについて、依田らは「産育儀礼・年中行事等の実施率は、都会の方にむしろ高率のものが多かった。これは都会の方が生活にゆとりが多い為と、商業政策の影響が強いことによると思われる」と分析している。また「腹帯・帯祝」に関して、「妊娠中腹帯は全対象者のほとんどが用いていた」としている。「帯祝を行ったか」については、四ヶ所中「祝った」は茨城が五〇%を占めていたが、他の三ヶ所は「祝わぬ」の方が多い結果となっている。

次に宮里和子は一九八六年から一九九〇年にかけて、東京都西多摩郡の檜原村と神奈川県愛甲郡に居住する既婚者で出産経験のある四〇歳以上の女性一二七人と、葛飾日赤病院に入院していた四〇歳未満の褥婦三七人を対象として、妊娠・分娩、育児などに関する四六項目について聞き取り調査をしている(宮里 一九九一)。項目のうち「神仏に安産を祈願したか」については、四〇歳以上の女性たちでは「した」が三六・八%であったが、日赤病院の四〇歳未満の女性たちでは八三・八%であった。そして四〇歳未満では日本橋の水天宮へ行っている者が多いとしている。宮里は、若い世代の方が多く参拝することについて、「戦後生まれの若い世代における、産育の西欧化における文化的同一性の喪失に対する不安と相まって、産育儀礼が一種の「通過儀礼」としての意味を持っていることを示唆している」として、若い世代における産育儀礼に対する依存は、精神的にむしろ強まっている、と考察している。(9)

依田・宮里の調査では、東京においては安産祈願の参拝先に水天宮が多く挙げられている。つまり、それぞれの調査時である一九七〇年頃と一九九〇年頃は、東京では多くの人が地域の神社ではなく、安産祈願に関係のある神社に参拝し、中でも特に水天宮を選んで参拝していることがわかる。

これら明治・大正・昭和・平成の各時点を対象とした安産祈願に関する調査結果を踏まえ、次項では現在の安産祈願の実態を、まずは神社へのインタビューから明らかにしていきたい。

三　神社へのインタビュー

筆者は、二〇〇八年(平成二〇)九月から二〇一〇年七月にかけて、都内八社を対象に各神社における昨今の安産祈願の実態についてインタビューを実施した(表3)。対象とした神社は、中央区日本橋の水天宮、杉並区の二社(以後A社とB社)、新宿区中井の御霊神社、北区の一社(以後C社)、板橋区の子易神社、八王子市の子安神社、府中市の大國

表3　安産祈願インタビュー調査概要（都内神社）

日時	2008年9月から2010年7月まで
対象	都内神社8社 水天宮（中央区）、杉並区2社、御霊神社（新宿区中井）、北区1社、子易神社（板橋区）、子安神社（八王子市）、大國魂神社（府中市）
時間	各インタビュー60分程度
主な質問項目	安産祈願件数とその変遷、参拝時期、参拝者の服装、参拝者の構成、参拝者の住所地、腹帯の有無、昨今印象に残っていること・感想

魂神社である。これらの神社のうち、水天宮と御霊神社・子安神社・大國魂神社については、第二項の明治・大正期の三報告書の中で、安産祈願先としてその名前がみられる。

調査神社の安産祈願との関連事項を挙げるならば、次のようである。

水天宮では、神社のスズノオを妊娠の際に腹帯として使用したところ、安産であったという言い伝えが残されており、現在も「鈴乃緒」とした腹帯を安産祈願の参拝者に頒布している。このような社殿や堂などに吊り下げられた鈴を鳴らすためのひも（布）はスズノオの他、カネノオとも呼ばれ、前述の『日本産育習俗資料集成』の安産祈願の章にも、安産祈願のためもらい受ける（あるいは借りる）といった報告が全国的にみられる。本神社は明治の頃には東京全域で広く信仰されていたことが報告されており、特にスズノオに対する信仰が強かった（中央区役所 一九五八）。

また、御霊神社は胎児の性別判断占いの意味をもつ安産守を古くより授与しており、その御守りを得ようと、現在の東京二三区内全域、武蔵野市・三鷹市・狛江市からも参拝者が訪れていた。八王子市の子安神社は子安観音が安置されており、また安産祈願の底抜け柄杓を置いている。大國魂神社の境内にある宮乃咩神社も古くより安産の神様として信仰され、同じく底のない柄杓が奉納されている(10)。明治・大正期の報告書から子安神社、大國魂神社のいずれでも神社周辺地域からの安産祈願参拝者があるとの報告がみられる。板橋区の子易神社については、第二項の報告書にその名は出てこ

写真２　上：子安神社(八王子市)と下：子安神社で多数奉納された安産祈願の底抜け柄杓と子授け祈願の竹の一節

写真３　宮乃咩神社（府中市）

写真４　子易神社（板橋区）

ないものの、江戸時代子安宮または子安明神とも称し、安産・子育ての神として信仰されてきたという。杉並区のA・B社、北区のC社については、安産祈願に関して特徴的なことは、明治期から現在に至るまでみられない。第二項の報告書の安産祈願に関する項では掲載されていない。

調査した八社における安産祈願件数は、七社が増加しているとしており、新宿区中井の御霊神社の一社のみ減少しているとの回答であった。この結果を詳細にみると、杉並区A社と北区C社については、元の安産祈願の件数が大変少なく、近年若干増加したという形である。また杉並区B社と大國魂神社は、それぞれの地域において規模の大きい氏神神社であり、以前からある程度あった安産祈願件数が維持され、また少し増加しているという状況である。インタビューの結果から、特に現在安産祈願件数が多い、増加したという神社を挙げるならば、水天宮・子安神社・子易神社といえる。

現在日本橋の水天宮では、戌の日の参拝者が大変多く、特に戌の日と土日が重なると大変な人出となり、入場整理を実施しているという。水天宮では、安産祈願の際の昇殿参拝に関する表記を境内に掲示したためか、四、五年前(調査時の)から昇殿参拝者数が増えているという。また大國魂神社では、二〇〇三年頃、育児雑誌の安産祈願に関する取材があり、その影響で徐々に増加している印象があるという。雑誌掲載直後に、神職間で安産祈願の件数が増加したことを話題にすることがあったと記憶しているという。子易神社では「昔は口伝えだったであろうが、今は携帯やパソコンなどで調べてくる人が多い印象」で、最近安産祈願の参拝者数が急増していると語っていた。

参拝の時期は、御霊神社と杉並区A社、大國魂神社以外の五社で、戌の日の参拝者が多いとしていた。大國魂神社では戌の日というよりは、自分の都合に合わせてが多い印象であるとしていたが、平日に関しては戌の日が多いとの回答であった。そして戌の日が多いと回答した五社の多くは、それが妊娠五ヶ月目頃の戌の日だという。

参拝者の服装はいずれの神社でもあらたまったものではなく、初宮参りや七五三に比べればカジュアルで、マタニティーウェアでの参拝者も多いという。そして、参拝者の構成は、夫婦で来ることが多く、妊婦が実母と参拝することも多くみられるという。

参拝者の住所地は、杉並区A社と北区C社では氏子区域内が大半を占めていたが、それ以外の神社では、氏子区域外からも多く参拝に来ると回答し、特に水天宮では遠くは北海道からも参拝者があるという。また、子安神社でも全国的に参拝者があり、そのうち氏子区域は全体の一％ぐらいだという。これは氏子区域内の参拝者が減ったのではなく、他地域からの参拝者が増えているからということであった。子安神社では、遠方からの参拝者が大勢を占めるようになったきっかけとして、インターネットのホームページを立ち上げたことを挙げていた。

腹帯は水天宮・子易神社・子安神社・大國魂神社の四社では神社に常時置いていて、希望があれば頒布しているという。他の四社は腹帯を置いていないが、参拝者が持参した腹帯をお祓いして安産祈願するということが多くあるという。

腹帯を置いている神社では、さらし(11)を用意していることが多いが、中にはさらし以外のものを置いている場合もある。例えば水天宮では、さらしとは別に小布タイプと称する腹帯に縫い付ける形のものを置いている。小布は、戦時中の物不足の時期に腹帯を切って配ったということに由来するとされ、水天宮で用意しているさらしの腹帯と同じ御利益があるとされる。神職によれば、全体数ではさらしタイプを希望する人が多く、戌の日になるほどその傾向は強いという。ただ経年的にみると、さらし希望者は微減しており、それに対して小布タイプが微増している。インタビューをした年には、二回程度戌の日でも小布タイプが多かったという。

また腹帯を置いている神社への参拝者の中には、持参する人もかなりおり、例えば大國魂神社では神社のさらしをする場合は、腹巻型[12]やガードル型[13]などのものをもってくることが多いという。

この他に、それぞれの神社に安産祈願に関する昨今の印象深いことについてうかがったところ、安産祈願の特定神社への集中化傾向を挙げる神社がいくつかあった。一社では、この傾向は「安産祈願が氏神だけではパワー不足で、もっと力がほしいとご神徳を求めて、ということからではないか」との意見を述べていた。また、他神社からは「安産祈願は増えたけど、子どもが来ない」という話をうかがった。これは、安産祈願で最近参拝に来る人の多くが氏子区域外からで地元の住民ではないからか、出産後の子どもを連れてのお礼参りやお宮参りに来ないということを意味しており、昔は安産祈願に行って無事に生まれたら同じお宮にお礼参り、お宮参りをしていたものだったと話されていた。

以上、都内八社への安産祈願に関するインタビューの結果をみてきたが、第二項で挙げた明治・大正期の報告書と現在の様子を比較すると、変化していない点と変化している点を指摘することができる。

変化していない点としては、社寺（筆者の調査では神社）へ安産祈願をする人が多くみられること、腹帯を五ヶ月目の戌の日に手に入れることへの意識が高いことが挙げられる。これに対して、変化している点として、過去には安産祈願の参拝先としてみられた氏神神社や産土神社が現在においては少なくなり、ごく限られた、安産祈願に霊験があるとされる特定神社への参拝の集中が進んでいることがある。また、「社寺参拝をして安産を祈願すること」と「妊娠五ヶ月目の戌の日に腹帯を締め始めること」は、明治・大正期には別々の扱いであったのが、現在は大方同じことを意味するようになっている。現在この両者は密接に関連しており、同時に行なうことが多くなっているのが現状である。また腹帯の形態がさらしから腹巻型、ガードル型へと変化していることも挙げられる。そして、神社へのインタビューではわからないものの、後述する育児雑誌の記事より、明治・大正期に広くみられ、江戸期にも行なわれていた帯祝いが、同じ形では行なわれなくなっていることも変化している点として挙げておきたい。

この後の項では、これら変化している点について、その実態をより詳しく、また背景についても探っていく。変化している点のうち、まず特定神社への参拝の集中化についてみていく。安産祈願についてインタビューをした神社のうちの一社、新宿区中井の御霊神社より提供していただいた、戦前から現在に至るまでの安産祈願に関する件数データの整理・分析を通じて、参拝先の変化、特定神社への集中化の様子を確認し、その背景を探っていきたい。

四　中井の御霊神社と安産祈願

新宿区中井二丁目に鎮座する御霊神社は、土地の人が古くは「バッケ」[14]と呼ぶ高台の崖の上にあり、急な坂の上に位置する。この地域からは、一九五〇年（昭和二五）以降の数回の発掘により縄文・弥生時代の土器や住居跡がみつかっており、かなり古くから人が住み始めていた地域といえる。[15]江戸時代にこの地域は江戸の人々に野菜類を供給する農村地帯であったとされ、明治に入ってからもしばらくは大きな変化がなかったという記録がみられる。現在のような住宅地への変化は、一九〇四年（明治三七）日露戦争後、過密となった東京市内から人々が近郊に土地を求めるようになってからであり、一九二三年（大正一二）の関東大震災がそれを加速させた（内藤新宿三〇〇年落合第一地区委員会一九九八）。現在、神社は西武新宿線と都営地下鉄大江戸線の中井駅から徒歩一〇分ほどの閑静な住宅街の中に位置している。

御霊神社周辺の明治の頃の様子は、土地の古老たちのある座談会の話から知ることができる。座談会の内容ははじ

写真５　御霊神社（新宿区中井、2010年撮影）

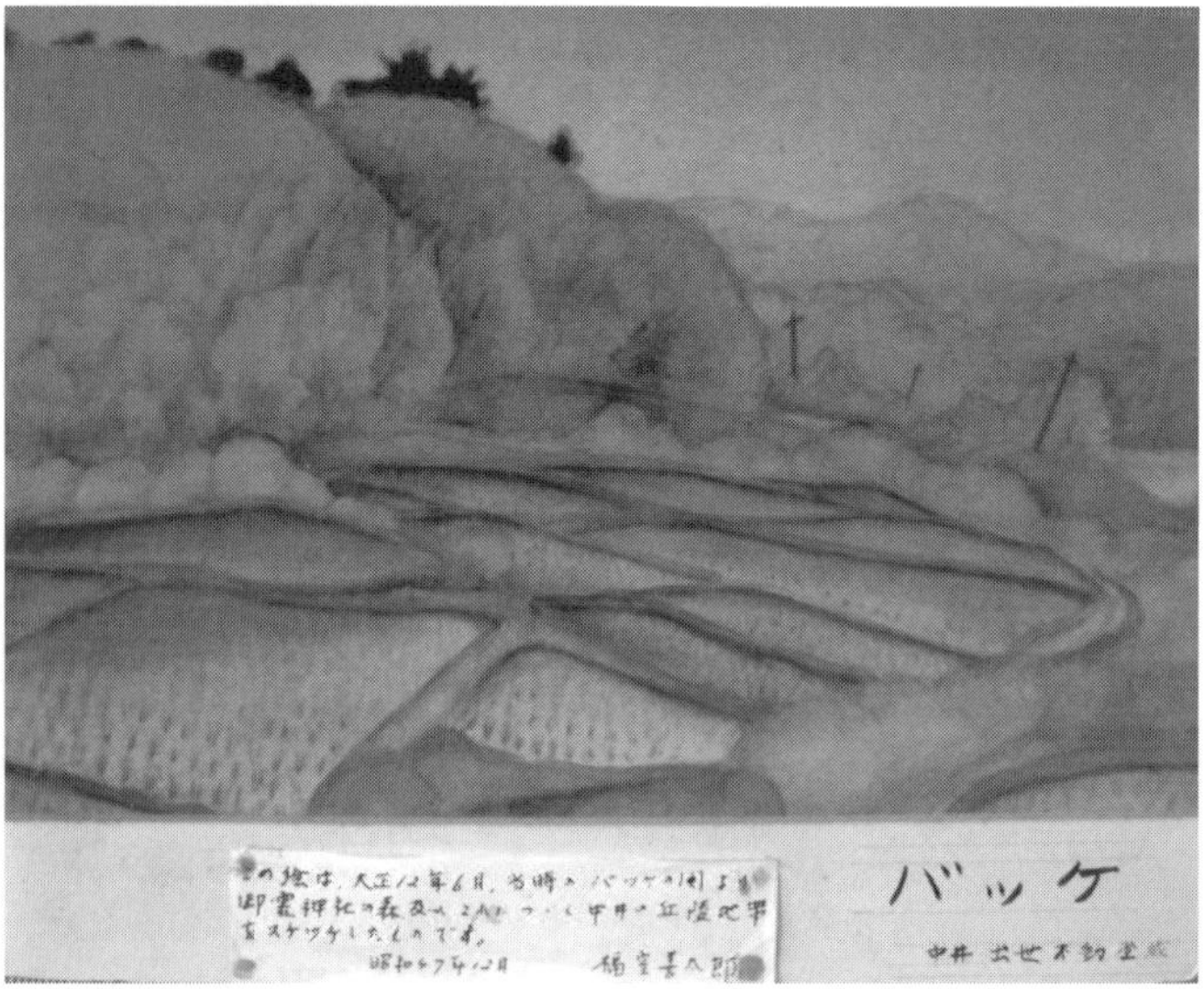

写真６　地域で「バッケ」と呼ばれていた地形の図（コミュニティおちあいあれこれ所蔵）

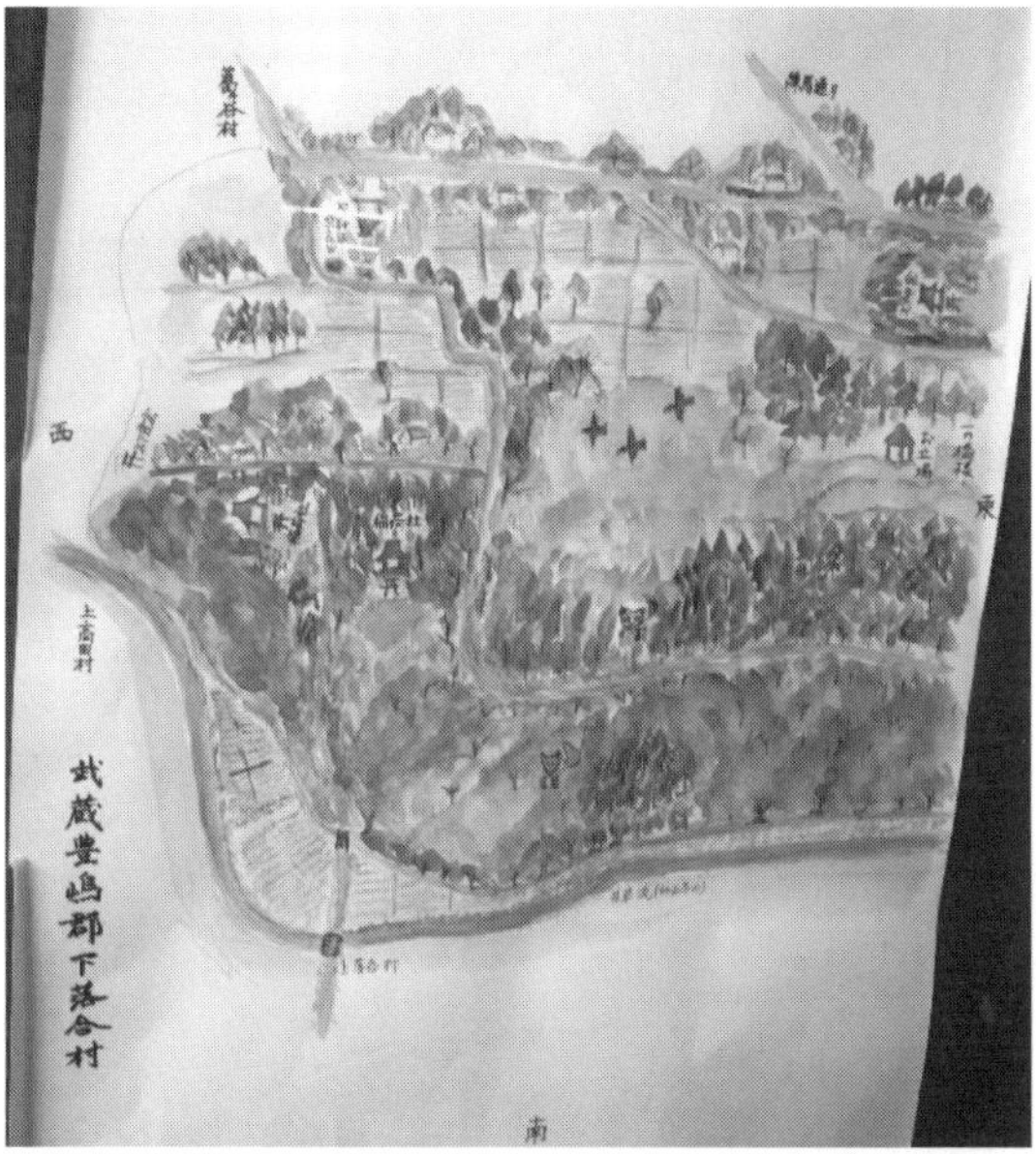

写真7　江戸時代(文化期)の御霊神社周囲の絵地図(コミュニティおちあいあれこれ製作)

め『落合新聞』に掲載されたもので、『明治の思い出』という冊子としてまとめ直されている[16]。この中で、司会者に明治の頃の御霊神社周辺の様子について聞かれた古老たちは、「あの辺はもう(笑い)大変です。山でねえ、もう大変なところでした」、「宮の前もうしろも山で」「むじなもいたね」と語り、また御霊神社の前の急な坂道の呼び名を聞かれると、「特別に、ありませんでした。細い山径だけですから」と語っている。

　しかしそのような中でも、妊婦やその代理の人たちがさかんに安産祈願に訪れていたという。『御霊神社要覧』には、「安産ノ祈禱ハ毎月六、十六、二十六日ノ三回執行シ、神前ノ紅白ノ帛片ヲ頒ツ古キ神事アリ、紅布ヲ得レバ女子、白布ヲ得レバ男子ヲ挙グベシトノ伝説ヲ生ミテ、武蔵国一円ノ土民ヨリ崇敬厚ク、今ニ至ルモ六ノ日ハ賽者ガ絶ヘナイ」と記されており、胎児の性別占いの意味もあった安産守の説明とともに、遠方からも多くの人が参拝に来たとの記述がみられる[17]。このことについて、インタビューに応じた現宮司は

「昔は神奈川など関東一円から安産守を受けに来られ、一日に八から一一件、多い時は一五件ということもあったと聞いている」と語る。当時多くの人が訪れた理由に、安産守の存在が挙げられる。

この安産守について、先の『明治の思い出』の中で、一八七五年（明治八）生まれの福室福次郎さんは「（おびしゃ祭の）弓の古くなったのを切って、そのなわをお守りにしたの。その時分の神主さんはね、下落合の藤いなりにいたんだよ。守屋さんという神主さん。その人が来て、弓についているなわがあるでしょう。それを切ってお守りにしたの。それが月の六日六日にあるんだ。六日、十六日、二十六日と、ね。一里も先からね、わらじをはいたり、足袋はだしで来たり、お守りを頂きにくるんだ。お守りは弓の糸を切るんですよ。麻の。そしてそれがお産のお守りになるの。糸を芯に入れて、守りという何を書いて、そして出したの」と述べている。福室さんが語るように明治の頃には下落合の他の神社の宮司が祭や六のつく日などに来ており、宮司が常住するようになったのは一九三五年から、現宮司の父の代からである。

遠方からも安産守を受けに来ていたことについては、『新宿に生きた女性たち』（「落合の農家から商家に嫁いで」）の中で中落合在住の福室マサ子さん（明治四四年下落合生まれ）が「お宮参りは御霊神社にいきました。安産のお札もそこでもらいました。ときどき自転車に乗った男の人が、安産のお札をもらいたいのでって御霊神社を聞いてみえましたよ」（一六頁）と語っている（新宿区地域女性史編纂委員会 二〇〇七）。

安産守について、現在御霊神社とかかわりの深い人たちにも話を聞くことができた。「コミュニティおちあいあれこれ」（一九八九年から落合第二出張所地域のコミュニティー活動育成を目的に活動をしている団体）メンバーのBさんは、一九六一年に結婚して落合に来てから御霊神社の氏子となり、神社とかかわるようになった。Bさんは、明治・大正の頃に御霊神社に霊感の強い宮司がいて、妊婦のおなかの子の性別を占ったと聞いたという。また、若い頃、外で掃除をしていたら、大おばあちゃんから聞いたといって、「ここの神社の宮司さん（の性別占い）がよく当たると聞いたんだけど」と声をかけられたこともあったという。Bさん自身は御霊神社で安産のお祓いをして御守りをもらった他に、腹帯をもらいに水天宮まで安産祈願に行っている。この他隣の地区に住む「おちあいあれこれ」の他のメンバーは、地域の神社ではなく、水天宮にのみ安産祈願に行ったと話す。ところでBさんは、御霊神社で授与された御守りの中に紅か白の短く切られた帛布が入っていたが、それに性別占いの意味があったことを知らなかったという。

現在御霊神社の責任役員の小野田隆史さんは、四〇年ほど前（一九七〇年頃）に妻が安産祈願に姑とともに御霊神社の御守りをいただいてきた時、中の紙の色を後で教えてもらったという。その頃にはとりわけ御守りを得ようと、遠くからも人がやってきた様子はあまり記憶にないという。小野田さんは、近年御霊神社に住む人の顔ぶれは大きく変化し、今は五〇年も住めば古い方だと話す。

Bさんの話にある「霊感の強い宮司」について、他に詳しく知る人はみつかっていないが、地域の方の話より、明治から昭和の初期にかけて胎児の性別占いをしてもらおうと、安産守を受けに遠方からも参拝していたことがうかがえる。そしてBさんが御守りに性別判断の要素があったことを知らないことからも、昭和三〇年代までには、御霊神社が安産祈願、安産守のことで広く知られるということがなくなったのではないだろうか。

また、安産のことで神社が広く知られるようになった他の理由として、宮司は「おびしゃ祭」の存在を挙げる。おびしゃ祭は御霊神社に伝わる弓神事であり、現在毎年一月一三日に執り行なわれる。一般的に備射、歩射などと書き、現在東京では同じ新宿区西落合の御霊神社、大田区の六郷神社でも行なわれている。都内で古くは様々なところで行なわれていたが、その多くが江戸時代の末期に絶えている。御霊神社では、かつて女びしゃと男びしゃとに分かれた構成となっていたが、現在はそのうちの男びしゃを中心とした内容になっている。

写真8　おびしゃ祭で用意された三重丸の的

御霊神社のおびしゃ祭では、氏子の中から年男二人が選ばれ、拝殿より約二〇m先にある的（三重丸の円の中に二羽の烏《からす》が描かれたもの、写真8）に向かって矢を射て（写真9）、豊穣と安産を祈念する。御霊神社要覧では、「尚当社ハ正親町天皇永禄六癸亥年前ヨリ盛大ナル備射祭起リ」「弓弦ハ安産ノ守トシテ、土地ノ各家庭ハ鄭重ニ保存シテ、産児ノ臍ノ緒ヲ括ル習慣ガアル」として、江戸時代前にはこの祭が行なわれていたこと、また安産とのかかわりが深いことを説明している。『新編武蔵風土記稿』（一八八四年）には、「例祭九月なり。是をびしゃ祭と合す。又安産の腹帯を出す」として、祭の時期は現在と異なるものの、おびしゃ祭が行なわれていたことや安産とのかかわりが示されている（内務省地理局　一八八四）。拝殿内には江戸時代に奉納されたおびしゃ祭の絵馬（新宿区指定有形文化財）が掲げられており、現在とは様子が違うものの当時の祭の様子をうかがい知ることができる。

現在の祭では弓に関する神事に続いて[18]、拝殿内で祝宴が催される。この時に社宝の分木、大根に松竹梅をさしたも

写真10　手前からオタカラ、分木、松竹梅

写真9　的を狙う射手

のとともに、男性性器をかたどった大根を削って作ったオタカラをまわして拝むことが行なわれる（写真10）が、これは別の日に行なわれていた先述の女びしゃの名残である。女びしゃは、弓神事を中心とした男びしゃの数日前に行なわれていた。内容は、神社に参拝した後、村の一軒に新嫁が集まり、男の人はオカメやヒョットコの面などをつけて踊るといった祝宴を開くというもので、子孫繁栄や安産を願って行なわれていた。この時に大根のオタカラを拝むことも行なわれてきた。

これら神社を取り巻く人々の話より、安産守とおびしゃ祭を中心に御霊神社が安産祈願について広く知られ、かつて多くの信仰を集めてきた様子を知ることができる。

五　御霊神社における安産祈願の実態と動向

本項では、御霊神社に残る一九三六年（昭和一一）から二〇〇九年（平成二一）の安産守授与簿を基にして、件数の変化や信仰の広がりの様子などをみていきたい。そして、御霊神社における安産祈願の実態について、詳細な分析をしていくこととする。

御霊神社より資料提供いただいた帳簿は全部で九冊あり、記載されている項目が帳簿により若干異なっているが、基本的には「参拝日」「世帯主名」「妊婦氏名」「妊婦年齢」「住所地」「妊娠月数」といったことが書かれている。各名簿の概要については、表4のとおりである。参拝日については、年・月のほか日にちも詳しく書かれている場合もあるが、年と月のみあるいは年のみの場合もある。なお、一九六五年と一九七〇年の記録は不完全であり[19]、その間の一九六六年から一九六九年の記録が残っていない。

まず年ごとの安産守の授与件数の推移・変化をみてみたい。一九三六年から二〇〇九年までの年ごとの件数をグラフにしたものが、図1である。図をみると、一九四三年まで件数は年間三〇〇件前後で維持されており、一九四五年の終戦の年に急激な減少がみられ、一〇〇件にまで減少している。その翌年から一九四八年までは持ち直したものの、その後はまた減少、一九五一年の一〇〇件以後はなだらかに減少し続けている。第二次ベビーブームとの関連からか一九六四年、一九七一年には多少の増加の兆しがみられるが、一九七二年からはまた徐々に減少を続け現在に至っている。この結果は第四項の地域の人たちの話とも重なる。

次に参拝者がどこから来ているのか、信仰の広がりをみてみたい(図2)。一九三六年から二〇〇九年までの総件数(五四二九件)を住所地別でみると、多い順から新宿区が九七一件、練馬区九五五件、中野区七八六件、杉並区六八九件、豊島区三〇九件、世田谷区二八九件となっており、近い距離にある地域で上位が占められている(昭和の間に数回の区・市の合併や名前の変更などがあったが、比較しやすいようにすべてその位置を基にして現在の地域名に修正し、集計している)[20]。特に参拝者の多い練馬区・中野区・杉並区は御霊神社のある新宿区の西側に位置し、これに対して新宿区の東側に接している文京区・千代田区・港区の件数が少ないことは興味深い。

表4　御霊神社安産守授与に関する帳簿一覧

帳簿名（表紙記載事項）	記載期間	項目
昭和壱壱年壱月以降今年七月二十六マデ 安産御守授与氏名控　中井御霊神社扱之部	昭和11年1月　〜9月6日（一九三六）	日付、授与者住所、戸主姓名、妊婦名と年齢、出産月
昭和十一年八月越 安産御守授与簿　中井御霊社	昭和11年8月　〜昭和15年10月16日（一九三六）	日付、授与者住所、戸主姓名、妊婦名と年齢、出産月
第三号　安産腹帯授与簿　御霊神社	昭和15年10月26日〜昭和18年6月（一九四〇）	日付、授与者住所、戸主姓名、妊婦名と年齢、出産月、礼参
第四号　安産腹帯授与簿　御霊神社	昭和18年3月　〜昭和21年11月（一九四三）	日付、授与者住所、主人氏名、妊婦名と年齢、出産月、初産有無
第五号　安産腹帯授与簿　御霊神社	昭和21年11月　〜昭和26年5月（一九四六）	日付、授与者住所、主人氏名、妊婦名と年齢、出産月、初産有無
第六号　安産腹帯授与簿　御霊神社	昭和26年6月　〜昭和34年11月（一九五一）	日付、授与者住所、主人氏名、妊婦名と年齢、出産月、初産有無
第七号　安産祈願差出帳　中井御陵神社	昭和35年初め　〜昭和45年12月（一九六〇）	日付、授与者住所、主人氏名、妊婦名と年齢、出産月、納入有無
第十号　安産御腹帯差出帳　中井御霊神社	昭和45年12月　〜昭和54年（一九七〇）	日付、授与者住所、主人氏名、妊婦名と年齢、出産月、納入有無
第十一号　安産御腹帯差出帳	昭和55年2月6日〜平成22年5月（一九八〇）	日付、授与者住所、夫婦氏名、妊婦年齢、出産月、納入日

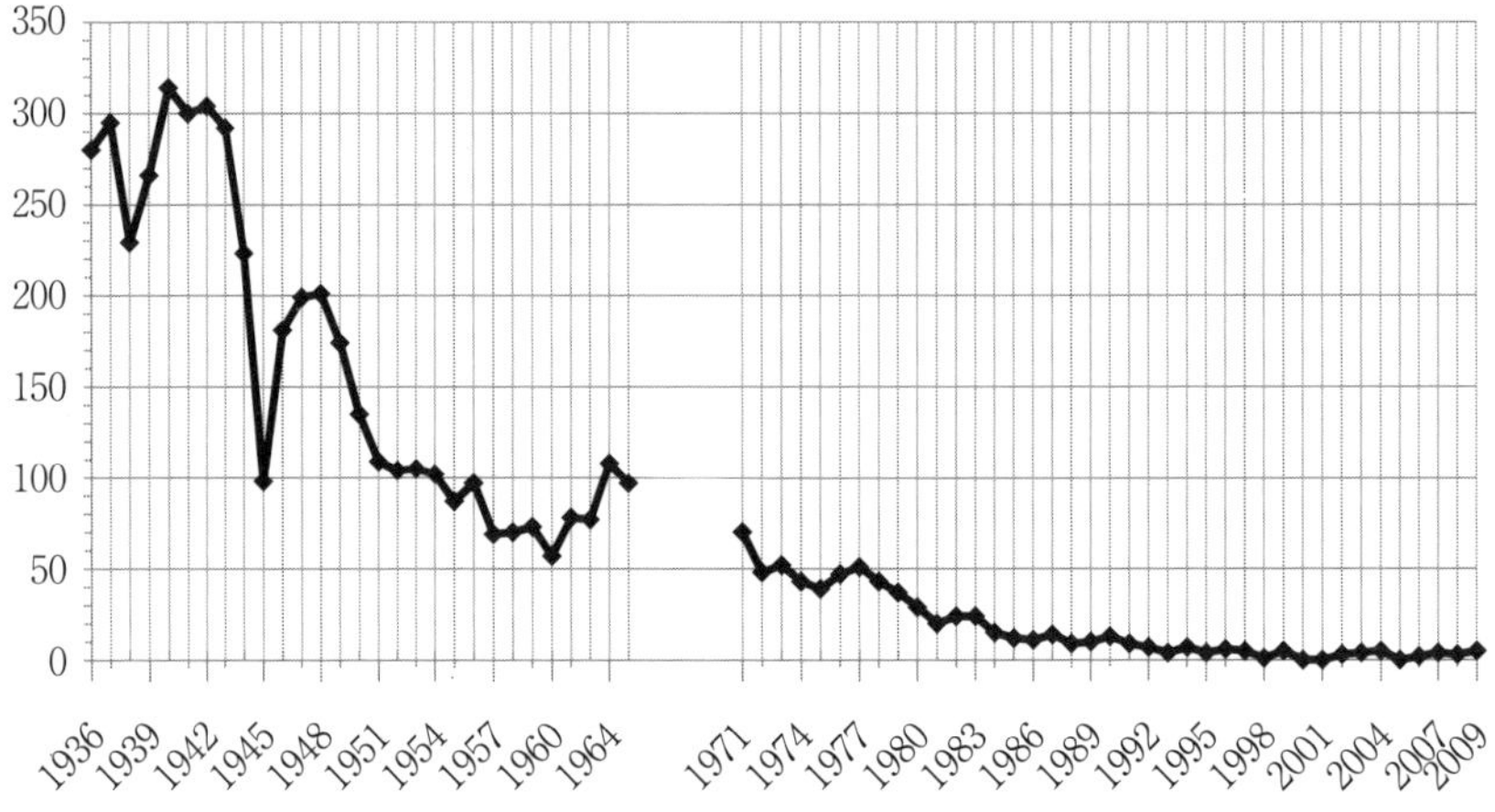

図１　御霊神社安産守授与 年代別件数　　＊1965～1970年はデータなし

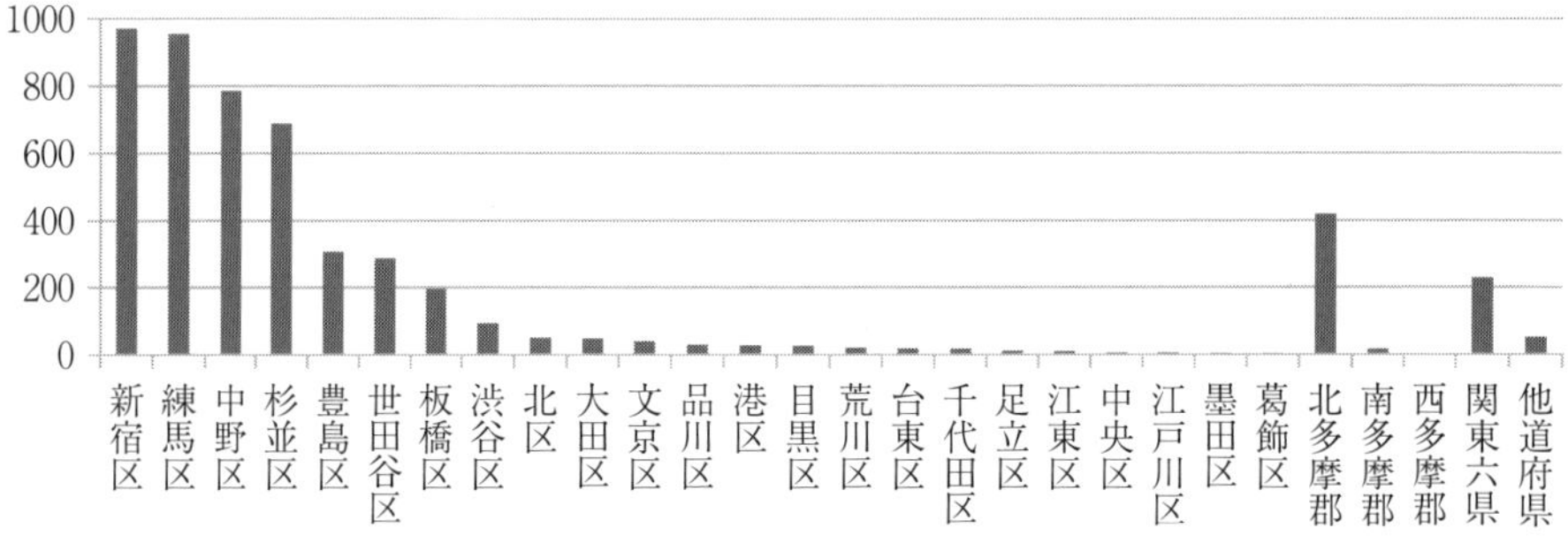

図２　御霊神社安産守授与 住所地別件数（1936～2009年）

　また三鷹市・武蔵野市・調布市などを総称した旧北多摩郡は、(21)三〇七件と多い。三鷹市については、市教育委員会が編集した報告書の中の「安産祈願」の項に、御霊神社に関する記述がみられ、「最初の子どもの場合、妻が妊娠八ヶ月くらいの時に、お産が軽くすむように、中野の御霊様へおまいりに行った。神主に拝んでもらって、お札をいただいてきた」とある。(22)この他、件数の多少はあれ、帳簿の期間には、二三区すべての区から参拝者がみられる。また、埼玉県（九九件）や神奈川県（八二件）などからの参拝者も多い。

　ところで御霊神社には、一九三六年からの安産守授与簿の他に、一九〇四年（明治三七）の『安産守差出簿』も残っており、みることができた。記録は一九〇四年二月三日から始まり、同年一〇月二二日で終わっている。

この帳簿では、安産守総件数は五五件であり、参拝者の住所地は今の板橋区周辺が一七件で最も多く、その他の大半は新宿区、練馬区、中野区、豊島区、杉並区からであり、少数ながら北区や文京区などからの参拝者もみられる。つまり参拝者の大半が半径一〇km圏内に住む人々となっている。帳簿にある明治期の参拝者住所地の広がりは狭いながら、昭和以降の参拝者の多い地域とほぼ一致する。この明治期に参拝者が狭い範囲からのみ来ている理由としては、電車などの交通機関の未発達との関係が挙げられる。一九三六年の頃の件数は年間三〇〇件近くあり、明治期の五倍以上になっているが、その間に御霊神社周辺の交通機関は目覚ましく発達している。例えば神社の最寄り駅の西武新宿線中井駅は、一九二七年に開業し、同線の高田馬場から小平に至るまで現在とほぼ同じ駅が完成した。一九三六年以降多い参拝者の住所地をみると、御霊神社から近い距離に住む人の参拝が多いとともに、神社までの交通の便がよい地域に住む人の参拝も多いことがわかる。

また西武新宿線の他、JR中央・総武線の東中野駅は御霊神社まで一kmほどのところにある。JR中央・総武線から乗り換えやすいJR中央線は、参拝者の多い旧北多摩郡のほぼ中央を通っている。これに対し、御霊神社近くを通る線路とつながりが少ない旧南・西多摩郡[23]からの参拝者は少なく、参拝者数と交通機関との関連の強さを示している。

総件数の変遷や参拝者の多い地域の特徴を考えるヒントを得るため、地域ごとの参拝者数の動向をみることにする。一九三六年以降およそ一〇年ごとの地域別の参拝者数をみるため、作成したものが表5である。初めから近くの地域からの参拝が多く、それに比べて遠方からの件数は少ない。

さらに視覚的に変遷を明らかにしようと作成したものが図3～10である。これをみるならば、昭和初めから戦後ま

表5　御霊神社安産守授与 住所地別件数の変遷

住所地	1936	1946	1956	1971	1981	1989	1999	2009
新宿区	54	38	19	16	1	2	1	3
練馬区	38	42	19	14	3	3	0	0
中野区	56	18	14	9	2	3	2	1
杉並区	49	23	12	6	1	0	0	0
豊島区	22	8	6	3	3	0	0	0
世田谷区	19	15	5	0	1	0	0	0
港区	3	0	0	1	1	0	0	0
文京区	3	0	0	0	1	0	0	0
千代田区	0	0	1	1	0	0	0	0
北多摩郡	13	22	8	7	6	1	0	0
関東六県	4	13	2	5	2	1	0	1

もなくにかけては御霊神社を中心に二三区内が参拝者の主な住所地となっており、時として二三区境を挟んだ市部で若干の参拝者がある形となっている。はじめ北多摩郡からの参拝者が少しあったものの、それも平成に入るとなくなり、二三区全体から広く来ていた参拝者も減少し、その後鎮座地である新宿区とそれに接する中野区からのみとなっている。神社から離れた市部からの参拝者は少数で、第四項で地域の人々も語っていたように、結婚などで転出した者といった可能性が高い印象である。

現代の安産祈願における社寺参拝者の割合は高いにもかかわらず、図1の御霊神社にみられる件数の減少、推移の原因は何であろうか。

御霊神社の位置する新宿区では、戦後出生数の急激な増加がみられ、その傾向は一九六五年頃まで続いていた(新宿区 一九六二、一九六七、二〇一〇)。図1では、戦後すぐから安産守件数の減少が続いていることがわかる。つまり、御霊神社の安産守件数の減少には、少子化、子どもの数の減少とは別の要因があるといえる。

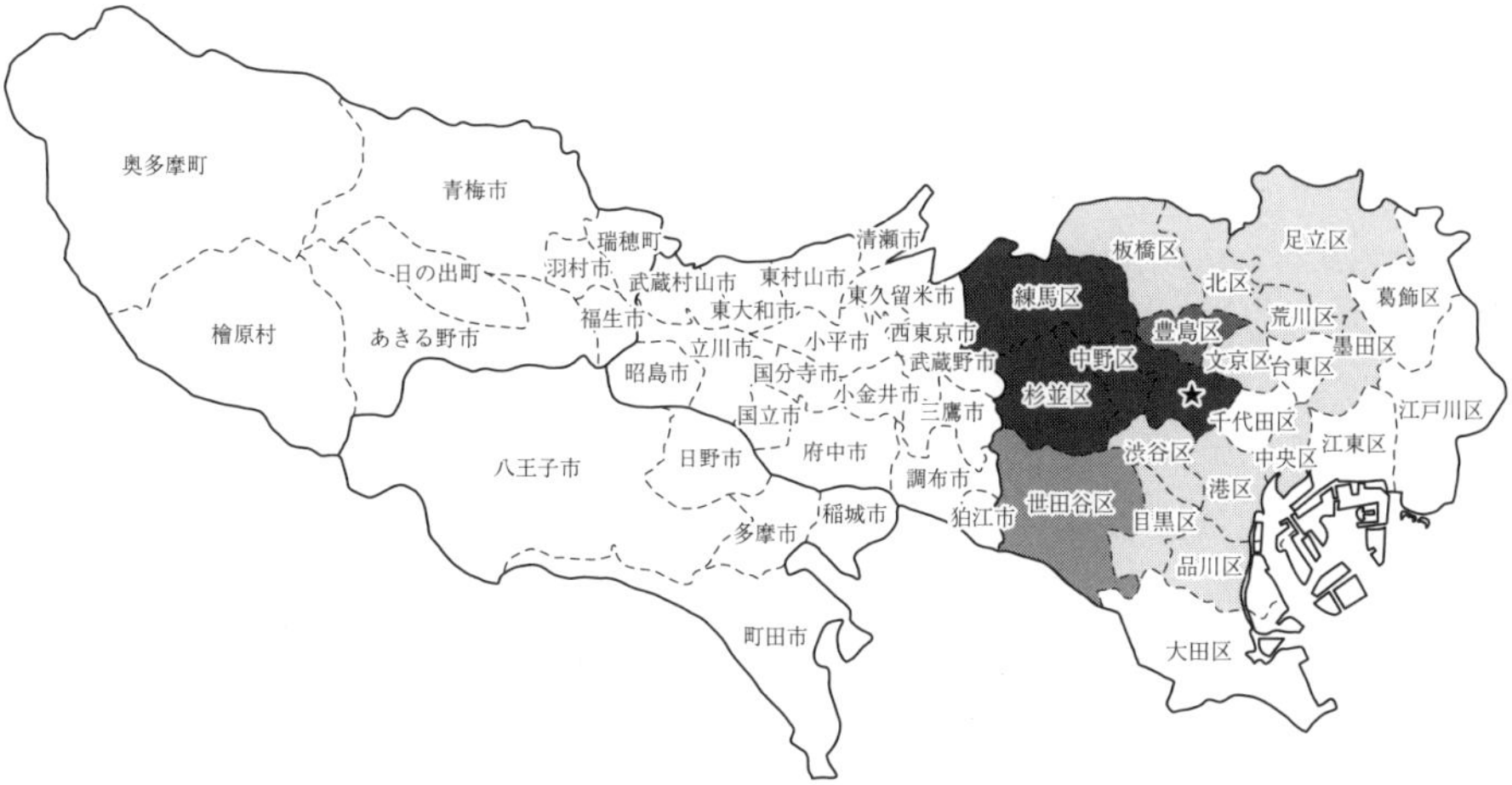

図 3　御霊神社安産守授与 地域分布（1936年）

★御霊神社
（新宿区）

参拝者数（人）	
1 ～10	
11～20	
21～30	
31～	

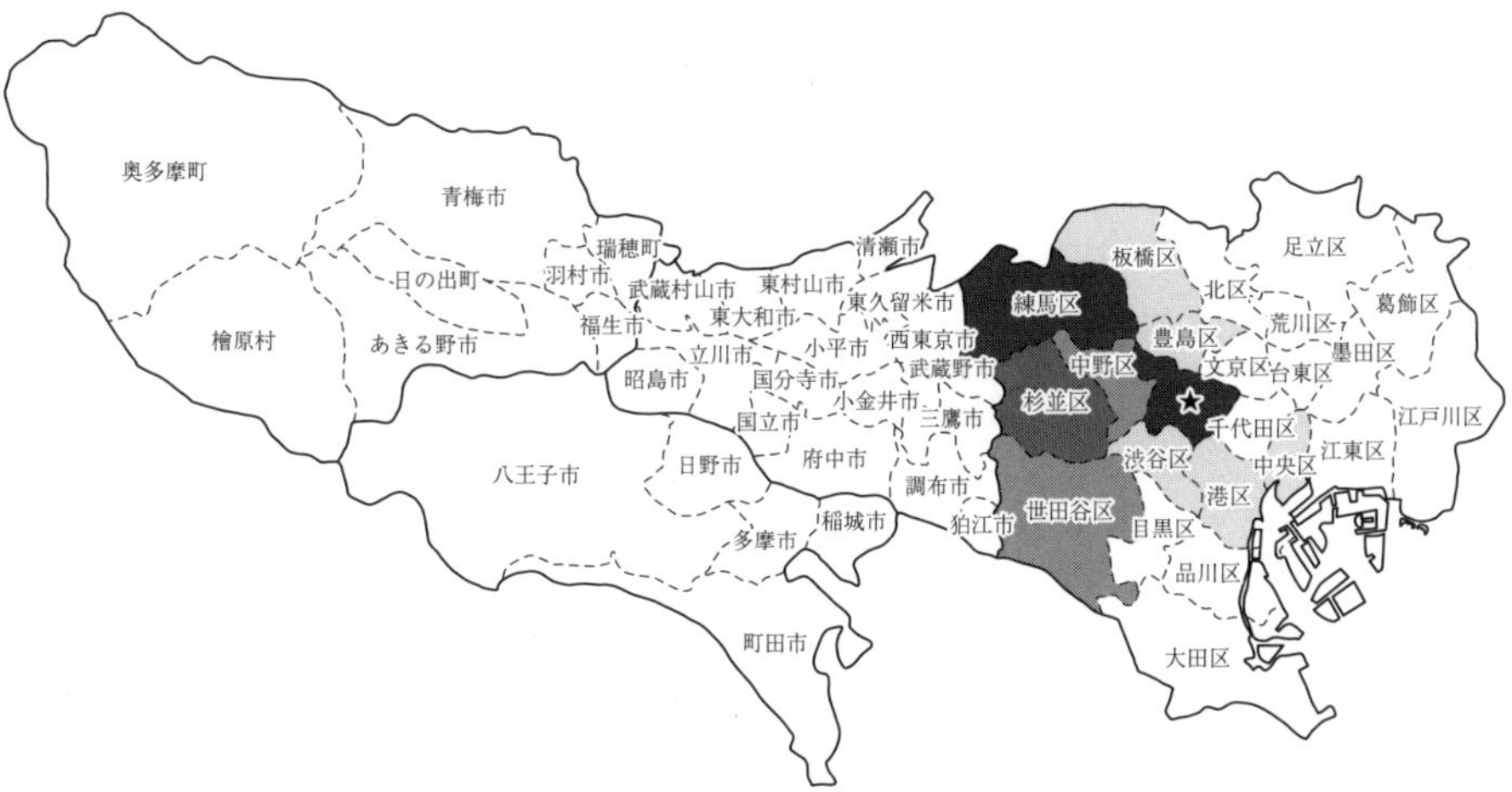

図 4　御霊神社安産守授与 地域分布（1946年）

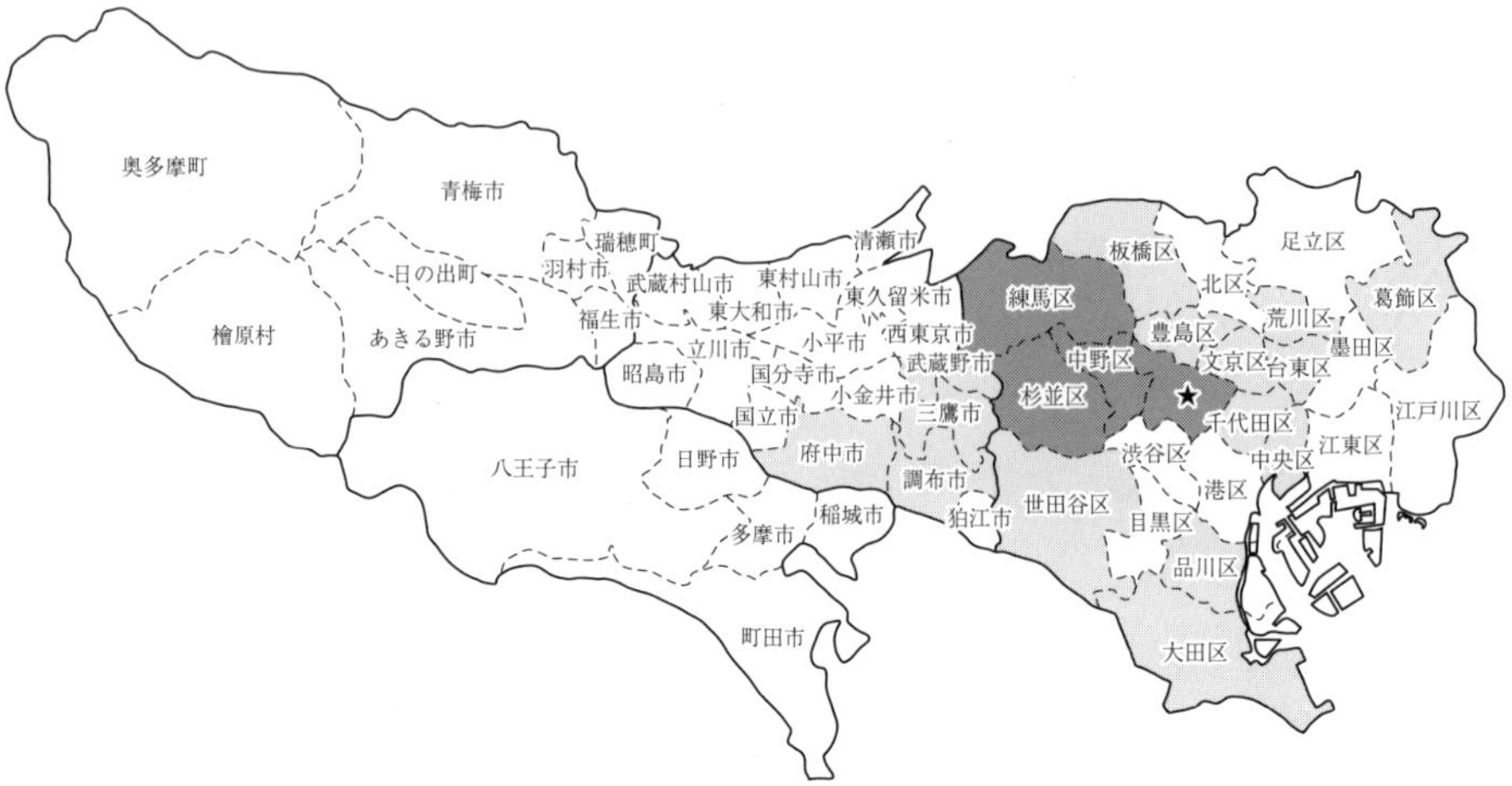

図５　御霊神社安産守授与 地域分布（1956年）

★御霊神社
（新宿区）

参拝者数（人）
1～10
11～20
21～30
31～

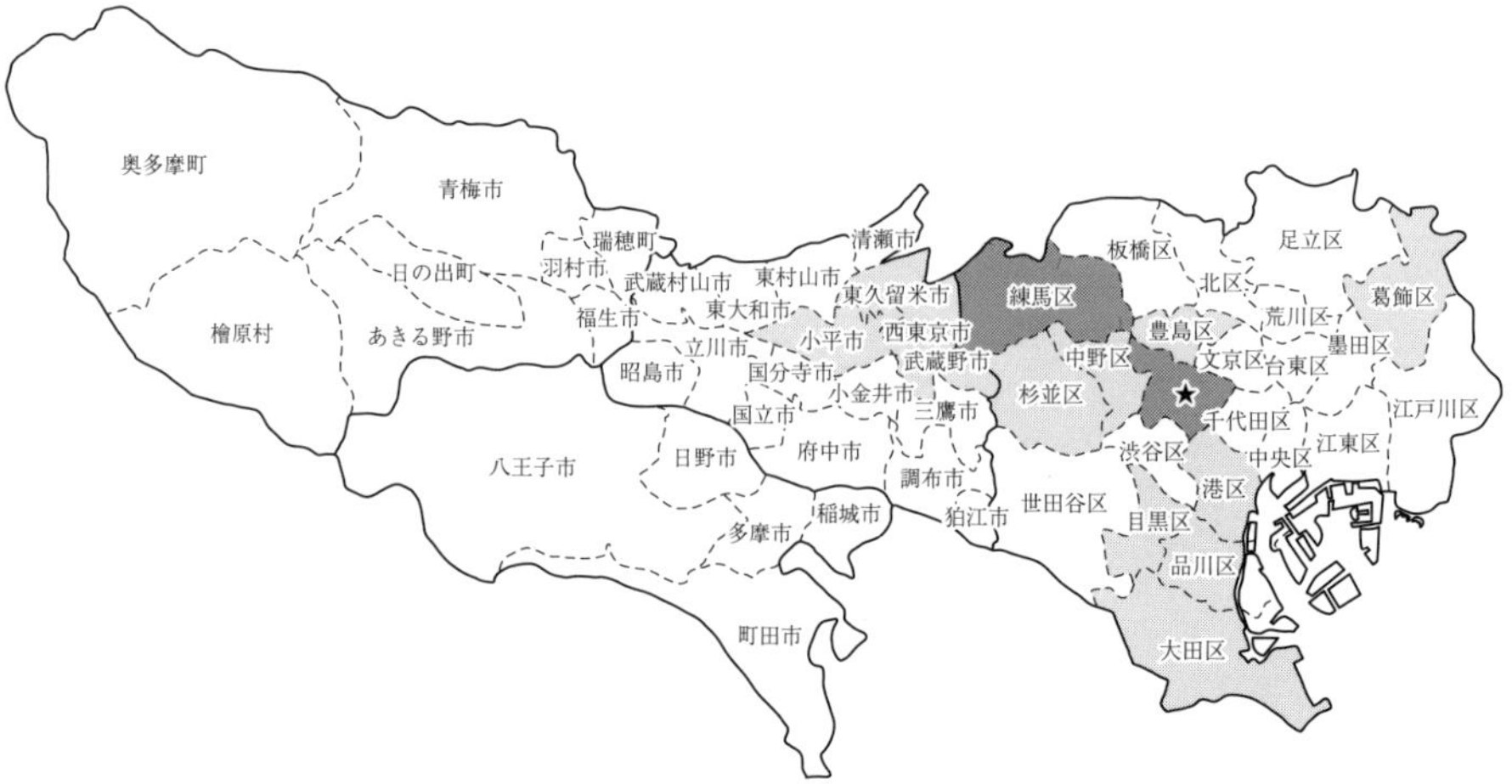

図６　御霊神社安産守授与 地域分布（1971年）

図７　御霊神社安産守授与 地域分布（1981年）

★御霊神社
（新宿区）

参拝者数（人）
1 ～10
11～20
21～30
31～

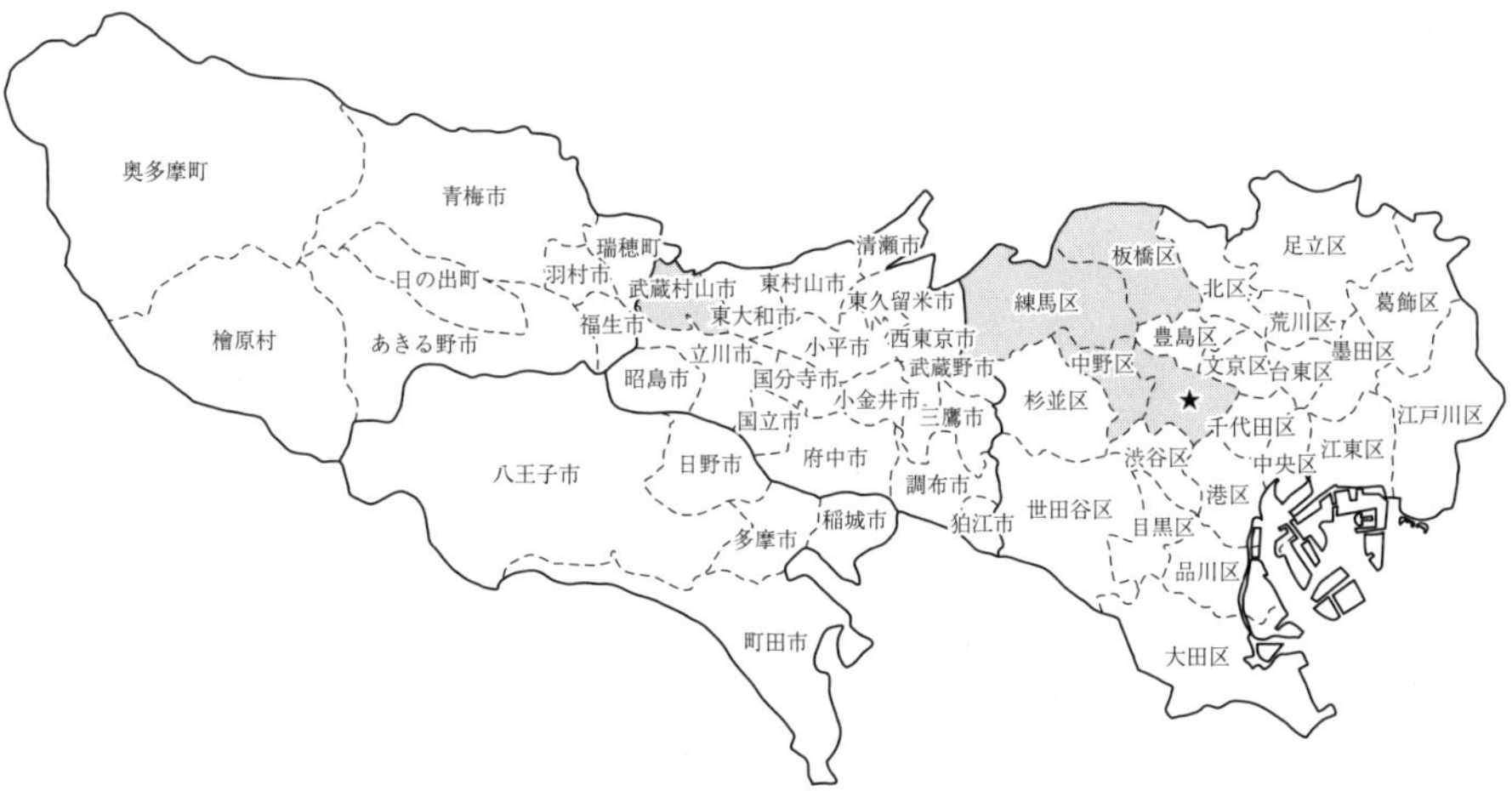

図８　御霊神社安産守授与 地域分布（1989年）

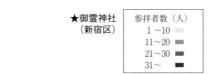

図9　御霊神社安産守授与 地域分布（1999年）

★御霊神社
（新宿区）

参拝者数（人）
1～10
11～20
21～30
31～

図10　御霊神社安産守授与 地域分布（2009年）

一九四五年（昭和二〇）の大きな減少を契機に、その後も安産守件数の減少傾向が続いていることについては、戦後の人の移動や入れ替わりの激しさが大きな要因として考えられる。『新宿区史』には戦後人口が急増し、その理由として、疎開者の帰京や海外からの引揚者の他、他地域から東京地域への職を求めての転入者が多数あったことを挙げている。戦後の混乱と復興の中、街の様子は一変し、以前は先祖代々から同じ地に三世代が暮らしていたのに対して、土地とのつながりの薄い若い人々が広く住むようになった。核家族化も一九五〇年代以降目立って進行したという（新宿区　一九八八）。こういった土地とのつながりの希薄化が人々と地域の神社との関係を変化させ、そこでの安産祈願件数減少の要因となっていったのではないだろうか。

表5の住所地別の件数の変化を通じて、件数の減少についてさらに細かくみてみたい。これによると、急激に減少しているといえるのは遠方からの参拝者ではなく、主に近隣の参拝者であることがわかる。元々遠方からの参拝者は少なく、件数の減少も小さい。はじめから多かった神社の近隣からの参拝者が、著しく減少しているのである。

では、現在安産祈願に行く人の割合が高い中、この地域で暮らす妊婦たちは現在どこへ安産祈願に行っているのだろうか。この点について考えると、目立って安産祈願の参拝者が多い、または増えている神社があることに気づく。本調査でも水天宮・子安神社・子易神社が挙げられる。

つまり、御霊神社周辺の地域に住む人々の大半が、地域の神社である御霊神社には安産祈願に行かず、水天宮など特定の神社へ参拝している状況が推測できる。実際、昭和三〇・四〇年代に子育てをしていた御霊神社周辺地域に住む女性二人（先述のコミュニティおちあいあれこれメンバー）に聞いたところ、両者とも安産祈願には水天宮に行ったと語っていた。そして第三項で調査した杉並区A社と北区C社では、初宮参りや七五三の件数が多いにもかかわらず、安産祈願が月に数件程度であること、また子安神社、子易神社では氏子区域外から多数の安産祈願参拝者があることから、安産祈願の特定神社への集中は都内で広くみられることだといえる。

先述の明治・大正期を対象とした三つの調査報告（第二項）から、かつて東京には氏神・産土神社をも含む多くの安産祈願の参拝先があったことを確認できる。現代では氏神神社へ安産祈願の参拝をすることはきわめて稀になり、霊験のある参拝先も絞り込まれ、ごく限られた社寺（例えば水天宮）への集中がすすんでいると考えられる。東京の中で日々激しく移動する現代人は、生活の拠点である居住地にしばられず、より広い地域を視野に入れて様々なことに取り組み対応してきている。例えば、現在六〇代の都内在住の女性の話では、一昔前の買い物といえば近所の商店街に行くことが多かったという。野菜であれば八百屋へ、肉類は肉屋へとそれぞれに分かれており、そこで店の人と会話をしながら買うものや量を決めるということが一般的であった。それが今ではスーパーに行けばすべてが揃い、一言も店員と話さずに買い物を済ますことができる。場合によっては、仕事が休みの土日に家から離れた大型スーパーへ車で行くようにもなり、インターネットで写真をみながら注文をして配達してもらうことさえある。この買い物の例のように、日常生活の様々なことで、身近な地域との間でもたれていた接点が希薄になり、人々の地域に対する親近感は薄らいでいる。行動範囲や視野の広がりは、参拝先の選択方法にも影響を与えているといえる。また今日親から子への世代間伝達[24]がなされにくくなり、育児雑誌や本などのメディアの影響が強まったことからも、地域の神社へ目が向きにくくなってきているともいえる（田口 二〇〇九ａ）。

ところで、後章で述べるとおり現在初宮参りや七五三では、氏神神社や近くの神社に参拝する傾向がみられる。これに対して、現在安産祈願では近くの神社に参拝しないことが多い。これら儀礼間での比較を行なうと、現在の女性たちが土地とのつながりを感じるようになるのが、子どもを出産し育てるようになってからだという背景がみえてくる。筆者は初宮参りについて調査した際（第二章参照）、多くの若い母親たちから、母親となった自分が地域の一員として認められ、つながりを感じるようになったのは保健所とのかかわりを通じてであったということを聞くことができた（田口 二〇〇七）。母親たちは育児・子育てをとおして、それまでは経験してこなかった近所づきあい、保健所や学校など地域施設とのかかわりが増えていく。広い範囲を視野に入れて生活していた出産前の状態から、出産後は身近な地域へ目が向けられるようになるのではないだろうか。そのため、同じ子どもに関する祈願であっても、出産前の安産祈願時にはまだ自身の生活がその住む地域によって限定されず、いわば土地にしばられない感覚があるようだ。

この他、御霊神社へのインタビューの中で、宮司より、安産祈願のために御利益があるとされる神社に参拝する理由として、出産に関しては特別な力を得たいと思う気持ちが出てくるからではないかというご意見をいただいた。初宮参りや七五三では、差し迫った願いがあることは少ないだろう。しかし、出産に関する祈願では祈願内容が限定され、場合によっては命にもかかわる大きな不安をともなうものであることから、地域の神社よりも、出産や安産について霊験があるとされる特定神社に赴く傾向があるともいえるだろう。

六　メディアの影響

安産祈願について変化している点を考察する際、重要な要素としてメディアの影響が挙げられる。都内八社への調査でも、出産・育児雑誌やインターネットを通じて、参拝者が安産祈願に関する情報を得ている様子を聞くことができた。

この他いくつかのアンケート調査からは、育児に関することについて、親よりも出産・育児雑誌などからの情報を参考にするとの結果が出ている。杉並区が二〇〇一年に発行した『乳幼児並びに児童の子育て状況実態調査』では、

「日ごろ育児についての知識や情報などはどこから得ていますか」の問いに、「新聞、雑誌や本」が六五・七％で最も多く、続いて「友人・知人・近所の人」六四・九％、「子育て仲間」が五九・二％、「父母」が五六・二％となっている(25)。インターネットの育児サイト「ベビカム」の「妊娠・出産・育児の情報源」についてのアンケート（二〇〇七年調査）では、「新生児期の育児についての情報源」という項目で、「インターネット」と「雑誌・書籍」が同率で六九％と最も多く、次が「家族や親戚」の五九％となっている（育児中の会員一一八三人に実施）。また、次章で取り上げる初宮参りについては、筆者の調査でも初宮参りの情報源として、親よりも出産・育児に関する雑誌・本を参考にすることが多いという回答が得られた。

自分を育ててくれた、また子育て経験もある存在である父母から、今の母親たちが育児に関することを教わることが少なくなったのには、現代家族の居住形態の変化からの影響が考えられる。つまり二世代・三世代同居や近居から、核家族となって離れて暮らすことが多くなったことにより、実質的に他の世代から教わることができない状況が考えられる。しかし実際はそれだけではない。世代間伝達を疎ましく感じ、親子関係に余計なストレスを引き起こすものとして嫌悪したり、新しい情報に高い価値を置く現在の風潮がその背景にはある。そして、古くから脈々と行なわれていても、最近のやり方を知りたがり重視したりする傾向も大きな要因と考えられる（岩村 二〇〇七）。

本章における都内神社八社への調査からも、安産祈願先、安産祈願方法など、現在の安産祈願についての情報源として、出産・育児に関する雑誌や本、インターネットが大きな影響を及ぼしている様子がうかがえた。安産祈願件数の多い水天宮・子安神社・大國魂神社・子易神社は、雑誌・本に安産祈願先として取り上げられている。例えば水天宮は、出産・育児雑誌で安産祈願の特集を組めば、まず一番に取り上げられ、「安産祈願は水天宮へ」のイメージが広く定着している様子がうかがえる。大國魂神社では、第三項で述べたように、出産・育児雑誌に取材の記事が掲載されてから、安産祈願件数が増加したことを実感していた。子安神社も出産・育児雑誌で安産祈願先として取り上げられた他、以前から広告を載せてもいる。子易神社を紹介する雑誌の記事は見当たらないものの、二〇〇八年に出版された『おめでとう！　赤ちゃんのお祝い・子どものお祝い』（金園社）では、東京の安産祈願先六社寺の一つとして水天宮や雑司が谷の鬼子母神とともに紹介されている。子易神社では、かつてテレビや活字メディアにおいて広く活躍していた著名な江戸風俗研究家の取材後に、神社の安産に関する霊験を広めてもらってから、安産祈願者が増えたとも語っていた。

インターネットによる神社からの発信ということに関しては、調査した八社のうち六社がホームページを立ち上げていた。現在最も安産祈願の参拝者が多いと考えられる水天宮では、月ごとの戌の日を示したカレンダーを掲載したり、戌の日に境内が混雑した際の情報を随時知らせるサービスを提供したりしている。水天宮では、多くの参拝者がインターネットを利用していると感じており、発信の重要性についても述べていた。

ところで安産祈願について、従来は「社寺参拝をして安産を祈願する」と「妊娠五ヶ月目の戌の日に腹帯を締め始める」といった二種類の記述が併記されることはほとんどみられなかった。それに対して、現在では両者が同時に実施されるようになっていることについてはすでに触れた。このことにはメディアによる影響が関係していると思われる。現在神社や育児サイトのホームページでは、安産祈願について「妊娠五ヶ月目の戌の日に安産祈願の参拝をし、腹帯を巻くと安産であるという言い伝えがあります」といったような説明が多くみられ、「社寺への安産祈願」「五ヶ月目の戌の日」「腹帯」を結びつけた表現がよくみられる。

例えば、出産・育児雑誌『Pre-mo』(26)の「神社で！お寺で！お参りのノウハウ完全マニュアル　夫婦で安産祈願にレッツＧｏ！」（二〇〇五年一月号）の「なんでもＱ＆Ａ」では、安産祈願を社寺参拝と同義で使用しており、祈願するのによい時期としては、他の日でもいいと前置きをしつつも、「戌の日に行くといいといわれています」と書いている。また、『たまごクラブ』[27]の「妊娠中にすること先取りカレンダー」（二〇〇六年二月号）という綴じ込みのカレンダーでは、妊娠五ヶ月目の欄に「戌の日に安産のお参りを」、そして続けて「腹帯を巻いて安産を祈ります」とある。また同じ『たまごクラブ』で長く連載されている「わくわく妊娠日記」という毎号掲載されるコーナーでは、妊娠五ヶ月目の時期に、社寺で安産祈願をしてもらった腹帯を巻く写真などが多数掲載されている。「わくわく妊娠日記」のコーナーは、毎月掲載の記事であるが、妊娠期間の一〇ヶ月について、一ヶ月ごとの妊婦の様子を実際にその時期にあたる読者モデルの妊婦によって紹介する内容となっている。読者モデルの妊婦がその時期にどのような生活をしているか、また体調面でその時期にみられたことを、専門家のアドバイスやコメントつきで紹介している。そして次の号では、例えば前の月では妊娠三ヶ月だったある読者モデルが四ヶ月になっていて、同じモデルの出産直前の様子までを追って知ることができる。一九九九年一月号から現在に至るまで続いていることから、読者の興味を引く人気のコーナーといえる。このコーナーの二〇一一年一二月までの毎月の記事を整理し、妊娠五ヶ月目の記事における「腹帯」「戌の日」「社寺参拝」についての記述の有無をまとめ、年ごとに集計したものが表6である。[28]

これをみると、「腹帯」と「戌の日」に関しては、コーナー開始以来ほぼ二ヶ月に一回の割合で取り上げられており、その後徐々に現在に至るまで増加してきている様子がみられる。「腹帯」と「戌の日」は、一九九九年当初から妊娠五ヶ月目との関連が深いものとして考えられていたようだ。また安産祈願のための「社寺参拝」も最初の年は少なかったものの、翌年から一年のうち半分以上の号に載り、最近では「腹帯」や「戌の日」をしのぐほどとなっていることがわかる。表6の数値からは、短期間ながら安産祈願のために社寺へ「行く場合もある」という状態から「ほとんどの人が行く」といった取り上げ方へと変わってきている印象を受ける。現在はこの三者が、妊娠五ヶ月の頃の

表6　「わくわく妊娠日記」(『たまごクラブ』)の妊娠5ヶ月目の記事にみられた記述一覧

年	腹帯	戌の日	社寺参拝
1999	6	5	3
2000	8	5	7
2001	7	4	7
2002	8	3	6
2003	6	8	8
2004	1	2	7
2005	5	7	9
2006	9	7	8
2007	8	8	8
2008	7	8	12
2009	10	9	11
2010	7	9	10
2011	12	7	11

＊数値はその年に「腹帯」「戌の日」「社寺参拝」が取り上げられた号の合計数。数値12が最高。

重要な三大要素となっていることはまちがいない。

以上のことから、妊婦たちは、出産・育児雑誌やインターネットを通じて、安産祈願に関する情報を得ることが多く、これらの媒体に自然な形で並列して掲載されている「社寺への安産祈願」「五ヶ月目の戌の日」「腹帯」を結びつけて理解していると考えられる。

七　腹帯をめぐる変化

古くよりある安産祈願の腹帯は、現在も変わらず安産祈願のために締められているが、都内神社八社への調査などから、その準備方法や形態、祝われ方に変化がみられることがわかった。本項では、これらの腹帯に関して変化がみられる事柄について考察する。

現在安産祈願のための腹帯は、実際どの程度使用されているのだろうか。菅沼ひろ子らによる一九八六年の聖母病院(東京)における妊婦を対象にした腹帯に関する調査では、使用者は一〇〇人中九六人で、何らかの形で腹帯を着用していたとしている(鎌田ら 一九九〇)。また、他にインターネットサイトの「プレママタウン」[29]のアンケート(回答者数二三七〇人、二〇〇六年実施)では、九五%が「使用した」としており、現在も多くの人が、妊娠中に腹帯を実際に使用していることがわかる。

それでは、腹帯に関して変化している事柄の一点目として、腹帯の準備方法をみていきたい。古くは、多くの場合妊婦の実家から贈られていた腹帯が、現在神社で授与されるもの、または自分で用意したものを神社で祓ってもらうといったものへと変化している。

なぜ、腹帯は実家から贈られなくなったのだろうか。まず、考えられることとしては、さらしというものが現代に入って、実生活で使われることが減り、実用的なものではなくなっていることがある。そして、現在さらしに代わって、腹帯として使われている腹巻型やガードル型などのものには、様々なサイズや形、デザインがあり、人から贈られるよりも、妊婦自身がみて決めた方がよいものへと変化していることも要因として挙げられる。

この他、以前にはあった出産に関する実家と婚家との間の役割分担、といった家同士のかかわり合い[30]が、現在はみられなくなっていることも要因として考えられる。そして、腹帯は社寺で安産祈願をして、もらい受けるというメディアを通じての情報が、さらに腹帯の準備方法の変化を推し進めているといえる。

二点目として、腹帯の形態の変化をみていきたい。以前はさらしが中心であったが、現在は腹巻型やガードル型のものが主流となっている。先述した菅沼の一九八六年の腹帯に関する調査では、「注目したい結果としては、さらし木綿の日本古来の腹帯を使用している者が八六名中六〇名いた」とあり、また「ガードル、コルセット型のものとの併用がほとんどで、現代風に使い分けているというのが実情のようである。すなわち、外出、健診の際はガードルやコルセット型腹帯をし、家ではさらし木綿のものを巻いている風なのである」としている。また、先述の二〇〇六年実施のインターネットサイトの「プレママタウン」によるアンケートでは、「昔ながらのさらし」を主に使用したものは六％であり、複数のタイプを使用したのは三四％となっている。同じくインターネットの育児サイト「コンビタウン」(31)では、さらしタイプ使用者は一四％であった（回答者数六八一人、二〇〇八年実施）。菅沼とインターネットの調査では二〇年の差があるが、この間にさらし利用者が減少している様子がうかがえる。腹帯使用率は、今も昔も高いながら、形態がさらしから腹巻型やガードル型などへと移行しているといえる。

ところで、腹帯の形態の移行はどのように起こってきたのだろうか。腹巻型やガードル型の腹帯は、妊婦用の衣料用品のメーカーとして設立された犬印本舗（前身は日本油紙工業）が、現代のライフスタイルに合わせて、腹帯のさらしを使いやすくできないかと考案して開発したものである。まず妊婦帯と命名された今でいう腹巻型（コルセットタイプとも）の腹帯が、一九五五年より使い始められている。(32)この腹帯は助産婦のアドバイスを得ながら、着脱の簡単なものを開発したという。さらに一九七九年にはガードル型のものが発売され、外出が多く動き回ることの多い働く妊婦たちの間で大評判になったという。さらしを時代の流れに合わせて改良し売り出したことで、さらしの腹帯から腹巻型やガードル型への移行はスムーズだったといえる。

腹巻型やガードル型の腹帯は、現在多くの妊婦が使用しており、さらなる開発が進んでいるが、開発するにあたって医学的・生理学的側面、機能的側面、ファッションに関する側面が重視されている。つまり使用者のニーズに応じたバラエティに富んだ腹帯が登場しており、使用者は自分に合ったものを自身で用意することが多いため、母親としての自覚が促される面もあるだろう。しかし、さらしの腹帯がもっていた呪術的な要素についてはどうであろうか。

従来は実家から贈られたり、夫の褌を腹帯として締めたり、産婆に締めてもらったりしていたのに対して、現在自

図11　今どきの腹帯事情（子育てまんがの１シーン、宇田川ら 1998年）

分で用意し、自分一人で身につけるような腹帯からは、以前のような周囲からの安産に関する呪術的な力は得にくいだろう。そこで、それを補うかのように、妊婦たちは安産に関して霊験があるとされる神社で、腹帯をもらい受けたり、持参したものを祓ってもらっているといえるのではないだろうか。以前は多様にあった、腹帯に呪術的な力をもたらす方法が、現代においては「社寺へ参拝して祈願・お祓いをした腹帯をもらい受ける」という形に統一されてきたといえる。

最後に変化している事柄の三点目として、帯祝いを取り上げたい。帯祝いは神社への調査では拾い出すことができない点であるが、現代の母親たちが大いに影響を受けている育児雑誌の記事から、従来は親戚や近所の人、産婆などを呼んで饗応し、その際に参加者の誰かに帯を巻いてもらう、といったような形の帯祝いが行なわれなくなってきていることがわかる。帯祝いについては、育児雑誌の『たまごクラブ』でたびたび取り上げられているが、その際の紹介のされ方は「(最近は)五ヶ月の戌の日にパパや家族と神社などに安産祈願に出かけたというママが多く、腹帯のお祓いを受けたり朱印を押してもらったという人も」（二〇〇一年四月号）、「かつては身近にいる子宝に恵まれた夫婦などに帯を巻いてもらい、双方の両親などとお祝いの膳を囲んでいました。現在は神社で安産祈願のお参りをするスタイルが増えているようです」（二〇一〇年四月号）といった、身近な家族のみが参加し、社寺へ安産祈願をするという部分が強調されている印象が強い。これらの記事にみられるように、人を呼んでの帯祝いが現代において減少したことから、儀礼によって社会的認知・承認を得るといった面は縮小してきているといえる。それに加え、他者との共食、産婆などに帯を締めてもらうことなどで得ていた安産をもたらす呪術的な力も得にくくなっている。帯祝いが従来のように行なわれなくなったこと、実家などから腹帯が贈られなくなったことで、物を介して、人を介して得ていた安産をもたらすとされる力は失われている。その代わりになるものとして社寺での祈願、お祓いが求められるようになったのではないだろうか。

以上、現代における腹帯に関する変化、つまり「準備方法の変化」「形態の変化」「社会的な祝いの消失」を取り上げたが、これらが現在の安産祈願の社寺への集中をもたらす大きな要因といえる。

おわりに

都内神社八社への安産祈願に関する調査、その内の一社における安産守授与件数データの整理・分析より、現代の安産祈願に関する実態の一端を明らかにすることができた。明らかにできたことの中で、現代の安産祈願の重要な特徴として、水天宮など霊験があるとされるかなり限られた特定の神社への集中が進んでいることがわかった。このことは、明治・大正の頃にみられた、氏神神社や産土神社、その他身近な産神や地蔵・観音などの安産祈願先のバラエティが減少したこと、あるいは実施されなくなっていることにもあらわれている。原因としては、住んでいる土地とのつながりが希薄化したこと、世代間伝達がなされにくくなったことが挙げられる。そして地域や親に取って代わって、現代の妊婦たちの多くが育児の情報源として利用している、出産・育児雑誌の記事が現状を推し進め、場合によっては作り出している実態がある。これらの記事では、特定の限られた安産祈願先を紹介していることが多く、それらの記述と現代の主要な安産祈願先は合致していることが多い。この他、妊婦たちはインターネットからも情報を得ており、例えば神社のホームページを作成したことにより、氏子区域外からの参拝者の急増を指摘する神社もあった。

また、現代の安産祈願の一般的な形としてみられる「妊娠五ヶ月目の戌の日に社寺へ参拝して腹帯を受けてくる」というものは、明治・大正の頃までは「社寺参拝をして安産を祈願する」と「妊娠五ヶ月目の戌の日に腹帯を締め始める」という別々に実施されていた事柄が、一つにまとめられ、同時に実施されるものへと変化した形であることがわかった。そして、現在社寺でもらい受ける、あるいは自分で用意して社寺で祈願・祓ってもらう腹帯は、以前は実家から贈られることが多かったものでもあった。これらの変化については、出産・育児雑誌などのメディアによる、安産祈願の方法などを説明した記事の影響が強いといえる。

妊娠五ヶ月目、戌の日、社寺参拝が現代においてひとまとめにされたことについては、このことに加えて腹帯の形態、祝われ方の変化などによる、腹帯のもつ呪術性の希薄化も影響しているといえる。現在も多くの妊婦が使用している腹帯は、形態がさらしから変化して、医学的側面、機能的側面、ファッション的側面が強調された。また明治・大正の頃には広く行なわれていた、腹帯の締め始めの時に人を呼んで共食する形の帯祝いは現在あまり行なわれなくなった。これらのことにより、かつて腹帯から得ていた安産をもたらすとされる呪術的な力が弱まり、現在は得にくくなったといえる。そして、腹帯が失いつつある呪術的な力を、妊婦たちは現在安産祈願のために社寺参拝した際、腹帯をもらい受ける際に社寺から得ようとしている様子がうかがえる。このことからも、明治・大正の頃にはあまりみられなかった腹帯と社寺参拝の密接な結びつきが生じたといえる。この現代にみられる腹帯と社寺参拝との間の関係の分析は、今後実際に妊婦たちへのインタビューを実施し、確認しながら深めていきたいと考えている。

本章における調査は、都内の神社へのものであり、結果に地域的な偏りがあることは否めない。しかし、現代の安産祈願の実態に大きな影響を与えている出産・育児雑誌やインターネットが全国的に利用されていることより、広くみられる傾向ともいえるのではないだろうか。他地域での実態調査を実施し、確認していくことを今後検討していきたい。

注

（1）「ベビカム」は主に初めての出産・育児中の妊婦・母親・父親向けの育児情報サイト。Webサイト(http://www.babycome.ne.jp/)と連動した季刊誌『ベビカムマガジン』を全国の病院に配布している。この質問は、「「安産祈願」をしましたか(するつもりですか)?」というものである。

（2）神功皇后とは、仲哀天皇妃のことで伝説上の人物とされる。記紀によれば、朝廷が熊襲平定中に神託を受け新羅征伐を計画、仲哀天皇がその途中で亡くなるが、神功皇后は応神天皇を懐妊したまま自ら遠征、半島を征服した。臨月での出陣にあたって、石を帯に挟んで出産を遅らせ、その後無事に出産したとされる鎮懐石の伝説が残っており、この伝説が安産とつなげられるようになったと考えられる。佐々木美智子は、記紀では石は裳に挟んだとする記述しかなく、それを帯に挟んだとして、安産とつなげるようになったのは、後世の解釈ではないかとしている(佐々木　二〇〇〇)。

（3）恩賜財団母子愛育会編『日本産育習俗資料集成』（一九七五年）、文化庁編『日本民俗地図』（一九七七年）、東京都教育委員会編『東京の民俗』（一九八四年）のことを指す。

（4）現在も行なわれているものとして、日向繁子の長野県望月町についての「十九夜講復活を見て」（『女性と経験』二四、一九九九年）と、中川美穂子の主に千葉県における十九夜講の様子を報告したもの「十九夜信仰の一考察―下総地方の女年寄りの関わりを中心に―」（『女性と経験』二九、二〇〇四年）がある。

（5）例えば、柄杓（ひしゃく）に関するものには、猿渡土貴「底抜け柄杓による安産祈願―身延町下山荒町地区の産宮神の事例を通じて―」『民具マンスリー』三三―一、二〇〇〇年四月、一～二〇頁。オマクラ（神枕）に関するものには、渡辺みゆき「東北地方の産育儀礼と信仰民具」『民具マンスリー』三四―三、二〇〇一年六月、一八～二三頁。熊のヒャクヒロ（大小腸）に関するものには、森俊「安産の呪具としての熊のヒャクヒロ―富山県上新川郡大沢野の場合―」『西郊民俗』一六一、一九九七年一二月、一三～一六頁。

（6）佐々木美智子は「着帯の風習と腹帯論争」の中で、「一般民衆に広まった腹帯を着用する習俗は、江戸時代中期になると、その是非が論じられるようになる」として、産科医たちの間で妊娠中に腹部を締めつけることは有害であるとする立場と、逆に腹帯を固く締めることにより胎児が育ちすぎて難産になるのを防ぐことができるとする立場、そして古来よりの風習で強く締めることなく腹部全体をゆるやかに巻けばよいとする中間的立場といったような論争が繰り返されていたとしている（佐々木 二〇〇〇）。

（7）『東京の民俗』は全八巻であり、東京を八地区に分けてそれぞれの巻で調査報告をしている。一巻から順次発行されており、一巻目の発行が一九八四年。

（8）「文書・記録の執筆、作成にあたる常置の職」の意（『日本国語大事典　第二版』一二巻、小学館、二〇〇二年より）。

（9）出産後まもなくの体調がまだ妊娠前にもどっていない状態の女性をさす。

(10)「底抜け柄杓」とは、底のない柄杓でくんだ水がすぐ流れ落ちることにあやかって、出産が軽く済むことを願った呪具。各地の神社で奉納されている(底なし柄杓とも)。大國魂神社では、境内入ったすぐ左手にある宮乃咩神社前に奉納場所がある。宮乃咩神社は祭神はアメノウズメノミコト、安産に霊験があるとされ、現在も安産祈願で訪れる妊婦が多い。

(11)さらして白くした綿布または麻布。安産の腹帯に用いるものは、部分的に赤色に染められることもある。長さなどが地域によって決まっている。

(12)現在販売されている腹帯の中で、形状が筒状のもの。コルセット型ともいう。

(13)現在販売されている腹帯の中で、形状がパンツタイプのもの。

(14)「崖地を意味するハケ、つまり水の抜けていく地形のこと」(コミュニテイおちあいあれこれ編『おちあいよろず写真館』二〇〇三年、一三頁)をさす。

(15)一九五〇年國學院大學考古学研究室(樋口清之)の調査により、縄文後期、弥生中~後期にかけての住居跡がみつかっている。一九五四年には社殿裏の立木の移動により、宮司によって弥生後期のつぼ型土器がみつかり、それを契機として、その後早稲田大学考古学研究室をはじめとする落合遺跡の発掘調査が実施された。

(16)『落合新聞』は中落合在住だった竹田助雄が発行していた地域新聞で、『明治の思い出』はこの中の一九六五年一〇月九日から一九六六年八月五日までを掲載したもの。

(17)『御霊神社要覧』は、一九四〇年六月に皇紀二六〇〇年昇格記念のために御霊神社で作成されたもの。

(18)分木(ぶんぎと読む)は、おびしゃ祭で行われる神事の的の三重の同心円を描く際に用いられるコンパスの役割をする道具。この分木には「永禄六癸亥年(一五六三年)御五神宮」と記されており、新宿区有形民俗文化財となっている。

(19)一九六五年の一月から三月までは記録があるが、四月以降なし。一九七〇年は一二月の記録のみになっている。

(20) 帳簿のデータの中で番地の数字だけの住所が一六件あったが、世帯主などから新宿区中井地域の人と判断し、新宿区の件数に含めている。

(21) 便宜上、昭和初期までの地域名を使用。現在の西東京市・武蔵野市・三鷹市・調布市・狛江市・小金井市・府中市・清瀬市・東久留米市・東村山市・小平市・国分寺市・国立市・東大和市・立川市・武蔵村山市・昭島市を含む。

(22) 三鷹市教育委員会『文化財シリーズ第六集　三鷹の民俗』一九八〇年、七五頁。文中の「中野」は「中井」と思われる。

(23) 便宜上、昭和初期までの地域名を使用。現在の八王子市・日野市・多摩市・町田市・稲城市を含む。

(24) 従来はそれと併せて、地域社会全体で子どもを育てるということがなされていた。例えば「一人の子を育てるには、出産から成人にいたるまでのさまざまな儀式の中で、地域社会を中心に多くの人々が連帯しながら共同でなされていた」(吉岡眞知子「日本の子育て文化における子ども観」『東大阪大学短期大学部教育研究紀要』二、二〇〇四年、三三頁)。

(25) この調査は杉並区が児童福祉法の大改正や、少子社会に対応した児童福祉体系の見直し・再構築に必要な基礎資料を得るために実施した区民を対象とした実態調査である。住民基本台帳より無作為等間隔抽出し、郵送配布、郵送回収している。調査期間は一九九八年一〇月九日から二六日である。

(26) 『Pre-mo』(主婦の友社)は月刊の妊婦向け雑誌で、芸能人やモデルを起用したファッション誌感覚の紙面が特徴。発行部数五万五〇六〇部(二〇〇六年時点)。

(27) 『たまごクラブ』(ベネッセコーポレーション)は、主として初めての妊娠や出産を控えた妊婦を対象として、「ママたちの気がかりや疑問を解消し、おなかの赤ちゃんやパパとのわくわく妊娠生活を応援する」(本誌の紹介文から)月刊誌。一九九三年一〇月創刊。発行部数一三万一三四二部(二〇一一年時点)。

（28）表6の数値は、各号の記事にみられる「腹帯」「戌の日」「社寺参拝」に関する取り上げ数をさすが、同一の記事に一回でも先述の三つの言葉がみられれば、そのキーワードは「1」としてカウントした。

（29）ベビー用品メーカーなど（ユニチャーム・和光堂・千趣会・ソニー生命保険）が提携して、妊娠・出産準備中の父母向けに情報を提供している。同メーカーで運営している育児応援サイト『ベビータウン』と合わせて会員数は四三万人（http://www.premama.jp/）。

（30）『女性と経験』一二（一九九八年）の特集「家と女」Ⅱにはこのことに関する記述がいくつかみられる。例えば、繁原幸子「婚姻・出産から見た婚家と実家―静岡県小笠原郡菊川町の聞き書きから―」（三三～三七頁）では、まとめの中で「結婚、出産から見て、嫁の実家と婚家の関わりを考えてみると、結婚に関しては、婿入り以外は嫁の実家は表立って関与することがないのに、それが出産になると婚家よりも実家、それも父親よりも母親の方がより強く関与してくるのがわかる」（三六頁）、また、倉石あつ子「ハマの女性の暮し―千葉県袖ケ浦町の事例―」（四七～五一頁）では、「「子供は七歳まで実家のかかり」といい、嫁に子どもができても子どもが七歳になるまでは、何かにつけて嫁の生家は経済的な援助をする」（五〇頁）という記述がある。

（31）育児メーカーのコンビが立ち上げている妊婦や育児中の父母向け情報サイトで、会員制になっている（http://www.combibaby.com/）。

（32）内藤美奈（二〇一〇年）、『たまごクラブ』（ベネッセコーポレーション）二〇〇二年一二月号、二〇〇三年二月号（「腹帯大研究」）、犬印本舗ホームページ（http://www.inujirushi.co.jp/）参照。

第二章　現代における初宮参りの実態と意義

はじめに

　初宮参りは、生後三〇日頃に行なうことの多い[1]、氏神への初見参の儀礼であり、子どもの無事な誕生を神に報告し感謝するとともに、将来への加護を願う儀礼であると説明される。多くの場合、男児と女児で参拝時期に数日の違いがみられる[2]。そして、氏子入り、社会的な認知という役割を担ってきたとされる。古くはヒアケ（日明け）・ユミアケ（忌明け）、ウブアケ（産明け）、トリイマイリ（鳥居参り）、ウジミセ（氏見せ）[3]など、地域によって様々な呼び名があったが、現在では一般に「お宮参り」と呼ばれることが多い（なお、他の神社参拝との混同を避けるために、本章では「初宮参り」とした）。

　『貞丈雑記』や『武家名目抄』[4]などの古い文献にみられる記述から、室町時代中頃には将軍家を中心に武家社会で行なわれていたと考えられる。さらに、幅広い階層へと広まった時期について詳しくはわかっていないが、恩賜財団母子愛育会編の『日本産育習俗資料集成』（一九七五年）には、昭和初期に全国で行なわれていた初宮参りに関する豊富な事例が報告されており、その頃には広く実施されていた様子がうかがえる。ただし、柳田國男は初宮参りを「以前からまるでそれをせぬという土地がある」（二四頁）、「東北などにまだ宮参りさせぬという地方が残って居る」（二四頁)と指摘しており(柳田　一九五四)、『日本産育習俗資料集成』が報告している時期に、初宮参りが全国的に広く行なわれていたとは必ずしもいえない(5)。

出生率が低下し少子化が問題として注目されている昨今、子どもを取り巻く環境は大きく変化している。このような状況にある現代において、初宮参りはどの程度実施されているのだろうか。そしてどのような形で実施され、どのような思いを込めて行なわれているのだろうか。これまで初宮参りを主要なテーマとした研究は少なく、現代の実態や意義を知る上で十分とはいえない。

そこで本章では、現代の初宮参りの実態を明らかにし、人々がこの儀礼に対してもっている意識、従来の捉え方からの変化について探ることを目的とする。方法として、初宮参りの参加者と神社へのインタビューを実施する。そして、儀礼のいわば参加者側と執行者側(神社)の両側面から得られた結果と、先行研究より引き出した従来の意義との比較を行い、初宮参りの現代における意義について考察してみたい。

一　これまでの初宮参りと先行研究

まず初めにこれまでの研究より、従来の初宮参りのあり様について確認していく。初宮参りに関する研究は、民俗学の中にみることができる。

民俗学において産育儀礼のひとつとして位置づけられる初宮参りが、研究対象として単独で取り上げられることは少なかった。これはひとつに民俗学における産育儀礼の分野の研究が、個々の儀礼についてよりも従来の産育儀礼全般の根幹とかかわりの深い「産の忌み」「産神・産土神」「産屋」といったものを主要なテーマとし、また議論の対象としてきたことと関係がある(6)。

初宮参りについては、ある地域の様々な産育儀礼について報告する中で、その地域で行なわれてきた初宮参りの実態についても触れる、という形で取り上げられることが多かった。例えば、各地の産育儀礼に関する事例を報告する中で、初宮参りについても取り上げているものに、先述した『日本産育習俗資料集成』がある。この中の「宮参り」の項目には、四五都道府県からの報告があり、場所に関係なく類似の特徴をもつことがわかる。具体的には全国的に生後三〇日前後に産土神・氏神へ参拝することが、この儀礼の特徴であることはまちがいなく、参拝時に赤子が着るものは産着、紋付、友禅などいろいろあるものの、ほとんど母方の里から贈られるということがわかる。他に赤子の額に墨や紅で字を書くこと、親戚・近所に赤飯を配る、あいさつにまわるということが主な内容である。

次に数は少ないが初宮参りを主として取り上げ、論じているものについてみていく。これらの研究から、従来の初宮参りのもっていた意義を整理してみたい。

柳田國男は『小児生存権の歴史』の中で、初宮参りで大人に抱っこをされた子どもに掛ける鮮やかな着物には、「非常に意味がある」としている(柳田　一九六九b)。子どもの生存権が社会的にあまり保証されていなかった時代において、この行為が「この子は育てる子供である、大きくなって村人になる子供である」(二九五頁)ことを周りに承認してもらうために、重要であると述べた。つまり初宮参りにおいて、社会の一員としてその子どもが認められるとする意義の存在を指摘している。また、『家閑談』に収録されている「社会と子ども」では、「氏子入り」の項でも初宮参りについて言及している(柳田　一九六九c)。この中で初宮参りを含めた氏子入りと関連のある儀礼について、「村の公共の安全の為だけに、神を祀って居た以前の信仰が、個人各自の幸福を禱る風に移って来て、宮参りの趣旨はいつと無く変化したのである。以前はただ祭りに仕へる資格ある村人となる為に、神に見知られて居ることを求めたものと思ふ」（二二九頁）として、古い時代における神からの承認の重要性と、その意味合いの変化について述べている。この他、柳田は『月曜通信』の中の「宮参り」で、初宮参りと関係が深いとされる氏神や氏子の定義自体が、そもそもはっきりしていないことを指摘している（柳田　一九五四）。そして明治初期にそれまで寺院で行なわれていた宗門帳統制を神社へ移管させる中で、初宮参りの際に子どもに氏子札を渡し、その控えを取っておく制度ができたことに触れている。これによって、氏子という名称と初宮参りとが因果関係のあるものとして考えられるようになったかもしれないとしており、興味深い。

日本各地に伝わる様々な産育習俗について、成長の段階に合わせて実施されてきたものを幅広く取り上げ、それら習俗のあり方、様子について報告し分析・考察を加えたものに、大藤ゆきの『児やらひ』がある（大藤　一九四四）。この中の「宮まいり」とした項目で、初宮参りは生児が村の一員になる第一段の手続きであったということ、ヒノハレといった呼称より生児の忌が晴れること、生児を拝殿で泣かすといった習俗などから氏神に氏子として認めてもらう意味があったことを初宮参りの意義として挙げている。

高橋六二と福尾美夜はその論稿の中で、初宮参りと霊魂との関係を論じている。高橋は「初宮参りは、赤子の霊魂に関する儀式ではなく社会的な問題であり、氏神に生存権を認めてもらって加護を得ようとするための行事だ、と説かれてきている。しかしそうだろうか」（高橋　一九八三：二〇〇頁）と、それまで通説となっていた柳田の示した初宮参りの意義に疑問を呈している。全国からいくつかの事例を報告し、氏子入りの意味合いは否定できないものの、そのあり方から初宮参りの原義は、神から霊魂を授かるということにあるのではないかと述べている。

福尾美夜は、主に岡山県で実施されてきた初宮参りの様子について、実施日、呼称、参拝の場所やその際に行なわれる変わった習俗などの項目を挙げて報告し、最後に初宮参りについて、「いろいろの方法で、赤児の霊魂や身体をこの世につなぎとめ、社会的承認を得て、社会(昔はムラ)の一員にしよう」とするものとして、その意義をまとめている(福尾　一九八九：一一四頁)。福尾も高橋同様、初宮参りの赤子の霊魂に関する儀式という意義に注目している。

赤子の霊魂に関する儀式という点について、「鎮魂」と「分霊」という形で説明しているのが、神道学者の佐野和史である。佐野は神道学における初宮参りの定義等についてまとめている中で、初宮参りの意味(意義)について、忌明け、氏子入り、鎮魂、産土神の分霊を挙げている(佐野　一九八七)。このうち、鎮魂は「氏神の稜威により新生児が力強い生命力を得て無事に生育成人することを祈願するものである」(二九七頁)と説明をしている。また、産土神の分霊については、人は生命の根源である魂をウブスナ神よりもらうとして、初宮参りが「産土神と氏子との霊的なつながりにより、産土神の分霊をいただいてこの世に生誕したことを感謝し、以後も思頼を蒙って無事成人することを祈願するやうになった」(二九九頁)ものであるとしている。また、この他に氏子札のことを取り上げ、一八七一年から一八七三年までの短い間に実施されたこの制度は、「郷社・村社の制度と氏子区域の確立とともに宮参りの習俗を全国的に均一化させる要因の一つとなったと考へられる」(二九九頁)と上述した柳田の指摘をさらに展開させている。

以上、初宮参りに関する主要な指摘・研究をみてきたが、これらより初宮参りの従来の意義として、「産の忌明け」「社会からの承認」「神からの承認」「鎮魂・魂鎮め」の四点が挙げられる。

二　現代の初宮参りに関する先行研究

前項で従来の初宮参りに関する研究についてみてきたが、本項では現代の初宮参りに注目した研究をみていきたい。民俗学のこれまでの報告から、戦後多くの産育儀礼が社会の大きな変化にともない消滅・縮小あるいは変化してき

写真１　初宮参りで孫を抱く祖母（2006年 都内神社）

写真２　戌の日の都内神社境内

ていることがわかる。たとえば、柳田國男主宰の郷土生活研究所が一九三四年から一九三七年にかけて実施した山村調査から、二一ヶ所の村を選んで五〇年後再調査した成城大学民俗学研究所の研究では、(7)産育儀礼に関して「出産方法」「産忌の観念」「後産の処理」「仮親の習俗」など、生後八週間目までの間に行なわれていた儀礼が消滅してしまったことが明らかになっている。そして原因としては、出産場所や介助者の変化が挙げられている（成城大学民俗学研究所 一九九〇）。

このような実態がみられる一方、産育儀礼のひとつである初宮参りは、現在さかんに実施されているという。妊娠・子育て中の女性を対象とした二〇〇〇年以降の調査では、初宮参りに子どもを連れて行った（あるいは行く予定）とする人は大変多く、回答者の八一％が「行った」あるいは「行く」と答えている（インターネットの育児サイト「はっぴーママ.com」による二〇〇四年実施の「はっぴーママアンケート」結果から。会員登録者が対象で回答者数九四三人）(8)。その他、初宮参りの実施状況について調べたアンケートはいくつかみられるが、いずれも実施率が八割以上という結果となっている(9)。

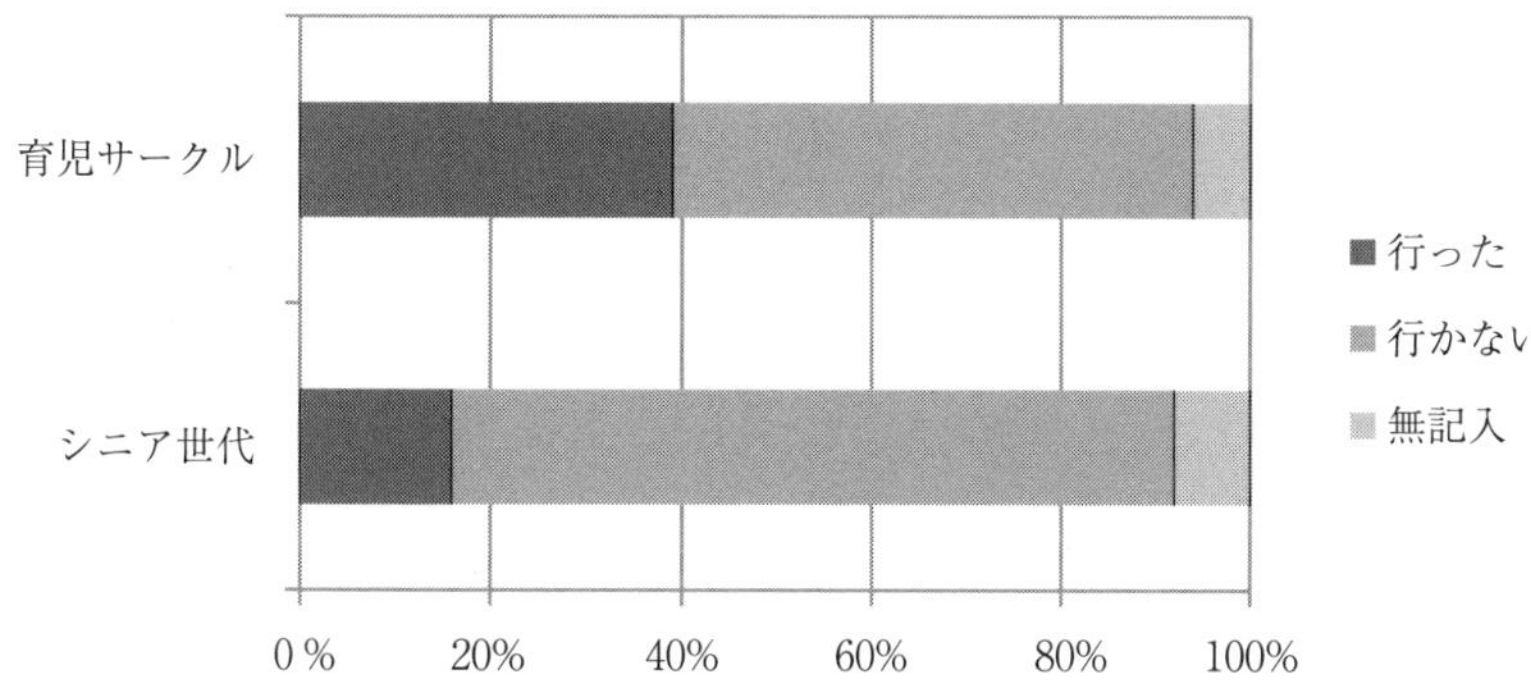

図1　初宮参り実施の有無（松岡 2003）

ここで、現代の初宮参りについて触れた興味深い調査結果を二点紹介したい。

一点目は初宮参りを含む産育儀礼が、一般的に考えられているように農村地域において多く保存され都市になるほど消失している、というわけではないとする依田新らによる調査報告である（依田ら　一九七〇）。調査では、地域特性の異なる四地域において、一〇歳以下の子どもをもつ母親を対象に、「安産祈願」「産の忌み」「へその緒の保存」「お宮参り」「七五三」など一三項目にわたり、産育儀礼の実施状況を調べている。項目の中で、都市であるからこそ実施率が高くなっているものがあるとし、興味深い結果となっている。この結果について、「都市の方が生活にゆとりが多い為と、商業政策の影響が強いことによると思われる」（六頁）とする分析が加えられている。このうち、初宮参りについては農村地域一ヶ所の実施率が大変低いのに比べ、都市（東京）では八割が実施との結果となっている。

二点目は、世代別の産育儀礼の実施状況の違いについて、北海道旭川市の育児サークル参加の母親たちと、その母親や祖母の世代の女性たちに実施した松岡悦子による調査である（松岡　二〇〇三）。結果として、現代の若い母親たちの方が、その母親や祖母の世代よりも多くの産育儀礼を行なっていることが明らかになり、理由として妊娠・出産の商品化が儀礼の活性化や創出をもたらしているからとしている。調査された儀礼の中に初宮参りも含まれており、同様の結果となっている(図1)。

これらの調査結果からは、現代においてさかんに実施される初宮参りには、母から娘へと受け継がれた伝統が背景にあるというよりも、現代の商品経済・消費経済の影響が強く反映されている様子がうかがえる。

次に初宮参りの儀礼が主に行なわれる場である、神社の側への調査を紹介する。石井研士は、戦後都市化によって神社が受けた影響、それに対する対応、将来の展望について明らかにすることを目的として、「氏子」「神社活動」「社殿と境内地」の現状と将来、問題点について東京都の神社へのアンケート調査を実施している。そして結果を基に現代の神社活動について言及、初宮参りの実態についても触れている(石井 一九九八)。この中で、東京都を二三区と三多摩地区とに分け、それぞれの地域の神社においてさかんな活動を聞いた結果がある。この神社活動のさかんな度合いについて聞いたものの中で、初宮参りは現在「盛ん」「やや盛ん」を合わせると、三多摩では五〇%弱、二三区では四五%程度であった。将来の予想については、両地域でもさかんだと考える割合が減少している。特に二三区の減少の割合が大きく、二〇%程度まで減り、将来に対する神社側の決して明るくない捉え方がうかがえる。

将来に対しては神社側に悲観的な見方がある一方、先述のインターネットにおけるアンケート結果のように現在初宮参りの実施率は大変高く、一人の赤ちゃんに両親ばかりか祖父母や親戚までが参加する、大変にぎやかな儀礼となっている。次項では、儀礼への主な参加者である母親たちを対象に行なった、初宮参りに関するインタビュー調査の結果をみていきたい。インタビューの結果から現在の初宮参りが実際どのように行われ、またどのような思いが込められているのか、その実態について明らかにする。

三　母親たちへのインタビュー

初宮参りの主役は当然赤子本人であるが、現代において儀礼の実施の有無、方法など儀礼のすべてにおいて最も影響力があるのは母親であろう。

本項で報告する調査は、現代の初宮参りの実態を知るために、過去五年以内に子どもの初宮参りを行なった母親たち五〇人にインタビューしたものである。対象とした母親たちは、練馬区(東京)の子ども家庭支援センターに通う利用者である。この施設は日中親子で通って遊ぶことができるようになっており、他の親子との交流などもできるように工夫されている。特に会員制といったことはなく、それぞれの区内に住む親子が自分たちに合った形で利用できるようになっている。

調査時期は、二〇〇七年六月から七月にかけてである。三回施設を訪問し、その際に親子で来所している方にその場で了解を得て、一〇~二〇分ほど話をうかがった。なるべく自由に話をしてもらいたいと考えていたが、小さい子どもの相手をしながらという形であったため、事前に考えた質問項目を基にインタビューをすすめた。事前に考えた項目は、参拝時期、参拝先、参加者やその服装、当日のスケジュール、実施理由・動機、感想、情報の入手先、氏神・氏子に関する認知度や意識の有無などである(表1)。

本インタビューが五〇人という多いとはいえない人数であり、また練馬区に調査地域が限定されているため、実態をより正確に把握することを目的に、初宮参りに関するブログも参考にした。方法は二〇〇六年一一月~一二月の一ヶ月間 Google のブログ検索で「宮参り」で検索をし、その結果得られた一一八の初宮参りに関するブログの内容

表１　初宮参りインタビュー調査概要(子ども家庭支援センター)

日時	2007年６月から７月まで
場所	東京都練馬区の区立子育て家庭支援センター
対象	上記施設を利用する０～３歳の子どもをもつ母親、50人
時間	各インタビュー10～20分程度(基本的に１対１)
構成	(1)自己紹介と調査説明、了解を得る。 (2)対象者の基本属性の確認。 (3)初宮参りに関するインタビュー実施。 ［主な質問項目］ 参拝時期、参拝先、参加者構成、服装、当日のスケジュール、実施理由・動機、感想、情報の入手先、氏神・氏子に関する認知度や意識の有無 (4)御礼と記録の文字化の承諾得る。

を分析してみるというものである。[10]分析した結果については、母親たちへのインタビューの結果を考える上で、参考資料としていく。

まず、本調査における回答者の属性を確認したい。回答者は、全員回答時〇～三歳の子どもをもつ母親で、住所地は練馬区であった。母親自身の年齢を五歳きざみで二〇歳から聞いたところ、三〇～三四歳が二一人、三五～三九歳が一三人で多く、その他の年齢層はごく少数であった。出身地は、東京が一四人で最も多く、その他は北海道から九州の全国にわたっていた。居住年数は、大半が住み始めて三年以内ということであった。親との同居の有無については、「同居していない」が四六人(内八人は同居していないが近くに住んでいると回答)で大半を占めていた。

その後の初宮参りに関する回答内容とこれら属性項目との間に目立った傾向はみられなかったことから、得られた属性については参考にする程度にとどめた。

以下、初宮参りの実態に関する調査の結果を「実施の有無と実施形態」と「実施の動機や感想」の大きく二つに分けてみていく。

１　初宮参り実施の有無と実施形態

現在実際にはどのくらいの人が初宮参りを実施しているのだろうか。

本調査では、五〇人中四六人が実施したとしており、大半の人が実施するという結果となった。第二項でも紹介した二〇〇四年のインターネット育児サイトにおけるアンケート調査の結果でも、初宮参りに子どもを連れて行ったとする人は八割にのぼった。現代において、大半の人が実施している儀礼といえるだろう。
では この実施率の高い初宮参りは、どのような形で実施されているのだろうか。

・まずは両家の親と待ち合わせし、子どもの成長を喜び合いつつ神社に向かう。次に神社についたらお祓いをしていただく。そしてここで随所で写真を撮る！その後はみんなでお食事会。

・みんなが疲れる前に記念写真の撮影を写真館でする。その後神社で祈禱。そして最後にお祝いの食事会をみんなでする。

いずれも、回答者に理想的な初宮参りとはどのようなものか質問した際の回答である。両者とも実際も大体この理想に沿った形で初宮参りを実施でき、満足しているということであった。これらのコメントには、現在の初宮参りの雰囲気がよくあらわれているといえる。

さて、実施形態について得られた結果からは、それぞれの項目で類似の回答傾向がみられた。まず「実施時期」については、従来いわれている生後一ヶ月頃が多く（ただし細かく三二日目、三三日目といった日を気にして、その日に合わせたという人はほとんど無し）、大体生後二ヶ月頃までにすませている場合が多かった（図2）。これはブログの結果ともほぼ一致している（図3）。一ヶ月頃に実施した理由として多かったのは、「その頃に行くものだと聞いて」であった。

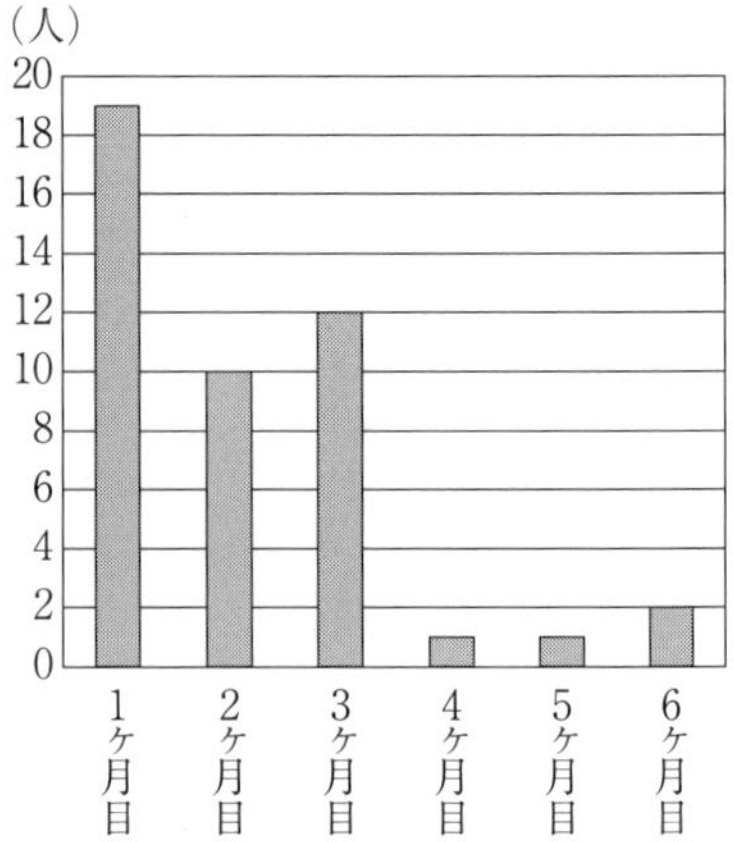

図2　実施時期
（子ども家庭支援センター）

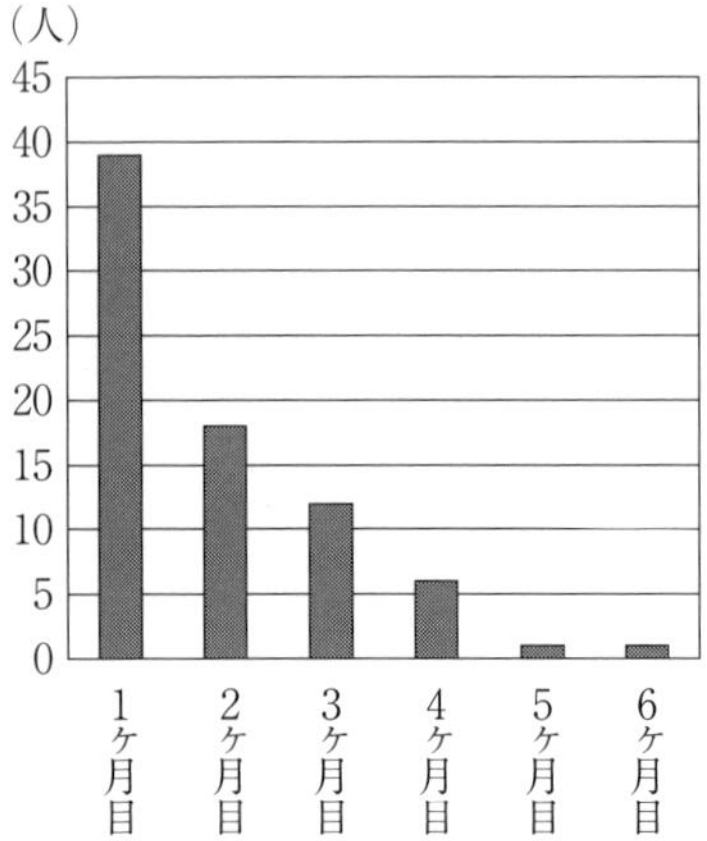

図3　実施時期
（ブログ）

一ヶ月頃ではない時に実施している場合は、子どもが冬生まれで暖かくなってから行くことにしたから、あるいは逆に夏生まれで涼しくなってから行くことにしたからが合わせて一〇人おり、「子どもの体調が安定したのがこの頃」というものと合わせると、一二人が子どもの状態に合わせて、一ヶ月頃ということにとらわれずに日にちを決めていることがわかった。

「実施した曜日」については、平日よりも土日に行なうことが多かった。これは、「みんなの予定が合いやすいから」という理由からである。少ないながら平日と答えた人は、参加者（主に父親）の休みが平日のみあるいは平日はすいていると思って、という理由からであった。

「行き先」については、「神社」「会食」「写真館（神社に併設したものも含む）」が挙げられることが多く、これ以外の行き先はほとんど聞かれなかった。この内、神社へは全員が参拝していた。しかし、一日をとおして神社のみに行くのは少数で、併せて参加者全員で会食することが多く、大半が外の食事処（特に和食が多い）を利用している。また写真館で記念写真を撮るという人もいたが、予想していたよりも少なく、回答者四三人中一二人であった。

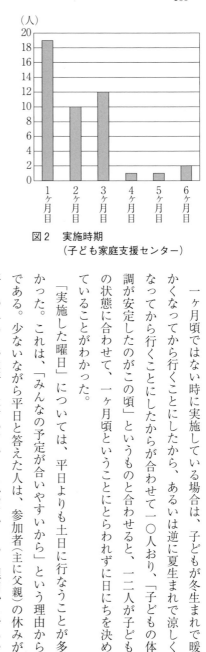

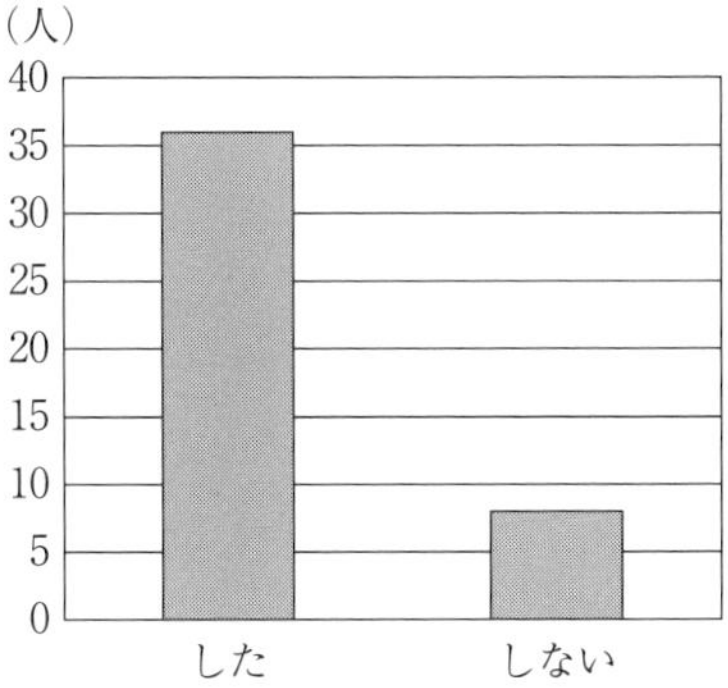

図4　祈禱の有無
（子ども家庭支援センター）

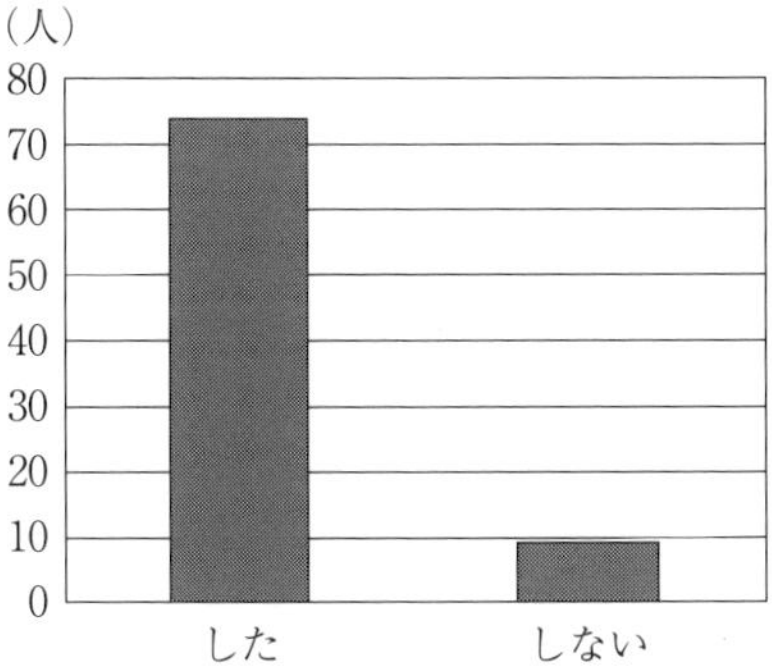

図5　祈禱の有無
（ブログ）

この「会食」と「写真館」については、これらのみに単独で行く場合は皆無であった。また、「神社」「会食」「写真館」のすべてを実施したという人は、四三人中七人であった。ブログでも行き先は、「神社と会食（ここでも和食の食事処の利用が多い）」の組み合わせが最も多かった。ブログでは、インタビューよりも写真館利用者が多く、またインタビューの結果と異なり六人と少ないながら神社には行かず、写真館のみに行ったという人がいた。写真館に関するこの傾向が、ブログ作成者に特有のものかまではわからないが、興味深い結果といえる。

「参拝した場所」は、寺院ではなく全員神社と回答、行くと八割以上の人は祈禱を受けている（図4）。ブログの方では、四人が寺院へ参拝したと回答している。そして祈禱はおよそ九割の人が受けているとしていた（図5）。

参拝先の神社は「近いところ」が三四人、「大きいところ」あるいは「有名なところ」が八人、「その他」二人、「不明」一人といった内訳である。「近いところ」には実家（夫のも）から近い所というものも入れた。この「近い」や「大きい」、「有名」なところといった分類は、回答者にその判断をゆだねて決めたものである。

参拝先の神社名を尋ねると、調査した地域では特に大きい井草八幡宮（杉並区）に参拝したとする人が最も多かった。井草八幡宮へ参拝した人にその選択理由について尋ねると、「近所にあったから」「近いから」が多かった。井草八幡宮以外の神社も含めた参拝先の選択理由でも、「近いから」が一番多く、さらになぜ近いところがよかったのかその理由を尋ねると、「赤ちゃんがまだ小さく近いところだと便利だから」といった回答が多かった。便利さということでは、他に「(参拝した神社が)高速の入口近くにあって、皆が車で来る時に便利だったから」、また他の神社の選択理由で「神社のそばに授乳室を完備したスーパー、手頃なお祝いができる食事処があり、ことがスムーズに運んで便利だから」といった声も聞かれた。先の井草八幡宮を選ぶ理由は、「近いから」が多いと述べたが、さらに尋ねると近さを優先させるなら他にも近くに神社がある場合が多く(この方が本来氏神神社である可能性もある)、近いことと便利さに加え、ここが「大きくて立派である」(回答者のコメントから)ことも選ばれる理由であることがわかってきた。

従来の初宮参りは氏神との関係が大変深いとされてきたが、参拝先の選択理由の中で、氏神との関連の深さから参拝するとするものは少なく、「氏神だから」「土地の神様だから」「親しみがあったから」「なじみがあったから」といった回答が六人であった。この回答と関連して、初宮参りをするにあたって氏神を意識したかどうか尋ねた。六人が「意識した」、三四人が「意識しない」としていた。さらに「意識しない」の中には、「氏神のことについてはよく知らない」と「聞いたこともない」が半分以上もみられた。かつて初宮参りにおいて、重要な要素であった氏神は、現代においてその位置づけを変化させてきているといえよう。次項で考察したい。

また神社に関して、将来七五三祝も同じ神社を利用するかについて聞いたが、二八人中五人が「利用する」、一〇人が「利用しない」、一三人が「わからない」との回答であった。回答の割合からは、初宮参り先としたことでその神社とのつながりができた様子はあまりみられず、今回同様、今後もその時その時の自分たちの都合に合った形で儀礼を行なっていく様子がうかがえた。第三章において七五三調査で得られた神社に関する結果を、この初宮参りの結

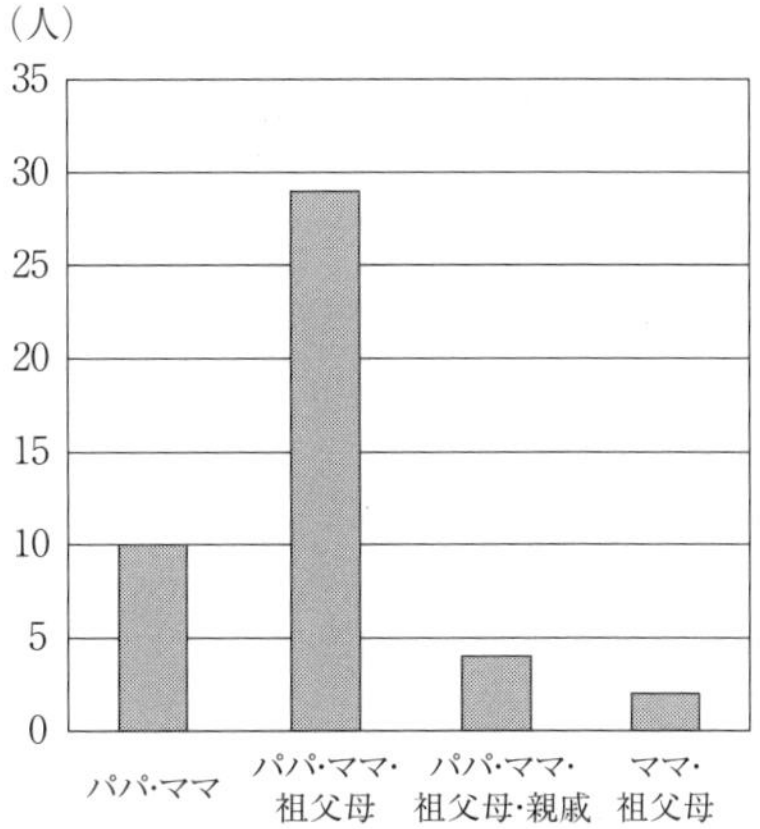

図6　参加者の構成（子ども家庭支援センター）

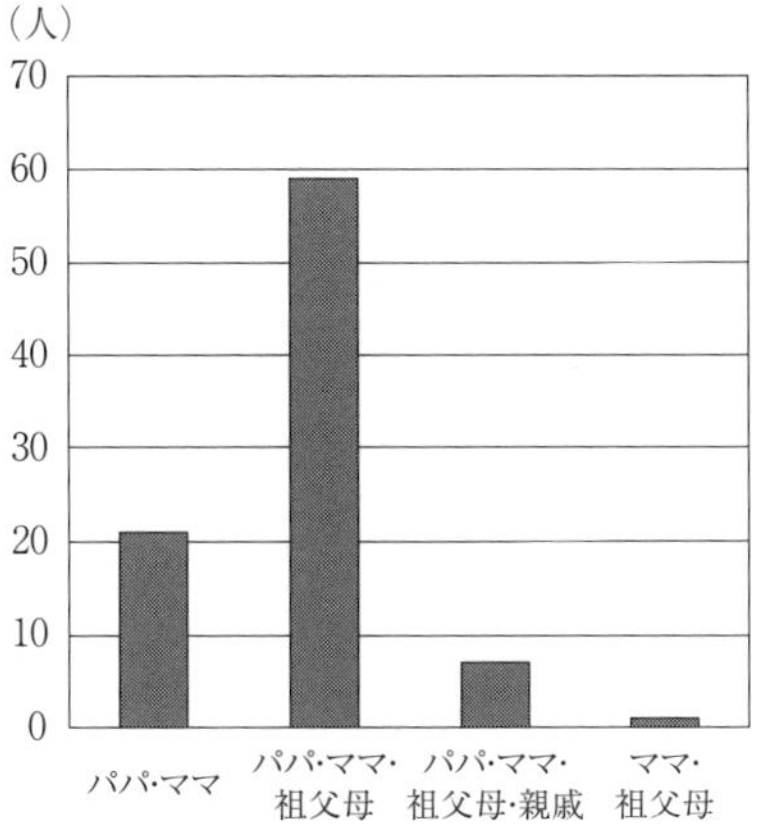

図7　参加者の構成（ブログ）

果と比べ、神社を通じた初宮参りと七五三の関係についてみていくこととする。

「参加者の構成」は、赤子とその両親（赤子に兄姉がいる場合はほとんどの場合参加している）、祖父母の組み合わせが多かった。祖父母というのは、必ずしも両家の祖父母全員というわけではないが、両家のそれぞれの祖父母よりどちらかは参加していることが多い（図6）。これらはブログでも全く同じ傾向であった（図7）。

「母親と子どもの服装」は、人によって多少の違いがみられたが、いずれも普段着と異なる特別な装いであるという点では共通している。従来の初宮参りでよくみられた、赤子の着物の掛け着(11)は、回答者の四分の一ほどしかみられず、掛け着なしでベビードレスを利用した人はこの倍であった。ただしブログでは大半が掛け着にしており、結果が異なっていた。

「情報源」については、「参加者の構成」で現代の初宮参りには多く祖父母がかかわっていることを示したが、そのためか初宮参りに関する情報は「親から」がかなりみられた。しかし、それよりも多かったのが「雑誌・本から」で、具体的にタイトルを尋ねると出産・育児雑誌の『たまごクラブ』『ひよこクラブ』『こっこクラブ』（いずれもベ

ネッセコーポレーション)を挙げることが多かった。(12)

2 初宮参り実施の動機・感想

初宮参りを実施した動機で最も多かったのは、「行くものという感じ」「行くのが当たり前」「行くのが自然」というもので、三分の二がこのように回答していた。このタイプの回答には他に、「行かないとかわいそう」「誕生日を祝うのと同じくらい当たり前な感じ」というものもあった。また、その多くに「とりあえず」や「みんなも同じように行くので」といった表現がみられた。

この母親たちに自身が子どもの頃、初宮参りを祝ってもらった経験があるかどうか尋ねたところ、四七人中三五人が「はい」、四人が「いいえ」、八人が「わからない」と回答した。先述の動機とこの母親の経験との関係をみたが、回答者の人数が少ないため、間にみられる関係について明確にいうことは難しい。しかしそうした中でも、自身が子どもの頃初宮参りを経験した母親たちのほとんどが、自分の子どもを初宮参りに連れて行った動機として「行くのが自然」と回答しているのは、印象的であった。ある人は、「生まれる前からお宮参り用のドレスを購入しており、代々行なうのが当然という考えでした」と語っていた。

初宮参りを実施した感想・思いについて、傾向を見出すのは難しく、人それぞれといった印象であるが、一様に肯定的であった。ブログでは、その性質上感想や思いが多く載せられており、「健やかに育ちますように」「元気な子を授けてくださってありがとうございました」「神様、うちの子です。これからどうぞよろしくお願いします」といった、従来のように神への感謝と加護を願うものが特に多かった。

インタビューでは、初宮参りに関する動機や感想を回答してもらう中で、初宮参りのことを「習わし」や「しきたり」という言葉で表す人がみられた(例えば、「日本的なしきたり、若いママさんたちにはわからないだろうなあ」、「行くものだと思ったので、習わしとして」といったようなコメントがみられた)。日常的にはどこか堅苦しく、面倒で形ばかりといった否定的な意味合いで使われることがみられるこれらの言葉を、肯定的に捉え用いている様子がみられ、印象的であった。ブログの方では、

・身の引き締まる思いというか、日本人を感じるひと時でした。

・正直いうと、俺にとってはお宮参りって一つのイベントっていうくらいの感じやったんやけど、嫁さんにとってはすごく大きな一つの区切りという感覚を持ったみたいで。終わったらすごくホッとしました。

といったことも書かれており、「習わし」や「しきたり」を肯定的に捉える様子と併せて、現代の初宮参りは昔からずっと行われ、継承されてきたものであり、そして自分たちもそのやり方にある程度沿って行なっているとの自負をもっている様子がみられた。そこにはひとつのイベントを自分たちの思うように楽しむといった形ではなく、多少の時代に合った変化はあるにしろ、古くからずっと続いていることに対して、自分たちもそのやり方に沿って、参加したい、するべきだとする思いが感じられた。このことについては、「おわりに」の中で再検討したい。

この他に、民俗学でいわれてきた従来の初宮参りの意義について、霊魂観に関する内容を含みながら紹介した文章を読んでもらった。そして、時間に余裕がある方に文章を読んでみた感想を尋ねた。文章は以下のとおりである。

昔は赤ん坊の魂が不安定で、常に何らかの力に脅かされているものだと考えられていた。そこでお宮参りをとお

して神や社会にその存在を認めてもらって、脅威となる力から赤ん坊を守ってもらい、赤ん坊の魂を安定させこの世につなぎとめようとしていたという。（大槻良子「産育習俗における「生」への考察」『日本民俗学』一〇二（一九七五年一一月）と竹田亘・大藤ゆき・宮田登「座談会　誕生をめぐる民俗」『悠久』（一九八四年七月）を参考にして作成）

この文章を読んでもらったところ、全体的に今の感覚と多少のずれを感じる人が多く、「魂が不安定」「脅威となる力」という箇所で引っかかることが多くみられた。多くの回答者は、この文章にみられる考え方が、古い時代の医学や衛生知識の未発達からくるものと捉えており、ある回答者は「昔は医学も発達していなかったし、栄養事情などもあって小さい子どもが死んでしまうことも多かったから、このように考えられていたのでしょう。それを何らかの力に魂を脅かされていると解釈したのでは」と述べていた。また別の回答者は、この文章の「魂」の部分を「命」に変えると理解しやすいと述べ、他の回答者たちもこれに同意していた。

筆者は、回答者たちが魂と命の間でどのような捉え方の違いをしているのかについて興味をもち、この二つの違いについて数人に尋ねてみた。それによると、魂については精神的なもの、肉体が死んでも存在し続けるもの、命については肉体が滅びると同時に消えてなくなるもの、と全員が類似の意味づけ、使い分けをしていることがわかった。これは、従来の霊魂観を継承しているといえるのだろうか。第六項で、初宮参りの意義と絡めて考察したい。

四　神社へのインタビュー

次に儀礼を執り行なう側である神社を対象とした筆者の調査結果を報告し、母親を対象とした場合とは別の視点か

表2　初宮参りインタビュー調査概要(都内神社)

日時	2007年7月から2008年9月まで
対象	都内神社6社(杉並区・練馬区の神社5社と中央区日本橋の水天宮)
時間	各インタビュー60分程度
主な質問項目	件数動向、参拝時期、参加者構成、参加者の服装、実施している取り組み、インターネット活用の有無、情報源、昨今印象に残ったこと・感じること

ら現代の初宮参りの実態をみていきたい。

方法としては、事前に考えた質問項目を中心に都内六ヶ所の神社へのインタビューを実施した。調査時期は二〇〇七年七月から二〇〇八年九月である。

本調査は、第三項で挙げた練馬区在住の母親たちを対象とした調査の結果を、逆の視点から見直し検討する意味を含んでいる。回答者たちの主な参拝先である杉並・練馬区の地域の神社(母親たちが主に「近い」という理由で参拝した神社)から五社と、水天宮(母親たちが「有名」という理由で多く参拝した神社)を対象とした(表2)。

その結果、初宮参りの参拝件数以外はすべての神社で類似の傾向がみられた。

参拝件数は、横ばいとする神社が三社、増加したとする神社が二社、減少したとする神社が一社であった。増加した場合も減少した場合も急激なものではなく、「徐々に」という点で同じではあるが、件数の動向については全体的に一貫した傾向はなく、共通した傾向を見出すことは難しい。

この結果について、調査神社の所在地のもつ特性から考えることは重要だと思われる。なぜなら、母親たちへの調査では多くが近くの神社に参拝したとしていることから、神社の位置する地域の妊娠・出産、家庭に関する特徴が初宮参り件数に影響を与えていると考えられるからである。増加したとする神社二社の所在地は、いずれも二三区の中では出生率が高めの練馬区である。横ばいか減少した神社のある杉並区では、特に区の中央を横断するＪＲ中央線の沿線で単身世帯率が高く、出生率や子どものいる世帯率など

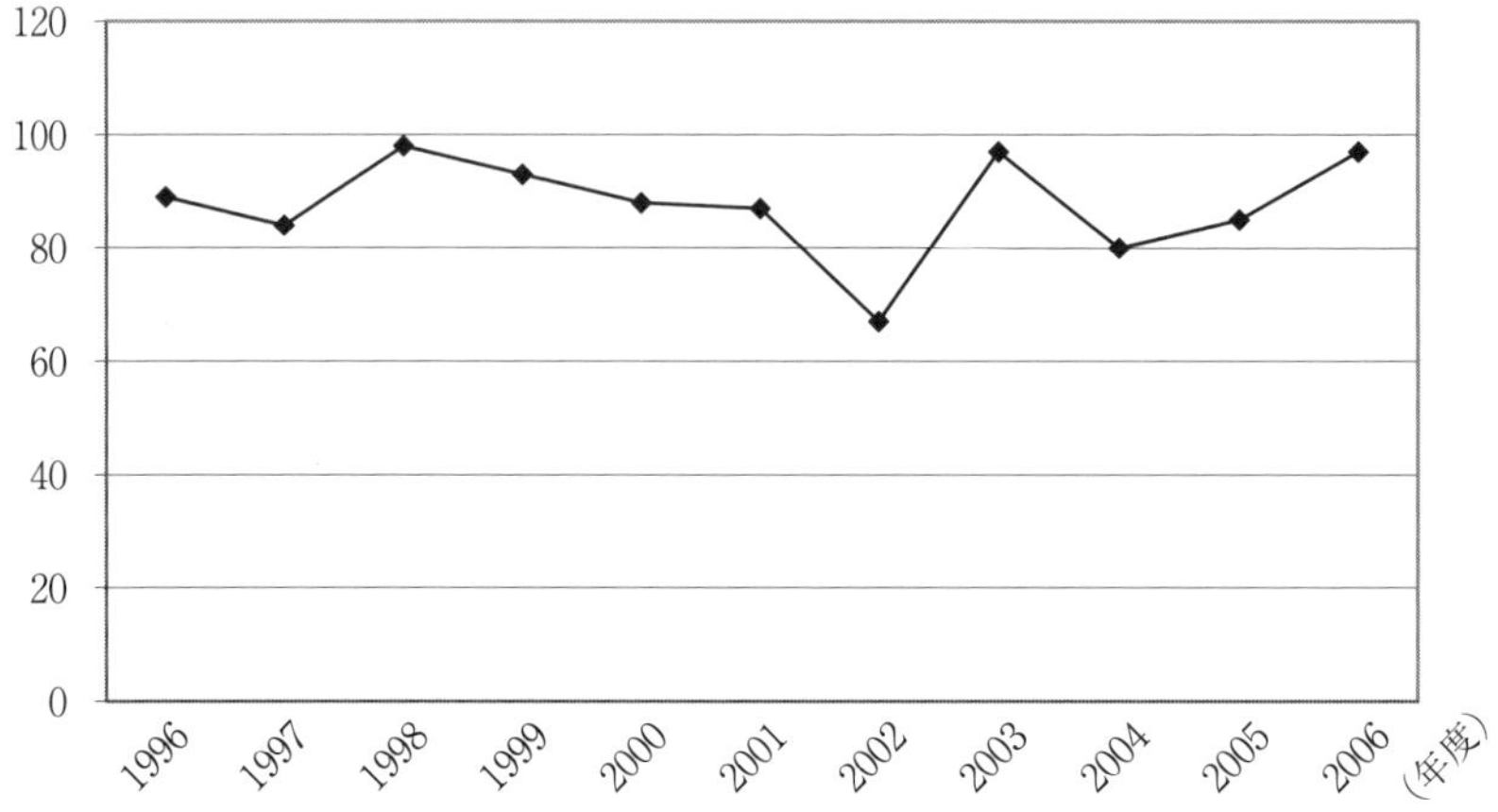

図８　Ａ社の初宮参り件数

は先の練馬区に比べると高くはない（倉沢 二〇〇四）。この杉並区内の神社に関して注目すべきこととして、本調査で最も多く参拝先として選ばれていた神社の初宮参り件数が、徐々に減少していたことがある。現在子どもの絶対数が減少していることを考えると、これは予想できることであり、逆にほとんどの神社で件数が減少していてもおかしくないとも考えられる。初宮参りの実施率が高いこともあり、地域の特性を反映した小さな増減はありながらも、現在は横ばいというのが、現状だといえる。全国的にその名が知られ、関東近県からも初宮参りのために参拝者が訪れる水天宮の件数も横ばいであるという。

調査をした神社に今後のことを尋ねると、「そろそろ頭打ち」や「減少の兆し」といった言葉が聞かれ、神社側では将来に対して明るい展望をもっておらず、第二項で挙げた石井の研究における神職の回答と同様の結果となった。件数が横ばいであるとする神社一社（Ａ社）と、減少したとする神社一社（Ｂ社）の件数データを、図８と図９に示した。いずれの図も縦軸は件数、横軸は時期を示すが、図８では時期が「年度」であり、その年の四月から次年の三月までの件数となっている。図８のＡ社は、多少の上がり下がりがあるものの、件数に大きな変化はない印象である。図９のＢ社は、初宮参り全体の件数（図で

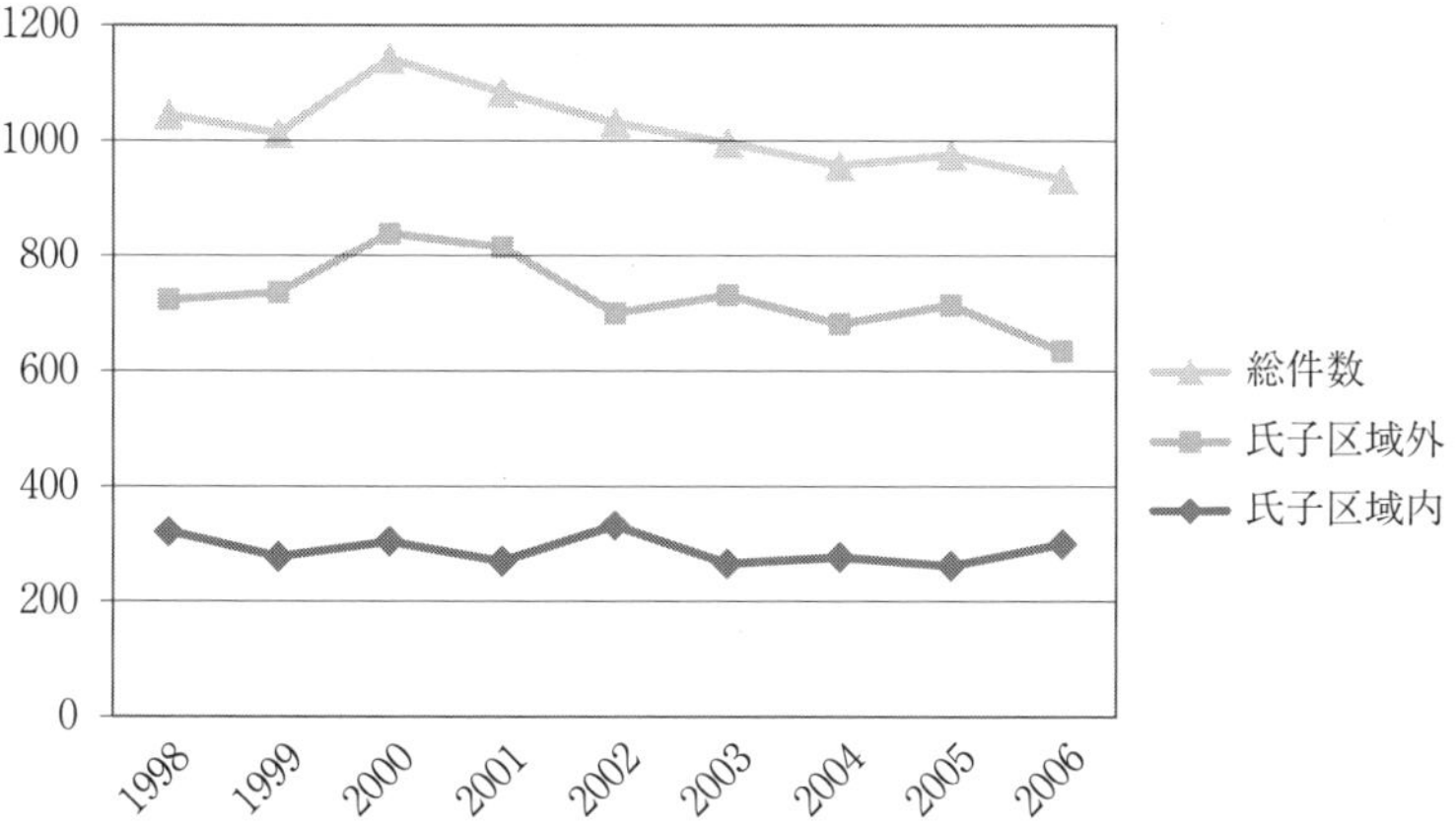

図９　Ｂ社の初宮参り件数

は総件数）の他、氏子区域内外の二つのデータも加えた（件数は該当年の一月から一二月までのもの）。図から総件数に占める氏子区域外からの参拝者が大変多いことがわかる。また、総件数と氏子区域外は徐々に減少し、氏子区域内は横ばいであることがわかる。

この他に参拝時期として生後一ヶ月頃、そして土日が多いこと、参加者の構成は子どもとその両親、併せて祖父母が多いこと、社頭参拝ではなく昇殿参拝をする場合が八割以上であること、服装は普段着が少ないことなど、すべて母親たちへの調査の回答と同様であり、その結果を実証するものとなった。

母親たちと神社との間で回答にずれがみられた事柄として、初宮参りの情報源がある。母親たちへの調査では、親よりも雑誌や本から情報を得たとする回答が多かったが、大半の神社では母親たちはその親から情報を得て参拝することが多いと考えており、母親たちの回答結果に意外な印象を受けた神社もあった。神社の中には初宮参りの予約を受け付ける場合もあるが、その予約の多くを祖父母がすることと、参加者に祖父母もおり、ともに参加しているならば母親たちは親から教えてもらっているのだろうという推測からだと考えられる。

しかし、神社側ではこのように考える一方で、多くの神社が親から子への伝統的な事柄についての伝達のなさを問題として挙げていた。例えば、初穂料の包み方、子どもの掛け着の着せ方、正装して皆で参拝しても何をしてよいかわからずにいる様子、祈禱を受けている時の姿勢・態度などである。神社における他の儀礼でもみられることであっても、初宮参りに祖父母も参加することが多いことから、親からの伝達ということが特に気になるようである。

ところで初宮参りには従来「氏神詣で」「氏子入り」といった意義があったが、今回の神社への調査ではこの点についてどのようなことがわかるだろうか。今回の神社における調査では、氏子区域外からの参拝者が多い、ということをたびたび聞いた。例えば、図9のB社の初宮参り件数をみると、いずれの年も氏子区域外からの件数が氏子区域内を大きく上回っている。また、母親たちが氏神神社であるかどうかということよりも、便利さの点で近いことを重視している事実から、参拝者の住所地が氏子区域内である参拝件数に、氏神・氏子を意識せずたまたま近いからということで参拝している場合も含まれているのではないだろうか。

こういった現状の中、各神社では初宮参りについてどのような取り組みを行なっているのだろうか。一社のみ初宮参りの衣装のレンタルと着付け、写真撮影そして会館での会食といった豊富な取り組みをしている神社があったが、それ以外は昇殿参拝をした際のお祓いをすることが主であった。そして、初宮参りについての宣伝や紹介は、インターネットの自社ホームページで行なっているという神社が三社あったが、それ以外の神社では掲示をほとんどせず、一社は極力宣伝をしないようにしているとさえ述べていた[13]。インターネット上にホームページを公開し、その中で初宮参りについて紹介をしているある神社では、ホームページをみての問い合わせが多く、よく利用されていると感じているとし、発信することの有効性と必要性について述べていた。

五　神社で指摘された問題点

神社における調査結果は、参加者の母親たちから聞いたインタビューと類似の結果となった。そして、神社では初宮参りがさかんに行なわれていることを実感している一方、現在の状況に従来からの変化を感じ、儀礼の捉え方・実施方法・伝達経路など、いくつかを問題点として指摘していた。

神社側が初宮参りに関することで多く言及していることに、「氏神・氏子に関する認知度・関心の低さ」がある。初宮参りは「氏見せ」「見参参り（ゲンゾマイリ）」とも呼ばれ、氏神神社との関連は大変深い。しかし、現代において氏神神社についての関心は低いばかりでなく、氏神神社とは何であるのかを知らない人も多い。神社本庁教学研究所が一九九六年、二〇〇一年、二〇〇六年に実施している『神社に関する意識調査』では、氏神の認知度に関する問い、「あなたは、あなたの氏神様（あなたの住んでいる地域の神社）を知っていますか」を設けている。この問いでは、「知っている」割合は、七二・六％、六九・一％、六五・一％と回を追うごとに減少しており、さらに世代別では若くなるほど認知度は低く、二〇〇六年の三〇代で知っている割合は五一・七％、二〇代では三三・六％であった（図10、神社本庁教学研究所　一九九七、二〇〇三、二〇〇七）。

また、第三項の母親たちへのインタビューでは、回答者の母親たちで氏神という言葉を知っていた人は、二四人中一八人いたが、自分の住む地域の氏神神社がどこであるかを知っているとする人は八人しかいなかった。また初宮参りに行くにあたって氏神神社を意識した人はそのうち六人のみであった。これは、母親たちが初宮参りの参拝先として選ぶことが最も多い「近くの神社」とは、必ずしも氏神神社を意味しないことをさしている。そして図9にみられ

（単位　%）

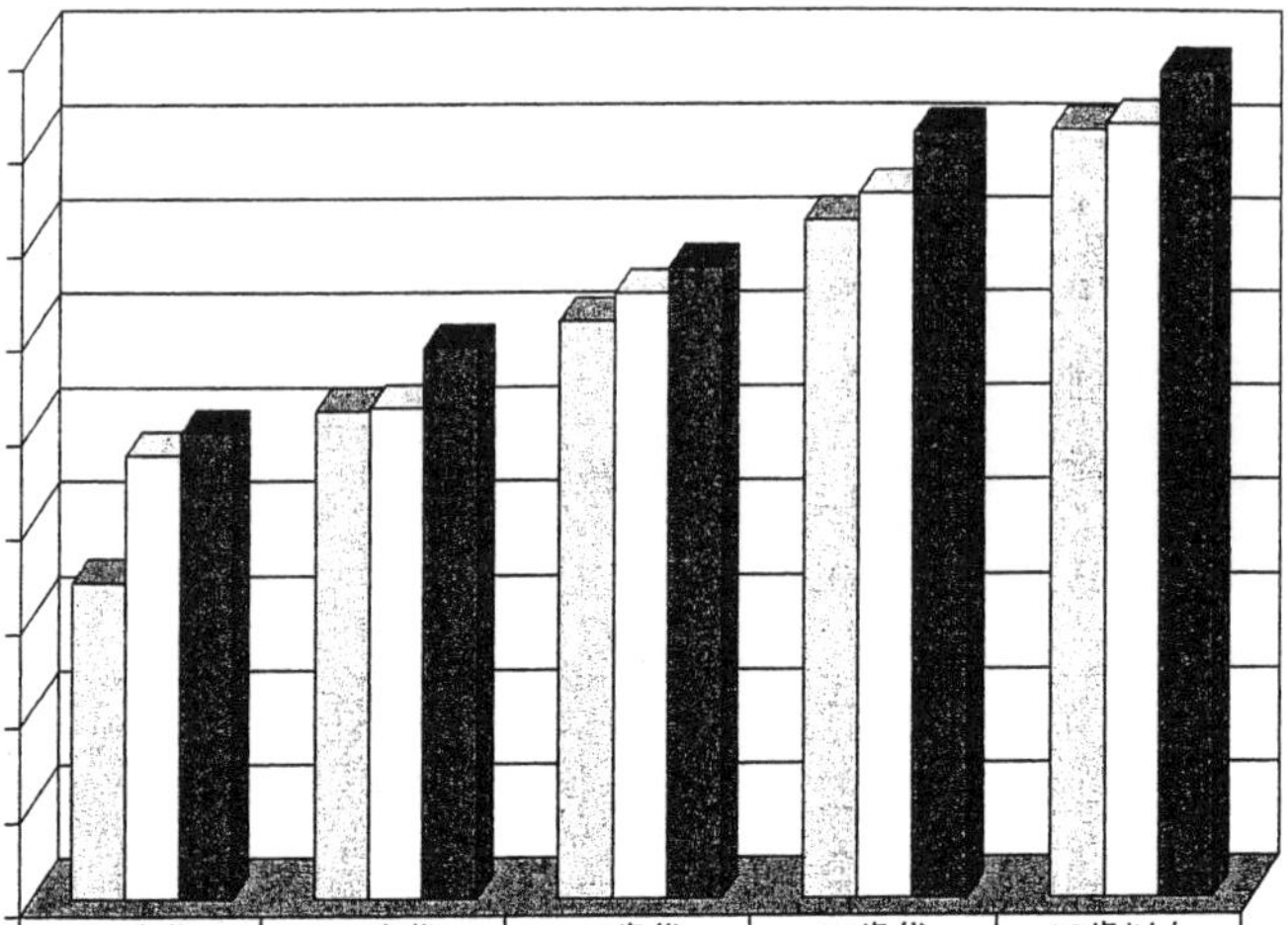

	20歳代	30歳代	40歳代	50歳代	60歳以上
□第３回	33.6	51.7	61.2	71.9	81.6
□第２回	47.1	52.1	64.2	74.8	82.3
■第１回	49.4	58.4	66.9	81.3	87.9

図10　「氏神様を知っている」とする年代別の割合
神社本庁教学研究所『第３回「神社に関する意識調査」報告書』（2007年10月）から

る氏子区域外からの参拝者が多いという事実からも、氏神神社に対する意識低下の実態があることは明らかである。

しかし一方で初宮参りは氏神や氏神神社を知り、関心をもつきっかけにもなっている。現在若い母親たちは、親よりも雑誌や本から初宮参りに関する情報を得ているという結果を紹介したが、雑誌や本における初宮参りの紹介記事の中には、必ずといってよいほど氏神という言葉が出てくる。二〇〇五年から二〇〇七年にかけて出版された出産・育児雑誌（『ひよこクラブ』『Pre-mo』『おはよう赤ちゃん』）[14]では、初宮参りを説明した記事二〇件のうち一八件に氏神という言葉が使用されていた。一例を挙げるならば、以下のようである。

・赤ちゃんの健やかな成長を願って地元の氏神《うじがみ》様にお参りする行事。生後三二日から三三日目が慣習ですが、真冬なので無理はしないで、

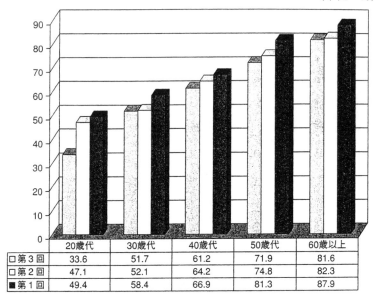

暖かい季節になってからでも。（『ひよこクラブ』二〇〇五年一月号）
・一般的には、男児は生後三一日目、女児は生後三二日目に、初めて氏神様（その土地を守っている産土神《うぶすな》）へお参りします。（『Pre-mo』二〇〇七年三月号）
＊ふりがなは記事にあったものをそのまま付記。

このような初宮参りに関する雑誌や本の記述をとおして、母親たちの中には初めて氏神という言葉を知った、あるいは関心をもったという場合があるようだ。先の母親たちへのインタビューにおける質問で、氏神という言葉を知っている割合が比較的高いことにも関係があるように思われる。ただ、母親たちに聞くと、初宮参りを通じて氏神について情報・知識を得て関心をもつようになっても、実際に自分の住む地域の氏神神社がどこであるのかわからず、最終的には氏神神社を考えに入れずに、近くの神社へ参拝することが多いという回答が多くみられた。

自社のホームページに「掲示板」(15)を設けているある神社では、氏神神社についての問い合わせ全三二件のうち、最も多かったのは初宮参りに関するもので一五件あり、初宮参りの際に氏神神社への関心が高まることを示す数値となっている(16)。

もう一点、今回の調査で神社から指摘された問題点としては、「伝統文化の世代間伝達のなさ」が挙げられる。神社では、例えば次のような意見が聞かれた。
・祖父母の認識の変化だろうが、赤ちゃんの掛け着を写真を撮る時だけ羽織ることがある。
・初穂料でおつりを求める人が多く、説明に苦慮している。初穂料の金額を明示しないのはずるいといわれることも。昔はこういうことは祖父母が教えていたが。

なぜ初宮参りを含む昔から行なわれ続けている事柄について、親から子への伝達がされなくなってきたのだろうか。ひとつは現代の家族形態の変化、二世代・三世代同居や近居から核家族への変化によって、世代間で教え伝えていくことができない状況が挙げられるが、実際はそれだけではないようである。現代における家族の実態について、主にクリスマス・正月における家庭の様子を調査した結果を紹介している『普通の家族がいちばん怖い』の中では、子どもにおせちのいわれを教えようとしていた父親を「うるさい人」として嫌悪したり、とにかく楽しい雰囲気を保つために摩擦を避け、子どもに昔ながらの年中行事等を口では伝えず、あえてみせるだけの母親たちの姿が描かれている。そしてまた母親たちも、その親たちから伝統的な事柄について説明を受けたり教えてもらったりしたことはなく、親たちが用意したものだけをみて育ったのだという(岩村 二〇〇七)。そこからは、自分にとって唯一で最後のとりである家庭がこわれて機能しなくなることを恐れ、こわれもののように扱う現在の家族の姿をみることができる。つまり、親から子へとその家に伝わる事柄について伝えることは、親子関係に余計なストレスを引き起し、家族のつながり・絆をこわしかねないと考えられているのである。

また、伝達されなくなった他の理由として、現代の情報の移り変わりの速さが挙げられる。新しい情報が求められ、新しさに高い価値が置かれる現在、古くから脈々と行なわれ続けられていることであっても、最近のやり方などを知りたがり重視する傾向がみられる。例えば、出産や育児に関することについて、子育て経験のある自分の母親の意見よりも、医師や看護師からの指示や雑誌などに載ったアドバイスを重視する姿が見受けられる。自分の母親のもつ子育ての知識・知恵は古く、現代の科学によって証明され、実際に役に立つと感じられる出産・育児の知識を重視し指針にしようというわけである。これは極端にいえば、名は同じもの、同じ儀礼であっても、内容や意味が大幅に変わっているため、親に聞く意味がない、ということを母親たちが感じているからといえるのではないだろうか。第二項で挙げた依田や松岡が言及するように、儀礼への商業主義の浸透や新たな内容の創出により、以前のやり方を参考にできない現実もあると思われる。

このような親から子への伝達にかわって、現在儀礼に関する事柄は第三項の母親たちへのインタビューの結果にもあるように、出産・育児雑誌を通じて得ていることが多い。そこで雑誌記事の中で、初宮参りはどのように説明されているのかをみていきたい。母親たちが初宮参りについて参考にする雑誌として多かった『ひよこクラブ』と、その他の出産・育児雑誌で売れ行きの高い雑誌『Pre-mo』『おはよう赤ちゃん』について、二〇〇五年一月から二〇〇七年一二月までの初宮参りに関する記事を調べてみた。

その結果、まず情報源として母親たちが最も多く挙げていた雑誌である『ひよこクラブ』では、初宮参りを大きく取り上げるような記事はなかったものの、毎月掲載の「これからの一年シリーズ」の中で、記事欄外に五～六行ほどの説明がほぼ毎月載せられていた(17)。このシリーズは、発売月誕生の子どもの今後一年の成長の流れを、生後一二ヶ月まで一ヶ月ごとに簡単に説明したものである。初宮参りに関する説明というのは、初宮参りがどのような儀礼であるかを紹介する内容のもので、内容は毎月ほぼ同じで言い回しのみ若干変化していた。主な内容構成は、初宮参りの目的が「神様に子どもの誕生を報告し、健やかな成長を祈る」ことで、行先は「地元の氏神様」、実施時期は「生後三〇日目頃」、ただし必要に応じて「日にちにこだわらず、赤ちゃんの体調・都合・天候がいい日に」である。参拝先として地元の氏神様という表現が最も多いが、他には「その土地に住む守り神」という表現が一回みられた。

『Pre-mo』では二〇〇五年に一回、二〇〇六年に一回、二〇〇七年に二回、主に産後一年の間の「ベビーイベント」[18]についての特集を組み、お七夜、お食い初め、初節句とともに初宮参りを取り上げ、いわれや方法、服装などについて写真入りで詳しく載せている[19]。この中では、『ひよこクラブ』とほぼ同様の説明がなされているが、併せて従来の意義の「氏子入り」や「ケガレ」についても触れている。また神社参拝の仕方について、流れを写真とともに詳しく載せている記事がこの期間二回あるが、いずれも行先は水天宮である。この他『おはよう赤ちゃん』では、二〇〇七年二月号綴じ込み付録の「マナーとしつけ」でいくつか取り上げている儀礼・行事の中に初宮参りを取り上げ、服装や今どきの参拝スタイルについて紹介している。

これらの記事における説明は、母親たちが実施し、神社側で把握している初宮参りの様子と合致しており、改めて重要な情報源、そして手本として参考にされていることが確認できる。現在の特徴である三世代にわたる参加者や、会食・写真撮影などについては触れているものが少なかったが、晴れやかな服装を身につけ、祖父母とともに大勢で幸せそうに赤ちゃんを囲む写真は多数掲載されていた。これらの写真は、文字で伝えるよりも印象的に現代の初宮参りの様子を読者である母親たちに伝えているともいえる。

六　現代における初宮参りの意義

参加者・執行者側両者へのインタビューの結果から、初宮参りの意義は従来のものと比べて、どのように変化しているといえるだろうか。第一項で挙げた初宮参りの従来の意義に、インタビュー等で得られた現代の様子を重ね合わせながら検討していきたい。

1 産の忌明け

まずは従来の意義のひとつとして、「産の忌明け」を基にして現代の意義について検討してみたい。

インタビューで初宮参りを実施した動機について母親たちに尋ねると、「行くものという感じ」「行くのが当たり前」「行くのが自然」という回答が多く聞かれた。さらには「行かないとかわいそう」「誕生日を祝うのと同じくらい当たり前な感じ」「みんなも同じように行くので」というものもあった。これらの動機からは、初宮参りが広く受け入れられ、現代において深く根付いた文化的慣習と考えられている様子がうかがえる。

しかし、現代の母親たちが初宮参りに子どもを連れて行く背景には、他の事情もあるように思われる。それは「一ヶ月」という時期である。

子どもが生まれて一ヶ月の頃といえば、出産後病院から家に戻り、ようやく子育てをしながらの生活リズムができてくる頃であろう。小さい子どもとの生活が軌道に乗ったとはいいがたく、母親の体調もまだ万全とはいえない。なぜ、このような時期に多くの母親たちは、従来からの「一ヶ月」という時期にこだわって初宮参りをしようと考えるのだろうか。

この「一ヶ月」という時期が、産の忌明けと関連が深いということについては、先に述べたとおりである。古くに出産はケガレとされ、赤子の忌明けを一ヶ月頃とすることが多かった。このことからも、初宮参りの時期が多くの場合、一ヶ月頃にされてきたと考えられる。しかし、ケガレの対象とされてきた出産も、現代社会の商品経済・消費経済に取り込まれ、テレビや雑誌をとおして人々の目に日常的にさらされるようになる中で、その忌みやケガレの感覚を希薄化させてきている。

実際インタビューした母親たちの多くは、産の忌みやケガレについてよく知らず、聞いたこともないという人さえいた。

・「火事をみるとアザのある子が生まれる」「葬式には出ないようにする」とかは聞いたことがあるが、私自身は知識もこだわりも特になかった。妊娠中・出産後はそれなりに外出等を控えていたが、それは体調管理(流産・早産を避けるため、感染症の病気をもらわないようにするため)の意味なので、産の忌みとは意味が少し違うような気がする。

・正直いって、今回(このインタビューを通じて)初めて産の忌みについて知った。たぶん、私の両親もあまりこのことを知らないと思う。自分の妊娠の体験を思い起こすと、たまたま結婚式があったので妊娠中に三回ほど出席したが、お葬式は全くなかった。なので個人的には妊娠中でもあまり意識しないで体調が許す限り冠婚葬祭には出席する、というスタンスだった。

しかし、本来もっていたと考えられる感覚とは異なるものの、現代においても出産後一ヶ月は大きな意味をもっている。

ひとつは出産した病院や医院で行なわれることの多い一ヶ月検診である。この検診はほとんどの母親が受診し、その中で出産後の体調の回復具合や異常がないかの確認をするものである。産婦は出産直後は、子どもに関して最低限のことはしつつも、なるべく家事などをせず体に無理をさせないよう指示される。その後、この一ヶ月検診で問題がなければ、そろそろ普段どおりの生活に戻ってよいと指示を受けるわけである。

もうひとつは、実家に帰って出産をする里帰り出産では、多くの場合自宅に戻るのが出産後一ヶ月頃であることが挙げられる。一ヶ月頃を目途に、これから長く続く母と子の自宅での日常の育児生活が始まるわけである。ある調査では「出産時に里帰りしましたか(しますか)」という質問に対し、「しなかった(しない)」が四三・一%、「二ヶ月またはそれ以内」が三六・一%、「三ヶ月」が九・八%、それ以上の場合は一〇%ほどであった。つまり、里帰りをする場合、二ヶ月以内が大半を占めていた[20]。

この二つからいえることは、一ヶ月を目途に産婦がようやく普段の生活に戻る、ということである。産の忌明けには、出産前後に特定の場所にこもったり、日常と異なる生活をしたりと、しばらく非日常的な生活を送り、初宮参りを境に日常の生活に戻るという意味合いがあった。この点ではここで挙げた現代における「一ヶ月」の意味とも重なり、今も昔もこの時期が大きな節目となっているといえる。インタビューでは、次のような話を聞くことができた。

・中断していた夫のお弁当作りを再開したのが一ヶ月頃、妊娠中から髪を切っていなくてぼさぼさになっていて、人と会うのが億劫になりそうだった時に、夫に背中を押されて産後初めてひとりで外出して美容院に行ったのもちょうど一ヶ月頃、初めて子どもをスリング[21]に入れて、二人だけで買い物に行ってみたりしたのも一ヶ月頃、まさしく日常の生活に移行した時期という感じだった。

・お宮参りまでは私ももちろん子どもも一歩も外に出ず、私もほぼ育児だけでのんびりしていた。

一般的に初宮参りを実施する日として設定されている生後一ヶ月頃というのは、産婦が身体面でも精神面でも落ち着きを取り戻す頃と重なり、現代においても大きな節目として意識される時期であるといえる。

これらのコメントにもあるように、いわば非日常的な生活を送っていた産婦がそろそろ日常生活を開始しようとする時期が、初宮参りを行なうとされる一ヶ月頃とうまく合致し、この儀礼の実施を促す要因のひとつになっているといえる。

2 神からの承認・社会からの承認

次に従来の意義の二番目として「神からの承認」には、生まれた子どもの存在を神に認めてもらい、加護を得ようとする意味合いが強くみられたが、この点では現代の親たちの意識とも重なっている。

母親たちへのインタビューで、初宮参りの行先として多かった「神社」「会食」「写真館」の優先順位を聞いたところ、「神社」を一番に答える場合が多かった。また実際に初宮参りを実施した際にも、回答者全員が神社に参拝したと回答している。そして、神社、母親たちいずれのインタビューでも、ただ参拝するだけでなく、社殿に上がってお祓い、祈禱をしてもらう人が八割以上いるという点からも、初宮参りにおいて神の存在が重要であり、神とのやりとりを特に重視していることがわかる。この他、参拝した感想などの中でも、「神様に子どものことをお祈りできてよかった」「氏神様に顔見せしてお願いし、守っていただこうという思いがあった」というように、従来と同様の思いが込められていることがわかる。

ただ先述したように、現代の人々が加護を得ようと祈っている神は、必ずしも従来の氏神ではない。これは初宮参りの時に氏神を意識しない人が、大半である結果からも明らかである。氏神を重要な存在としていた地域共同体が失われ、同じ場所に住み続けることも少なくなった。インタビュー回答者である母親たちの場合は、現住所地での居住年数をみると最長で一一年、最も多かった居住年数が一、二年であった。人々と地域の間の関係は希薄になっており、このことからも、神に祈る際に氏神を意識することは自然に減少しているといえる。

ところで、先述したように現在初宮参りに関する情報源として最も多い育児関連の雑誌や本では、氏神という言葉を用いて初宮参りの説明をしていることが多い。このことにより、今までよく知らなかった氏神について、意識するきっかけにもなっているようだ。しかし、関心をもち、氏神神社への参拝を考えても、自分の住所地であるどこが氏神神社にあたるのかわかりにくい現状があり、結局氏神神社ではない神社に参拝している場合があると聞く。近いところを指向する傾向があり、雑誌や本などの記述から氏神神社に関心をもつことがあるにもかかわらず、わかりにくさから他の神社に参拝してしまう現状があることを指摘しておきたい。

次に現代における初宮参りにみられる「社会的承認」の意義についてみていきたい。出産・誕生が子どもの住む地域全体の関心事であった昔と異なり、現在では隣人の家族構成の変化など気づかないことさえある。以前は初宮参りを通じて氏子入りを果たすことによって、その社会の一員として認められたとする報告は多い。しかし、氏神や氏子に対する認知度が低い昨今、初宮参りを通じて氏子入りをする意識は皆無に近く、また儀礼を社会に向けて行なうとする意識も低い。従来の意義のひとつであった「社会からの承認」を受けるという意識は皆無といってよいだろう。

では、現代の若い母親たちにとって、生後間もないわが子と新しく母親になった自分が、地域や社会の一員として認められ、周りとの関係ができ始めたと感じるのはいつ、どのような場でなのであろうか。インタビューでは、多くの人が地域の保健所でと回答している。現在全国の保健所では、出産前後に母親や子どものための様々な催しや活動（例えば出産や育児の情報提供の場である母親学級、子どもの予防接種や健康診断など）を行なっている。それらに参加し保健所の職員、他の母親や子どもとの交流をもつ中で、母親になった（あるいはなる）自分、その地域の一員である自分の子どものことを実感できると多くの人が述べていた。

先述した神社、母親たちへのインタビュー結果の中の「参加者の構成」をみると、現代の初宮参りが祖父母・両親と生まれてまもない子どもの三世代が一堂に会する、新しい家族構成を確認する特別な機会となっていることは明らかである。これは、従来からの意義であった、「社会からの承認」の社会の部分を大幅に縮小させた形といえる「家族」に向けられた儀礼への変化と考えられる。

3 鎮魂・魂鎮め

最後に従来の意義の「鎮魂・魂鎮め」の現代におけるあり様をみていきたい。

第三項でみた母親たちへのインタビューの中で、従来の初宮参りのもっていた意味について、霊魂観に関する内容を含んだ文章を読んでもらった結果、今の感覚とのずれ、特に「魂が不安定」という箇所での引っかかりを指摘する声が多かった。以下、その文章を再掲する。

昔は赤ん坊の魂が不安定で、常に何らかの力に脅かされているものだと考えられていた。そこでお宮参りをとおして神や社会にその存在を認めてもらって、脅威となる力から赤ん坊を守ってもらい、赤ん坊の魂を安定させこの世につなぎとめようとしていたという。（大槻良子「産育習俗における「生」への考察」『日本民俗学』一〇二（一九七五年一一月）と竹田旦・大藤ゆき・宮田登「座談会　誕生をめぐる民俗」『悠久』（一九八四年七月）を参考にして作成）

ある回答者がこの文章の「魂」の部分を「命」に変えると理解しやすいと述べ、聞くことができた他の回答者たちもこれに同意していた。この回答者の指摘は、大変重要に思われる。

生まれてまもない赤子の魂を不安定なものとしていたことから、神に「鎮魂・魂鎮め」などをしてもらおうとしていた、伝統的な霊魂と出産や誕生との関係は、この回答者の指摘から、現代において著しく変化し、結びつかないものとなっていることがわかる。そして、出産や誕生において医学的な要素が強まった現代の妊娠や出産では、魂という言葉は使われず、「肉体が滅びると同時に消えてなくなる「命」」(回答者のコメントより)にすべてが集約されるようになっているといえる。霊魂と出産・誕生を関連づけて実感したり、意識することはもちろん、考えることも難しくなっているのである。

回答者たちにさらに「命」と「魂」についての意味を比較してもらうと、魂については、「命がなくなっても魂は残るような気がする」「(魂は)体がなくなっても存在し続けるもの」「肉体が死んでも残るもの」など、必ず死との関連で説明されることがわかる。従来霊魂は命の不安定な時期、あるいは不安定になりそうな時期に注目されてきたといえる。その点からするならば、上記の回答者のコメントにもみられるように魂が人生の終末における死との関係を深めている現在も、その感覚は過去のものと共通しているといえる。しかし一方で、現在出産・誕生時については死亡率が急激に低下して、不安定な時期とはいえなくなり、死と関連づけにくくなっている。現代において、魂は誕生ではなく死との関連でようやく語られる言葉となっているようだ。

そもそも回答者たちにみてもらった霊魂に関する文章にみられる考え方は、柳田國男を学祖とする民俗学において、その柳田が『先祖の話』で示した祖霊信仰論に基づいたものといえる。その論を発展させたオームスや坪井洋文らが、人の一生を生から死へ、そして死から生へと図11のように循環する図で示したことは周知のことであり、一時期定説化されていた。この図をみると、誕生の時期と人生の終わりの時期に多くの儀礼が集中していることがわかる。

そして、誕生と死の儀礼が対応しているとする報告は多い。波平恵美子は、生後と死後の儀礼が多くの点で対応していることを指摘しており、例えば大分県日田郡山野部落の各家庭における調査研究から、生後七日目の「お七夜」

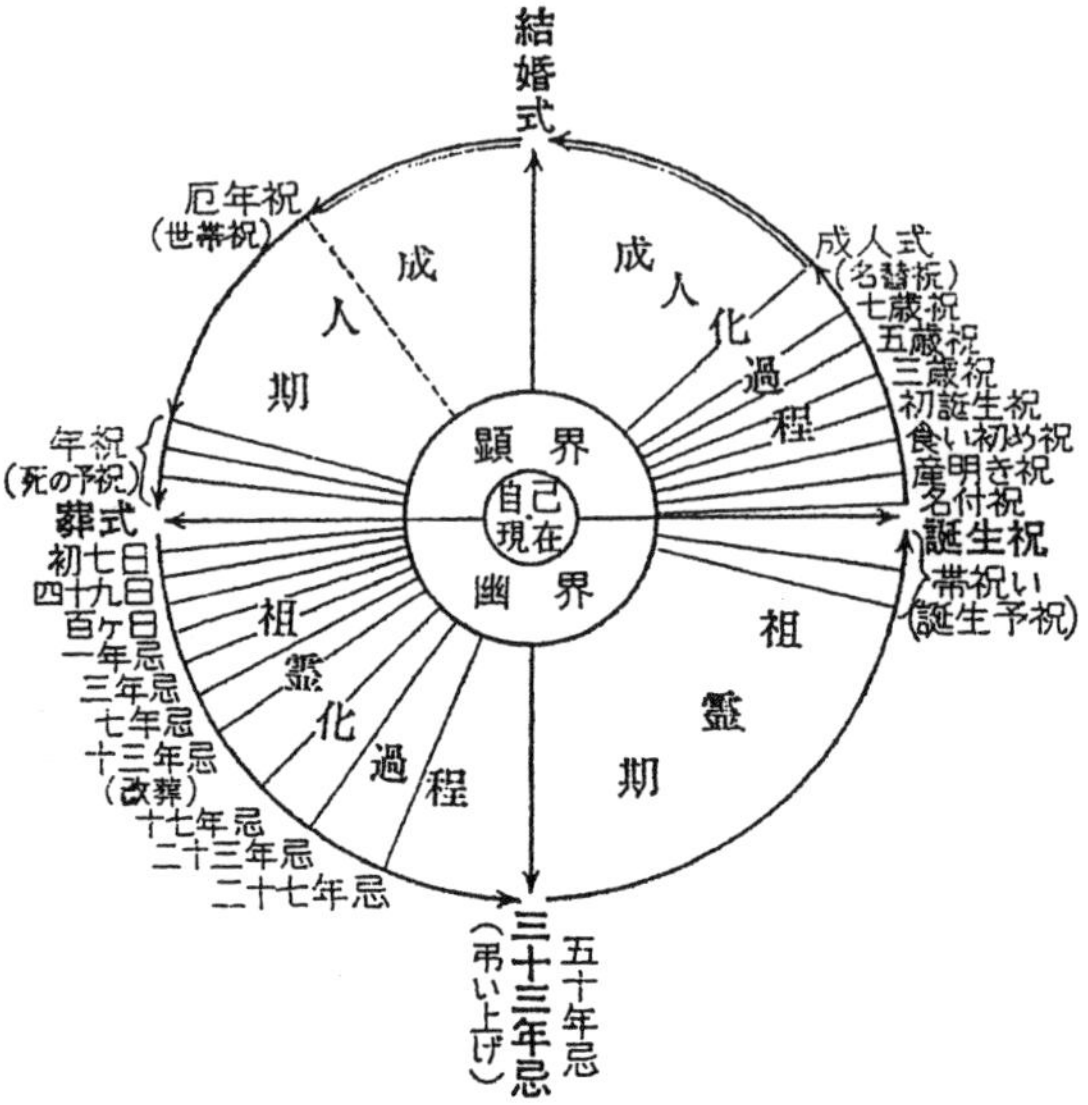

図11　日本人の生死観（坪井　1970）

「カミタテ祝い」と死後七日目の「初七日」、誕生一年目の初誕生と死後一年目の一周忌などを対応例として挙げている（波平　一九七六）。

この対応については、出生後しばらくの間、また人生の終末における死の前後には霊魂が安定していないとされる点で共通点が多く、この二つの時期の儀礼には類似点が多く見出される。しかし、医療技術・保健衛生の目覚ましい発展により、現在生後すぐからしばらくの間の死亡率は急激に低下し、赤子は生命力の不安定な存在ではなくなった。そして、出産の場所や介助者は医療の現場や医療従事者へと移り、また儀礼を通じた地域共同体との関係づくりがなされなくなるという、大きな変化に見舞われた。

このことにより、図11における人生儀礼の構造は、死の儀礼について大きな変化はなくとも、誕生の儀礼についてはその数が大幅に減少し、従来の対応関係がみられなくなっている。つまり、図11から現代の人生儀礼を説明することは難しくなっているのである。

周知のように、循環する霊魂観の基底には祖霊信仰、祖先崇拝があったとされてきた。石井研士は、現代における若い世代に対する宗教意識の調査から、この世代の霊魂や死後の世界、生まれ変わりへの関心は高いものの、それが伝統的な祖先崇拝観とは異なったものとなっていて、死や死後の世界に関する変容が生じている、としている(石井 二〇〇七)。現在の若い世代がもつ霊魂観が、今後の日本人全体の霊魂観に及ぼす影響を考えると、現代において従来の「鎮魂」や「魂鎮め」の意義を初宮参りにあてはめることは、ますます難しくなっていくことが予想される。

おわりに

神社・母親たちへのインタビューや、インターネットの子育てサイトでのアンケート結果より、初宮参りは現代社会に根付いた文化的慣習のひとつになっている実態が明らかになった。これは、筆者のインタビューと他調査で共通してみられた高い実施率、そしてその多くが初宮参りに行くことが「自然」で「当然」だと感じていることにあらわれている。ただ、実施形態については従来いわれてきたものを意識はするが、必要に応じて自分たちに合った形にアレンジする傾向がみられた。氏神神社であるかということよりも、近いことなどの便利さを重視したりして、細部にこだわらず、それなりの形で実施したことに安心感を得ている様子がうかがえる。また儀礼が世代間で伝達されにくく、取って代わられるようにメディア等からの情報が利用され、儀礼へのビジネス産業の介入も進んでいるといえる。

そうした中、現代における初宮参りについて調査から得られた結果と、従来の意義とを比較すると、従来の意義のうち「産の忌明け」「社会からの承認」「神からの承認」については、従来の意味から大きく変化しながらも、ぎりぎりのところで従来の意義に類似した意味合いを現在も見出すことができる。しかし「鎮魂・魂鎮め」については、霊魂といった観念が今日の妊娠・出産の医療的な管理、乳幼児死亡率の急激な低下といったことの中で払拭され、その意義を見出すことは難しいといえる。「鎮魂・魂鎮め」といった霊魂に関する意義は、本来初宮参りの根幹をなすものと考えられる。この意義が現代において見出されないという結果は、初宮参りが現在もさかんに行なわれ、実施形態が従来のものを意識しているとはいえ、儀礼の意味するものが大きく変化したことを示している。

以上の検討・考察より、初宮参りの現代における意義として、「産婦が出産後日常の生活に戻る区切りのひとつ」、「三世代が一堂に会する、新しい家族編成を確認する場」、「神に子どもの将来への加護を祈願する機会」の三点を挙げることができる。

ところで本調査を通じて、先述したようにブログにおいて少数ながら神社には参拝せず、写真館で初宮参りをすませた、またインタビューとブログの両方で、参拝には参加者全員普段着で行った、あるいは赤ちゃんとパパ・ママだけで行った、というような従来の初宮参りの形態からは大きく異なるものがみられた。

このような実施形態の著しい変化は、今後増えると考えられるか、インタビューの際に、幾人かに尋ねてみた。その結果、意見は分かれたが、実施形態の著しい変化は一部にとどまるのではないかという意見が多かった。これは、「儀礼はある程度本来の形にのっとってフォーマルにしないとした気がしないし、する意味も感じられない。せっかくするのであればそういう風に考える人が多いのではないか」という理由からである。

今回、主に三〇代の母親たちから話を聞いたが、全体的に伝統的な事柄に興味をもっており、昔からの習わしや慣習を大切にしようとする気持ちがうかがえた。そして、もし前もってそのような事柄についての情報を得ることができれば、それらを参考にしたいという思いを知ることができた。このような儀礼に対する姿勢や考え方をもった母親たちに支えられて、初宮参りは今後も多少のアレンジを加えられつつ、さかんに実施されていくであろう。そして、現在、雑誌や本、インターネットから多くの情報を得られることが、儀礼の実施を後押しするのではないだろうか。ただ、形態の変化は少ないとはいえ、初宮参りの儀礼の意味するもの、儀礼に対する意味づけは、人々を取り巻く社会の変化にともない、従来どおりであることは難しいといえる。

注

（1）『日本産育習俗資料集成』（恩賜財団母子愛育会　一九七五）によれば、発行された頃には、全国的にこの儀礼が実施されていたことが報告されており、場所の東西を問わず、参拝時期は生後三〇日前後が最も多く、その他二〇日前後、五〇日前後もみられる。

（2）例えば、関東では男児三一日目、女児三二か三三日目として、男児の方を女児に比べ数日早くすませることがみられる。逆に、岩手県南部地方では男児三五日目、女児三三日目、福井県坂井郡では男児五〇日目、女児三五日目、同県今立郡では男児三五日目、女児三〇日目として、女児を早くすませる場合もある。この説明として、男児の方が早い長野県東筑摩郡本郷村・朝日村では「女は汚れているから男より一日遅い」、男三三女三一の秋田県付近では「男子は結婚が女子より遅れるから」というものがある（『日本産育習俗資料集成』）。これらの解釈については、大藤ゆきは『児やらい』の中でいずれも後々つけられたものであろうとしている（一五七頁）。なお『日本産育習俗資料集成』では、報告数だけをみると、男児の方を早くすませる場合が多くなっている。

（3）『日本産育習俗資料集成』をみると、この儀礼には様々な呼び名のものが含まれていることがわかる。特に多いものはここで挙げた四タイプのものである。

①ヒアケ・ユミアケ　特に産の忌みに注目したもの。例えばヒアケのヒ（日）は、産忌の明ける日をさしている。

②ウブアケ　①と同じく産忌との関連もあるが、それよりも以前は別に設けられていた産屋を意識しているもの。

③トリイマイリ　赤子と母親の産忌の期間が異なるとされることから、産忌の明けていない母親が赤子とともに通常どおり参拝できず、鳥居までしか行けないことから。
④ウジミセ　氏神への赤子の初見せ、初参拝を意識した呼び名。
以上の呼び名のうち、①から③にかけては産の忌みへの強い関心があらわれている。

（4）『貞丈雑記』は伊勢貞丈によって書かれた有職故実の解説書、一七六三年（宝暦一三）以後のことを書き連ねている。『武家名目抄』は塙保己一ら編、江戸幕府の命によって編纂された武家故実書。

（5）その東北の状況について、長谷川方子は『新青森市史』（二〇〇八年）の人生儀礼に関するお宮参りの項（三一九〜三二〇頁）で、昭和二〇・三〇年代頃、青森県内では八戸市・弘前市・七戸町などの都市部を除いて実施されることが少なかったこと、市内でも内々でやったという人はあるものの、一般に行なわれなかったということを報告している。

（6）日本民俗学会『日本民俗学』一一一（一九五八年五月）から二四九（二〇〇七年二月）にかけての産育に関する論文・報告参照。

（7）一九三四年五月から一九三七年四月に至る三ヶ年にかけて実施された郷土生活研究所（柳田國男主宰）のいわゆる「山村調査」では、「日本人の精神生活の根源を、古風を守っていると思われる村人の生活様式の中から探り出すこと（田中一九八五）を目的に、全国六〇ヶ所の山村を対象とした大々的な調査が行なわれたが、この五〇年後、その変容の実態を知るためにほぼ同じ山村地域において、同様の質問項目を基にした再調査が行なわれている。

（8）（株）ブロックラインにより二〇〇四年五・六月に実施された「はっぴーママアンケート　記念日とお祝いについて」と題するインターネット上の調査結果から。対象は「はっぴーママ.com（http://www.happy-mama.com）」に登録しているメンバー（妊娠中・育児中の人多い）、回答者九四三人。この育児サイトは、妊娠中や育児中のママを対象としたコミュニティサイトで、ポイント制度、掲示板、日記等の会員限定サービスを設けている。本アンケート実施の頃の調べでは(二〇〇七年七月)、月間のサイト訪問者は四〇万人ともなり、育児サイトとしての知名度はトップクラスを誇っている。質問は「どのような行事を行ったか(行う予定か)」というもので、選択肢として「お宮参り」の他、「帯祝い」「お七夜」「初節句」「七五三」など一三項目があり、八〇%以上の回答者が選んだものは、「お宮参り(八一%)」「初節句(八二%)」「初誕生(八一%)」の三つであった。

(9)　その他のアンケートとしては、「京の初着屋」というインターネット販売専門の子ども用着物販売会社が実施した二〇〇六年のアンケートがあり、「お宮参りしましたか」という質問で、八二%が「した」と回答(回答者数は不明。http://www.ubugi-ya.co.jp/)。インターネットの赤ちゃん用品販売サイトでは、「あなたは以下の赤ちゃんのお祝い行事を実際に実施しますか」という質問で、お宮参りは九一%が「はい」と回答している(二〇〇一年一一月実施。回答者数は不明。http://www.rakuten.ne.jp/gold/nao/)。育児雑誌『ひよこクラブ』(ベネッセ、二〇〇八年一月号)の特集「ニッポンの赤ちゃん」では、七〇〇人のママに聞きましたとして、「お宮参りをしましたか?」という質問について、八〇%が「はい」と回答している。

(10)　二〇〇六年一一月七日〜一二月六日の一ヶ月に限定して検索し得られたブログを使用。各ブログの内容から、「初宮参りに対する思い・行く理由」「実施時期」「参拝先」「祈禱の有無」「スケジュール」「参加者構成」「服装」などについての情報を抽出した。

(11)　「掛け着」は宮参りの際に主として祖母に抱っこされた上から赤子の体全体にかけ、ひもを祖母の背中のところで結ぶ、華やかな晴れ着のことを指す。また、この掛け着の下にはレースなどをあしらった、主に白一色で体全体がすっぽり入る「ベビードレス」(男女を問わない)を着用することが多い。しかしまた近年は掛け着を着用せず、このドレスのみで参拝する場合も増えている。

(12)　『たまごクラブ』(ベネッセコーポレーション)は主として初めての妊娠や出産を控えた妊婦を対象として、「ママたちの気がかりや疑問を解消し、おなかの赤ちゃんやパパとのわくわく妊娠生活を応援する」月刊誌。一九九三年一〇月創刊。二〇一一年時点で発行部数一三万一三四二部。『ひよこクラブ』（ベネッセコーポレーション）は出産後から一歳半までの子どもをもつ母親を対象とした月刊育児雑誌で、乳児をもつ母親の四人に一人が読んでいるといわれている。投稿欄に比重を置いた読者参加型の紙面構成となっている。二〇一一年時点で発行部数一九万五一四二部。『こっこクラブ』（ベネッセコーポレーション）は『たまごクラブ』『ひよこクラブ』の姉妹誌で、一～三歳児を育てる母親を対象とした雑誌。二〇一一年四月号で休刊。

(13) この神社では、宣伝しない理由として「神社はそもそもそういう（宣伝をして人を呼ぶような）ところではないから」ということを挙げていた。

(14) 『ひよこクラブ』（ベネッセコーポレーション）については前掲(12)。『Pre-mo』（主婦の友社）は月刊の妊婦向け雑誌、芸能人やモデルを用いてファッション誌感覚の紙面が特徴。発行部数五万五〇六六部。『おはよう赤ちゃん』（学習研究社）は出産後から一歳半までの子どもをもつ母親を対象とした月刊育児雑誌で、発行部数六万八一六六部。二〇〇八年三月号で休刊（発行部数はすべて二〇〇六年時点のもの）。

(15) 「掲示板」とは、自由に文章などを投稿し、書き込みを連ねていくことでコミュニケーションできるインターネット上のページ。掲示板開設者がテーマなどを決め、参加者がテーマに関する書き込みをしていく。投稿は時系列あるいは記事の参照関係を基に並べられ、参加者が一覧できるように表示される。

(16) 氏神神社についての問い合わせは、例えば「子どもの初宮参りをしたいが、現在の住所地だとどこが氏神神社になるか」や「〇〇〇が住所であるが、氏神神社はそちらの神社でよいか」といった類のものが多いという。

(17) 二〇〇六年四月から二〇〇七年三月までは初宮参りに関する記述はないが、初宮参りの写真が掲載されることはあった。二〇〇五年一一月から二〇〇六年三月まではシリーズ休み。

(18)『Pre-mo』では、ベビーイベントを誕生後(一年以内)のイベントで、「昔からつづく伝統行事」(二〇〇七年三月号)のこととしており、二〇〇六年一〇月号では特に定義していないが、「お七夜」「お宮参り」「お食い初め」「初節句」を含むものとしている。

(19)ここでいう特集は、『Pre-mo』で二〇〇五年から二〇〇七年までの間で発行された号において組まれたもので、二〇〇五年九月号は「産後のイベント見る見るカレンダー」、二〇〇六年一〇月は「生後一年目のベビーイベント」、二〇〇七年三月は「成長の喜び　感動の記録　産後一年のベビーイベント」、同年一一月は「産前・産後のわくわくイベントガイド」を指す。いずれも昨今産後に行なわれることの多い、赤子の誕生や成長を祝う主旨の儀礼あるいはイベントを生後一年の流れに沿って紹介したもの。特に二〇〇六年一〇月の特集では、実際に子どもの宮参りをする芸能人夫婦の様子をルポしている。

(20)インターネットの育児サイト「こそだて」により二〇〇六年九月に実施された子育て・育児支援アンケートから。回答者は一二四七人。

(21)スリングとは、赤ん坊を入れる部分がハンモック状になった幅広の布でできただっこ紐のようなもの。肩からたすきに掛けて胸のあたりで赤ん坊を抱く。ベビースリングとも呼ばれる。インタビュー実施時よくみかける赤ん坊のだっこ方法であった。

第三章　現代における七五三の実態と意義

はじめに

現代において七五三はさかんに行なわれているが、大藤ゆきは『児やらひ』の中で「一一月一五日に行なわれている七五三の習俗は、昔から行なわれた日本の風習のように思われているけれども、決して古風を伝えたものではない」としている（大藤　一九六八：二四二頁）。七五三という名称も、江戸後期からあらわれはじめ、定着したのは明治以降といわれる(1)。研究者の間では、古いものでは平安時代からみられた髪置・袴着・帯解などの幼児儀礼を、現在の七五三の原型とすることが多いが、数多い相違点からそれらの儀礼と現在の七五三を分けて考える者もいる(2)。

前者の研究者たちの視点に立つならば、七五三は古くから日本で行なわれてきた幼児期の儀礼といえるであろう。しかし、七五三の原型と考えられる多くの儀礼は類似の名称であっても時代によって、地域によって、そして儀礼を執り行う社会階層によっても内容や主旨が異なり、整理し総括することは甚だ難しい。

七五三は現代において、幼児期における広く共有された重要な人生儀礼といえるが、この儀礼について書かれたものはきわめて少ない。先述のような総括しにくさが、七五三の研究を阻んでいる一因といえる。竹内利美は「近年の研究報告でも幼児期のあつかいはひどく粗雑で、せいぜい初誕生以後の慣行を添えものに拾いあげるにとどまっている」（竹内 一九七九：二四九頁）としているが、その後現在に至るまでこの状況に大きな変化はない。そして現代のあり様を扱ったものは、ほとんどみられない。

第一節では江戸後期に名称が登場した以降の七五三のみならず、過去にこれまで七五三の原型とされてきた儀礼も含めて、研究動向をみていく。なぜなら、いまだ輪郭のはっきりしない七五三において、はじめから狭い範囲における枠をつけることが適当ではないからである。特に実態や意義について書かれてきたことに注目して整理し、筆者が実施した都内神社へのインタビューと比較しながら、現代の実態や意義について検討していきたい。

そして第二節では、現代の七五三の実際の参加者である、主に母親たちに実施した七五三に関するアンケート・インタビューを基に、第一節で得た実態に関する結果の確認と、意義の考察を深めたい。

注

（1） 様々にあった幼児儀礼が七五三と総括して祝われるようになった背景として、「江戸のように諸国から寄り集まりの土地がらでは、各人それぞれのお国ぶりを実行することは不便であるところから、七五三という総括的な祝い方が便法として生まれたものと考えられる」（鈴木棠三 一九七八：六三八頁）とする説もある。

（2） 例えば、菅原正子は「中世には、平安時代の貴族社会にはなかった髪置・帯直などの儀式が加わり、これらは七五三の源流となったのである」（菅原 二〇〇八：一四二頁）としている一方、倉石あつ子は「今日七五三と呼ばれる儀式の原型が成立したのは、江戸時代のことといわれ」（倉石ら 二〇〇〇：六二頁）として、それ以前に各地で行なわれていた幼児儀礼と今日の七五三の間に線引きをしている。

第一節　七五三に関する先行研究と意義

一　これまでの七五三と先行研究

七五三は先述したとおり、江戸後期よりみられるようになった儀礼の名称である。七五三の名称にみられる「七」「五」「三」の数字は、この年齢に子どもの儀礼が多く行なわれてきたことと関連がある。

例えば、「三」は三歳に行なわれていた髪置の儀礼、「五」は五歳に行なわれていた袴着の儀礼、「七」は七歳に行なわれていた帯解の儀礼がその代表的なものである。しかし、これら七五三、そして七五三という名称が登場する以前の儀礼に関しても、研究は甚だ少ない。

少ない中における研究動向をみるならば、儀礼における服装や髪型の変化に注目し、その内容やいわれについて説明するものが多い。中でも竹内利美の七五三とそれに続く子ども組に関する研究は、七五三の内容を整理した重要なものといえる（竹内　一九七九）。この中で竹内は、七五三にまつわる儀礼の名称が、すべて服装や髪型に関するものである点で共通していると指摘している。

ここでこれまでの研究や報告で述べられてきた、七五三と服装・髪型の関係について確認したい。七五三という名称があらわれる前に、着物に関連した名称をもつ幼児儀礼は多かった。代表的なものとして、袴着、帯解がある。袴着は、子どもが初めて袴をつける際に行なわれた儀礼である。多く三〜七歳の間で行なわれた[1]。元は平安時代、宮中で行なわれていた行事で、当時は女児も袴をはいていたため、男女ともにこの祝いをしていた。細かく決められた式次第に則り、名望ある人に依頼して子どもに袴を着せてもらうということもされていた。歴史学の分野では、他の幼児儀礼と比べ、古い時代の史料における記述の多さや対社会的な要素への注目から多く取り上げられてきた（菅原 二〇〇〇）。

子どもの着物は、成長にともなって産着→一つ身→三つ身→四つ身という流れで進み、このうち一つ身と三つ身には付紐があり、四つ身ではこれがなくなり帯を締める。(2) 室町時代から行なわれるようになったとされる帯解は、紐落としともいわれ、幼児の着物（一つ身、三つ身）の付紐を取り、初めて帯を締める祝いである。和歌森太郎は、民俗学の報告において男女とも三歳と五歳の祝いを行なわない地方でも、七歳の祝いを重要視する地方が多いとしている（和歌森 一九七六）。この帯解の儀礼も七歳で多く行なわれる儀礼であり、紐解き、帯結び、帯直しといった名称でも同様のものが全国的にみられる（鈴木明子 二〇〇〇）。

また、代表的な幼児儀礼のひとつである髪置は、元は公家や武家社会で男女とも生後しばらく髪が伸びると切っていたのを、この儀式を境に伸ばすというものであり、二〜三歳で行なった。江馬務はこの時期までは髪が伸びると切っていたことについて、「黒い強い髪が長く延びるやうにし、三歳の年の春から儀式をして延ばします」（一八一頁）としている。そして江戸時代には髪を切らずに剃るようになったと説明している。また、この髪置の儀礼では、子どもに白髪（綿帽子）をかぶらせ、「白髪になるまで長生するやうにといふ意味を寓した」（一八一頁）とする例が広い階層の間で行なわれていたという（江馬 一九七六）。ところで、江戸時代以降が対象の民俗学の報告では、「カミ」としながらも儀礼の内容はほとんど髪型と関係なく、実態は衣服型の改変と帯のつけ始めを意味するといったように、着物に関するものとなっていることが多い。

先述の竹内の論稿（竹内　一九七九）では、このような服装や髪型による七五三の整理をし、服装と髪型はかつて人々の成長段階を確認するものであったとしている。そして儀礼にみられる着物の変容は、「子どもの成長の段階をその着物によって象徴しようとした」（八八頁）ものであるとしている。牧田茂も同様に考え、その後に続く男子のフンドシ祝いや女子の腰巻祝いへのつながりを指摘している（牧田　一九七六）。

このように、服装と髪型の改変に注目し、そこから「成長段階の確認」といった意義を見出す研究がみられる中、儀礼における「社会的承認」といった要素に注目した研究もみられる。例えば、髪置、袴着、帯解などの幼児期の儀礼で、人を招いて祝う、あるいは儀礼の日（あるいは前後）にあいさつに行くということが重視されていたことを示す記述は、平安時代の文献から民俗学による江戸時代以降の報告に至るまで、数多くみられる。中世の文献資料を中心に、子どもの生育儀礼のあり様や意義等について書かれた『生育儀礼の歴史と文化』の中には、平安の頃より貴族社会で広く行なわれていた袴着を取り上げる論稿がいくつかみられる（服藤ら　二〇〇三）。論稿の中では、袴着の儀礼が対社会的な公認儀礼の意味をもっていたことがたびたび強調されている。そして、袴着をはじめとした生育儀礼の対社会的な要素に注目し、貴族社会の政治や文化構造の解明にもつなげている。

『日本産育習俗資料集成』の「ひも落とし・袴着」の項には、社会的承認に関する記述として「祝宴を張る」「挨拶に廻る」「赤飯を配る」のいずれか、あるいはいくつかがほとんどの地域でみられる（恩賜財団母子愛育会　一九七五）。これらを行なう対象範囲は、親族や近所が最も多く、産婆や子どもたちというものもみられる。これらのことについて、共食の観念とともに、人生の一定の段階に達したことを社会的に承認させると解釈されることもある（坪井　一九七六）。

社会的承認のその他の具体的な例では、七歳頃の祝いの際に神社の祭礼で氏子札をもらい受け、地域社会の正式な一員になるといったことが、明治初年頃まで広く行なわれていたとするものがある（坪井　一九七六）。昔は子どもが生まれてもすぐ人別帳に記載せず、大体三・五・七歳になって初めて帳面に名を連ねたともいう（和歌森　一九七六）。また七歳という時期には、地域の社会生活に参与する最初の段階として子ども組への参加があり、この組への参加は村人として一人前の資格を充実させる要件のひとつにもなっていた。こうして子どもは社会の一員として組み込まれていったわけである。

七五三における社会的承認の意義と類似のものとして、「神からの承認」といったものがある。柳田國男は七歳頃に実施される神社参拝について、七五三の日とされる一一月一五日との関係で述べている。現在一一月一五日は七五三の日とされるが、以前は収穫祭の意味をもつ氏神の祭日とされることが多く、この日に神社参拝をして無事の成長を氏神に報告し、みていただく機会と考えられていた、と述べている（柳田　一九五一）。また年齢によっては氏子入りを意味してもいた。氏神との結合を深める、「神からの承認を受ける」重要な時だったといえる。

古くは子どもの死亡率が高かったこととも関連して、「七歳までは神の子」「七つまでは神のうち」という言い方がされてきたといわれる。七歳以前は「神の子」として大幅に許容されたり、神性を備えたものとして扱われる一方で、いまだ社会的に一人前の人格を有していない者とみなされたり、魂が十分に安定していない、身体的にも安定していない存在とする考え方があったとされる（宮田　一九九九、和歌森　一九七六）。

安定していないという点から、七歳の時期を厄年と位置づけ、子どもの厄祓いや霊魂に力をつけるために神社参拝していた流れもある。例えば、鹿児島県下では村の七歳の子ばかりを集め、鎮守社で六月三〇日に茅の輪くぐりを行なっていた（和歌森　一九七六）。また千葉県夷隅郡地方では、七歳の時に厄落としとして、新しい草履をおろして親と浅間神社に参り、緒を切って境内に捨ててくるといった報告がある（佐々木　一九八八）。七歳以前では子どもの生存を強く請い願い、七歳になったら身も心も落ち着いたものとして社会の一員となる準備をするために、神の存在を必要とした背景がこの時期の神社参拝実施の大きな要因と考えられる。

ところで周知のように、誕生後から児童期（主に七歳）に至るまでの時期には、数多くの産育儀礼がひしめきあっている。このことについて、民俗学では、霊魂が不安定な時期であるからとする説明が多くみられた。よく引き合いに出されるのは、先述した「七歳までは神の子」「七つまでは神のうち」といった言葉である。これらは元々柳田國男が注目し広めたものであるが、昨今の研究者からはこの論の基にあるのが、わずかな事例のみであり、必要以上に一般化されていると批判がでてきている。

柴田純は『日本幼児史―子どもへのまなざし―』の中で、「七つまでは神のうち」とした言説がわずかな事例を根拠なく広げ、幼児の生まれ直り説とつながり、子どもの神性を強調する形で定着させてしまったとして批判している（柴田 二〇一三）。柴田は古くから子どもの七歳が注目されてきた理由として、中国から伝わった喪礼を基にして作られた服忌令の規定で、七歳までは服忌の対象とされてこなかったことをその理由として挙げている。七歳まで対象とされなかったのは、死亡率の高い乳幼児のために大人社会における重要な儀礼の円滑な実施が阻害されることを防ぐためであったが(3)、この措置が継続される中で、やがて幼児と神事を結びつける観念が生まれていくこととなったとしている。そして、このことと併せて、児童観の変遷（それまでの放棄・無関心が子宝思想へと変わったこと）により、「七つまでは神のうち」に対する解釈が変化し、子どもの「神性」や「聖性」を説明するものとなったとしている。柴田は、「七つまでは神のうち」思想にみられるとする神性や聖性の存在を否定し、そのことによりこの「七つまでは神のうち」全体を否定している。しかし、子どもの死亡率が高かった時代には、子どもがこの年まで生きることができれば、ようやくある程度の生存が保証され、一人の人間として扱う基準として、七歳があったことを表現したいい方だと考えてみるとどうであろうか。七歳まで絶え間なく多くの人生儀礼がみられるこの人生の時期を考えても、七歳までを神性・聖性からではなくとも、社会における大きな節目として特別視する見方がなかったとはいえないだろう。

以上より、従来の七五三に関する研究の主要な流れとして、着物の形の変遷、対社会的な要素、神との関係といったものをみていく中で、七五三にみられた従来の意義として、「成長段階の確認」「社会的承認」「神からの承認」を取り出すことができる。

二　現代の七五三と着物に関する研究

前項では七五三の先行研究において、着物に注目した研究が多いことについて述べた。本項では、七五三と着物についての研究の中で、現代に関するものを取り上げ検討する。このような研究の中で重要なものとして、清水学園における「七五三服装調査」研究がある（清水　二〇〇五）。この研究を概観すると同時に、研究の中にみられる七五三における着物のもつ意義の変化を明らかにする。

創立一〇〇年を迎えた学校法人清水学園[4]（東京都渋谷区）が実施している「七五三服装調査」は、一時中断があったものの、戦前から今日まで毎年七五三の時期に実施されており、現代の七五三の実態を知る上で貴重な資料となっている。[5]明治神宮を主要な調査地とし、年によって各地の社寺でも実施されてきた。

調査内容は、七五三のために社寺参拝する子どもや親たちの服装を記録していくというものであり、毎年七五三の時期の日曜日一日（例外もあり）を選んで朝から夕方にかけて、あらかじめ決めた神社の境内にて実施されてきた。調査者は、学園の生徒や関係者たちである。

調査は、年ごとの服装の流行や消費者動向を調べる目的で行なわれてきた。集められた毎年のデータは、年ごとに特徴ある傾向を示し、学園長の清水ときは「世相や社会状況を映す鏡」と指摘している。例えば調査の記録によれば、戦中男児は兵隊さん、女児は看護婦さん姿、戦後すぐは洋服が多かったという。一九五五年（昭和三〇）頃も同様で洋服が多く、七五三の活況はみられなかったが、一九五九年の皇太子成婚、ミッチーブーム、一九六四年の東京オリンピックを契機に女児の振袖が目立つようになる。中には奇抜な七五三ファッションが流行することもあったというが、(6)記録をみる限り一過性のものであった。現在に近くなればなるほど、着物率が高まる結果となっている。

主な調査先である明治神宮におけるデータを詳細にみても、年ごとの増減はありながらも、確実に七五三の着物着用率は増加し、定着していることがわかる（図1〜3）。図をみると、二〇一〇年（平成二二）には三歳・七歳（女児）の和装率は九割以上にまでなっている。また、五歳（男児）では昭和五〇年代まで二割しかなかった和装率が、現在五割以上になっている。この調査結果に限らず、現在七五三の広告で使われる写真をみても、大半が着物を着た子どものものである。現在の七五三にとって、着物が切り離せないものであることはまちがいない。

ところで、過去の七五三における着物には「成長段階の確認」といった意義があるとしたが、現代においてはどのようになっているのだろうか。

『日本子どもの歴史』(7)によれば、室町時代まで子どもは「小さな大人」として考えられ、一人前の大人になることが重要であり、社会からも求められていたという。(8)そのため、節目となる時期に成長の段階を公私ともに確認し、一人前の大人になるまでの準備をしていくことが重要であった。変化したその服装や髪型の形式が日常生活にも引き継がれていたということで、子どもの成長段階を儀礼以後も示し続けることができ、格好のものであったといえる。

一方、現在七五三の着物の着用率は高いものの、儀礼当日の数時間の間だけしか着用されず、着物姿は家族などの

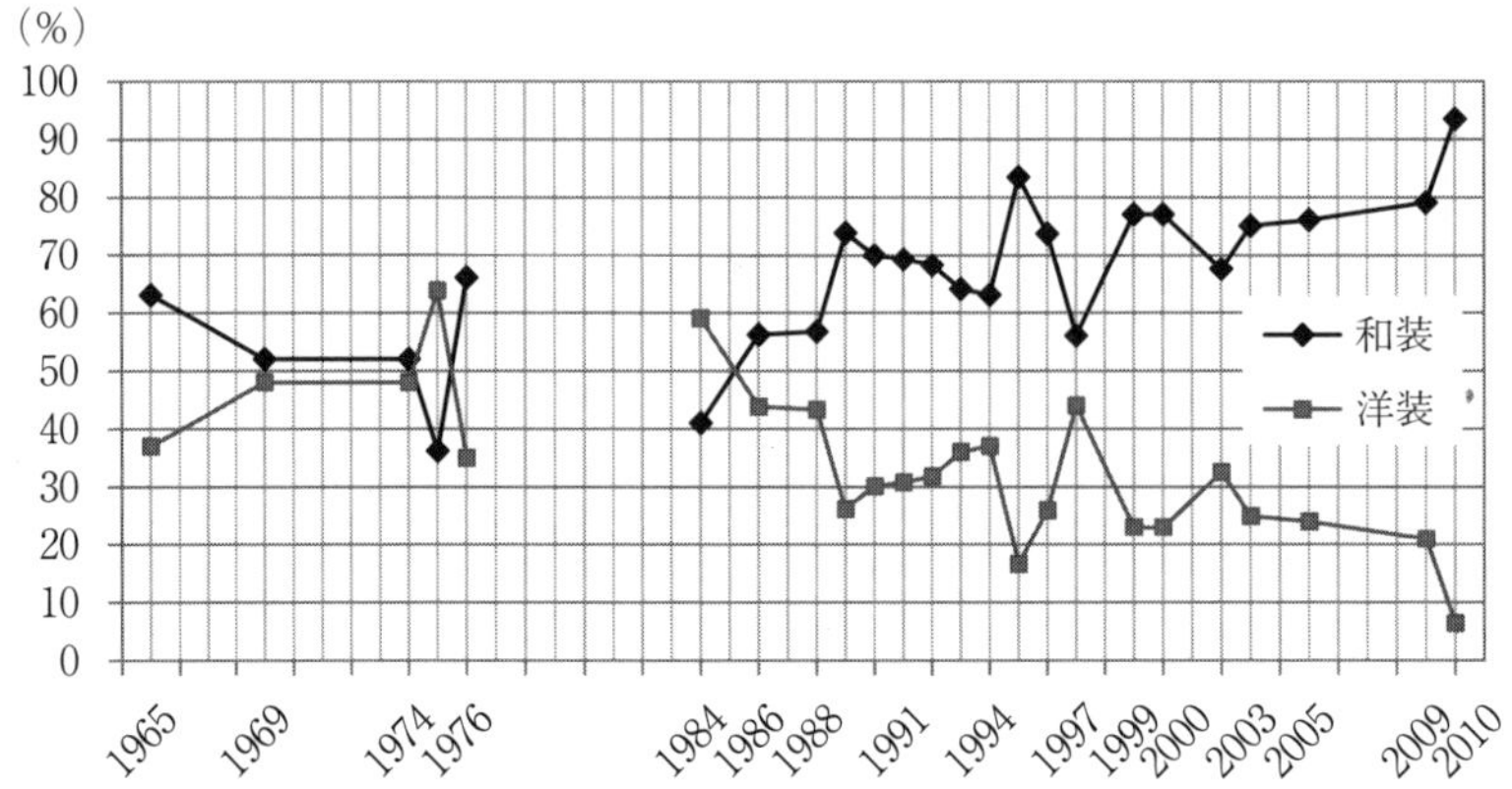

図1　明治神宮における七五三服装（3歳・女児）

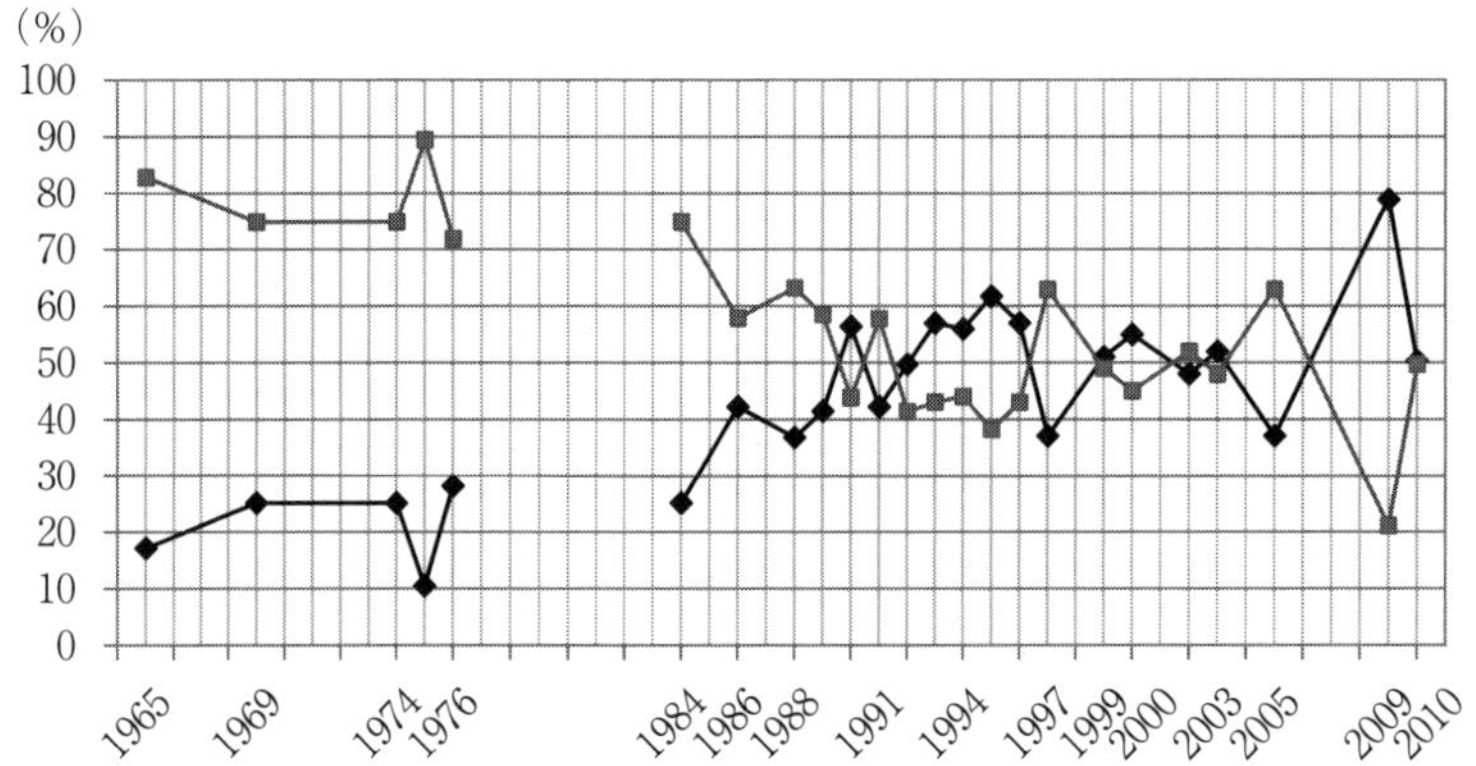

図2　明治神宮における七五三服装（5歳・男児）

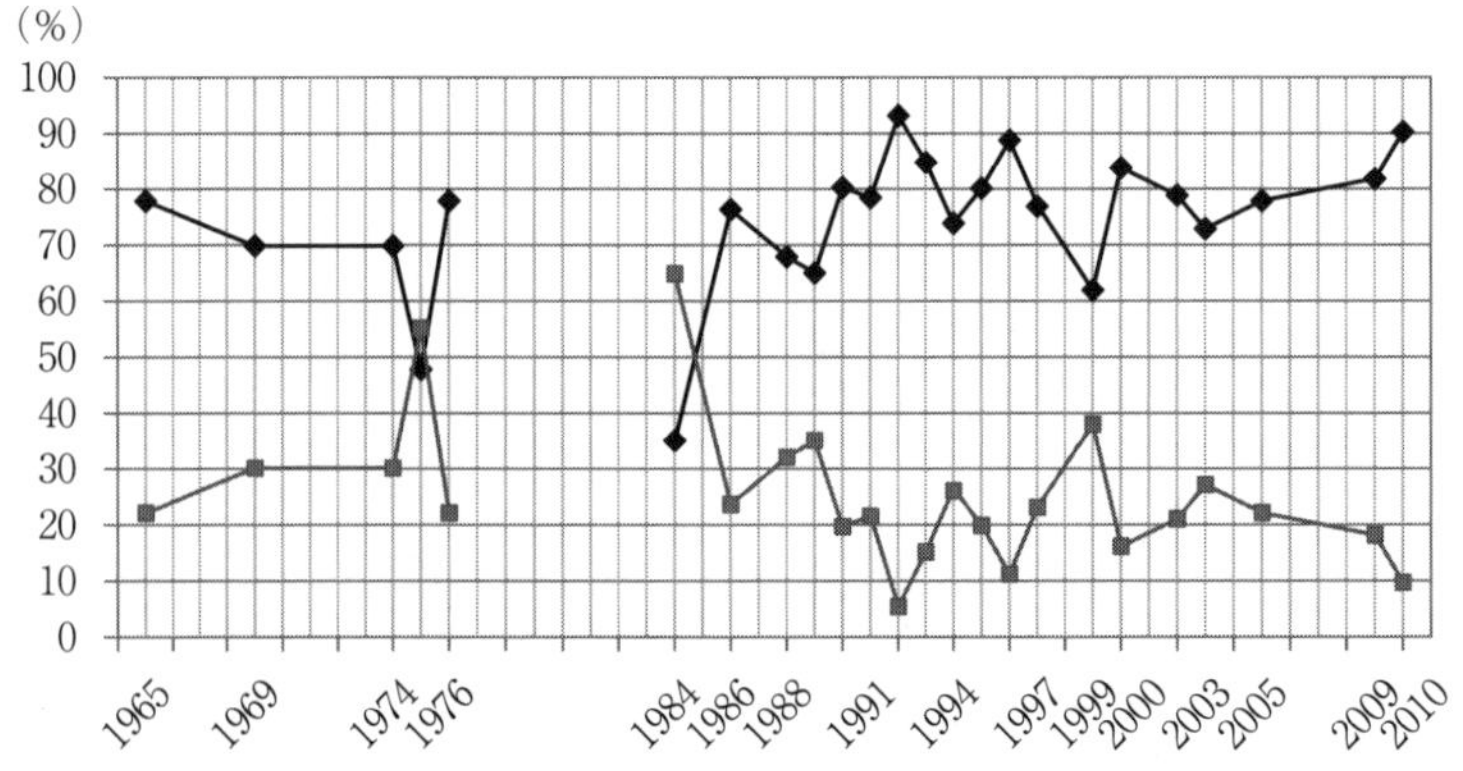

図3　明治神宮における七五三服装（7歳・女児）

限られた間柄の者に披露されるのみである。つまり、着物は儀礼のハレの日のみに着用するハレ着という位置づけとなり、過去にみられた成長段階の確認の意味は甚だ少なくなっている。

幼児儀礼における着物のもつ意味が変化してきたにもかかわらず、着物が七五三において定着しているのはなぜか。ひとつに、いくつもの幼児儀礼が江戸後期以降に七五三と総称されるようになっていく頃、併せて「華美」になっていったとする指摘から重要な視点が取り出せる。例えば、「江戸後期には「袴着」や「帯解」が呉服屋の商法として宣伝され、しだいに豪華な衣装を着せて宮参りすることが流行していった」（中江　二〇〇五：一一三頁）とか、「華美を競うことになったのは、江戸時代以来の商家の営業策によるものである」（柳田　一九五一：二五九頁）など、その日限りの特別であでやかな着物を子どもに着せることで、子どもの成長を祝っていた様子がうかがえる。ここからは、それまでの大人になる前の成長段階を確認するためのものから、子どもである今の時期を記念するという意識の変化、芽生えがみられる。

ところで子どもの着飾った姿を記念すべきものとして写真に残すことは現在さかんであるが、着物と写真の定着の間には重要な関係がある。現在七五三における写真の重要性は大変高く、七五三で実施することの中でも特に優先度が高いといえる。例えば、ミキハウス子育て総研が二〇〇一年から二〇一二年までおよそ三年ごとに行なっている七五三の調査では、どの年も写真館に行く（行った）とした人の割合は八〇％以上であった。これは同様に八〇％以上（ただし二〇一二年は七五・七％）がする（した）とした社寺参拝とならぶ割合である(9)。また、一九九四年から毎年七五三に関して多くの記事を掲載している育児雑誌(10)『Como』では、七五三の写真館利用のルポが数多くあり、読者である母親たちの関心が写真を撮ることに強く向いていることが読み取れる。

七五三において母親たちの関心が写真に向かうのは、写真を撮ることにより、七五三の時の子どもの姿をいつまでも記念に残すことができるからだろう。そこには、従来あった子どもは「小さな大人」という見方ではなく、大人とは質的に異なる独自の存在であり、人生のどの時期にもそれぞれの価値を見出す現代の人間観、子ども観があることはいうまでもない。そして、現在日常では着られない着物のもつ非日常性が、子ども時代を記念として残すといった「記念」のもつ意味を高めているのではないだろうか。

さらにひとつ着物が定着した要因として、このように着慣れず、費用のかかる着物を利用しやすく提供するビジネスの盛況が挙げられる。例えば、清水学園の報告では一九九一年に着物レンタルに関する記述が初めてみられ、その後は毎年レンタル利用者に関する報告がなされるようになる。一九九五年の報告には、「(着物の形態、柄、色に)東京と地方の差はなく、概して東京のファッション・風潮・流れなどがそのまま地方に持ち込まれている。この背景にはきものレンタル業界の大手筋が全国に展開している商況も反映されている」とあり、七五三においてこの時期には着物レンタルが広く普及していたことがわかる。

そして、現在着物に関するサービスも実施している写真館の影響も見逃せない。「子ども写真館」という子どもを専門的に撮影する写真スタジオを一九九二年に日本で初めて設立したスタジオアリスは、全国三八二店舗数(二〇〇九年一二月時点)を誇る。全店舗に四〇〇着に及ぶ衣装が用意され、ヘアセットやメイク、着物の着付けなどは無料、客がモニター画面を見ながら撮影した写真をその場で選ぶことができるシステムをもつ。現在スタジオアリス以外にも多くある子ども写真館は、神社と提携したりするなどどこまでも利用しやすさを追求し、興味を引き付ける工夫をし続けることで、着物定着の一翼を担ってきた感がある。

以上現代における七五三と着物の関係をみていく中で、子ども観の変化という視点が得られたが、これは七五三全般について考える上でも重要な視点であるといえる。

三　現代の七五三に関するその他の報告・研究

前項の清水学園の調査は、明治神宮をはじめ、多くの神社（一部寺院）で行なわれている[11]。調査結果からは、毎年多くの子どもが七五三を祝いに神社へ参拝している様子がうかがえる。現代において、神社参拝は七五三の重要な要素である。

しかし、七五三と神社とに関するデータが公表されることは少ない。その中で清水学園の七五三服装調査の主要な調査先である明治神宮は、一九七〇年までの毎年の七五三詣件数を公表している（明治神宮　一九七九）。明治神宮における七五三の件数の変遷を示したのが、表1である。神宮創建の大正年間は毎年ほぼ一件であったが、戦後一九五一年から急激な勢いで増加、二〇年後の一九七〇年には一八倍となっている。特に一九七〇年は前年より一万件以上増えており、それ以後も大変な増加があったことが想像できる。後述する明治神宮のインタビューでは、一九八〇〜九〇年代には一日一万件という日もあったという。現在それより減少したものの、一一月には一日平均千〜二千件の七五三参拝者があるという。

現在七五三における神社参拝はさかんであるが、七五三という呼称登場以前の幼児儀礼では、必ずしも神社参拝は重要な要素ではなかった。例えば、「七五三の源流[12]」ともされる髪置や袴着などについて、近世以前の文献にみられる記述では、これらの儀礼に関する作法、式次第のようなもの、出席者や日取りについての説明が多く、神社参拝の有無について触れているものはほとんどない（神宮司庁　一九七九）。

近世に入るとようやく、神社参拝の記述をみることができる。例えば、『増補江戸惣鹿子名所大全』（一七五一年、

表1　明治神宮における七五三詣件数

年	件数	年	件数	年	件数
1920	1	1937	0	1954	2495
1921	1	1938	1391	1955	2309
1922	1	1939	37	1956	2574
1923	1	1940	0	1957	2827
1924	1	1941	0	1958	2729
1925	0	1942	3	1959	3638
1926	187	1943	0	1960	4601
1927	0	1944	0	1961	4692
1928	374	1945	70	1962	5722
1929	515	1946	219	1963	3428
1930	596	1947	233	1964	7428
1931	529	1948	413	1965	8456
1932	503	1949	374	1966	8192
1933	26	1950	317	1967	10841
1934	883	1951	1340	1968	15293
1935	1003	1952	1243	1969	14465
1936	12	1953	2140	1970	25184

（『明治神宮五〇年誌』1979年）

写真1　明治神宮における七五三の様子（手前中央は外国人観光客）

寛延四）には「髪置袴着帯解の祝。面々産土神の社へ、参詣の童子・幼女いとをはったるごとく賑はへり」とあり、また『女重宝記大成』（一六九二年、元禄五）には「髪置は、三歳の時の一一月一五日に行う。松に、白髪綿・すえひろ扇、童頭髻をかざり、氏神に参拝すべきである」といった記述がみられる（渡辺 二〇〇〇）。

江戸時代以降の時期が対象となる民俗学の報告では、七五三などの幼児儀礼において神社参拝は頻繁にみられる。かつて七五三をはじめとする幼児儀礼のために神社参拝する先は、主として氏神神社、産土神社であった。例えば、『東京の民俗』で七五三に関する記述のあった四六ヶ所のうち、「氏神神社（あるいは産土神社）へ参拝する」と明記していたものは、一五ヶ所であった（東京都教育委員会 一九八四〜）。氏子をもたない明治神宮への七五三参拝者が現在多いのは、七五三と神社との関係の変化を示しているのだろうか。

七五三と神社の現代の実態を知るための資料は大変少ないが、その中で石井研士は「七五三が日本人一般と神社とを結ぶ重要な儀礼のひとつであることに注目して、七五三の変化から神社の変化、もしくは日本人と神社の関係の変化を読み取」るといった視点から、この儀礼についての考察を試みている（石井 一九九八：一〇五頁）。石井は、一一月一五日とされていた七五三の実施日の拡大現象に注目し、東京の稲毛神社などにおける一九六九年から一九九三年までの七五三件数の増減から、実施日の拡大現象が一九七五年前後に顕著であることを指摘している。この拡大現象が神社と儀礼を行なう者との関係の変化を意味しているとし、氏子の氏神離れ、氏子意識の希薄化がその背景にあるとの結論を導き出している。そして、同じ一九七五年前後の神社に関する大きな変化として、初詣者数の増加が一部の特定神社への集中という現象によってもたらされているとして、七五三に関しても同様の傾向が存在するのか、明らかにされなければならないと指摘している。このことについては、次項でさらに述べることとする。

ところで清水学園の資料をみていくと、一九九六年頃より神社参拝の後に人を招いて盛大な会食をすることが報告され始める。豪華な七五三の会食は、その後たびたびメディアで取り上げられ注目されるようになるが、中でもホテルの大広間を貸切り、結婚式の披露宴さながらに多くの人を招き、多くの費用をかけたものも出てきた。一九九一年一二月の『毎日グラフ』(毎日新聞社)では、「一子豪華主義? 何と二〇〇〇万円!」というタイトルで、この年の千葉県のあるホテルが行なっていた「七五三披露宴」の様子を詳しく紹介している。それによると、一〇月末から一二月一日までの間に六〇件が執り行なわれ、出席者は平均四〇~五〇人、費用は一五〇万~二〇〇万円、内容はほぼ結婚披露宴とかわらなかったという。

この現象には強い地域性がみられ、全国的な傾向とはいえないが、規模の小さいものであれば七五三のために家族・親族が集まり、会食することは広くみられる。例えばリビングくらしＨＯＷ研究所が二〇〇七年に行なった調査では、七五三の会食をした人は六〇・一%、人数は五~八人が七七・六%で最も多く、子・親・祖父母といった構成であることが推測できる。なお、九~一五人以上の大勢での割合は八・六%と少なくなっている(13)。

従来の七五三に関する儀礼では、親戚や近所の人などを招いて饗宴を開くことが多くみられ、そのことにより社会的な承認の機会としていたことについてはすでに述べた。では、現在の七五三において行なわれる会食などに、この「社会的承認」の意味合いはみられるのだろうか。現在の儀礼は本人・兄弟姉妹・親だけでなく、祖父母も招くことが多く、披露するといった同じ要素はあるものの、儀礼を通じて自分の住む地域、所属する集団の中での地位や立場が変化するというものではなく、「社会的承認」という要素があるとはいいがたい。従来密であった、人々と地域社会との関係が希薄になる中、現在人を支える最も小さな単位ともいえる家族を重視する傾向は非常に強い。社会的承認の「社会」の部分を縮小させた形での家族に対して、皆が集まりそのつながりを確認する機会となっているといえる(田口 二〇〇九ａ)。

ところで、「社会的承認」の規模が縮小した背景には時代の流れによって、[14]ただやむを得ず、人々と地域社会との関係が希薄になったわけではない。人々が積極的に無意味で形式的だと感じられる儀礼を敬遠し、濃密な人間関係に意味を見出さず、ただ面倒なものとして感じるようになった背景もあった。清水学園の七五三服装調査に関する一九八六年の生徒のレポートには、このことに関する率直な考えが記されている。ある生徒は、東京のまだ昔のしきたりが残る土地に嫁ぎ、近隣の家の長男の七五三祝いに招待された時のことを、「付き合いとはいえ、まだまだはでな交際が息子の代、またその下の子どもの代になってもこのまま生き続けてゆくのかと思うと、ゾッとしながらもそうゆうものだと教え込まれて流されている私たち嫁の、どうしても殻を破れない勇気のなさを恥じずに居られません」と述べている。本来七五三の重要な要素であったと思われる「社会的承認」が、現代において全く意味を見出されず、むしろ害さえあるものとして受け取られている事実は興味深い。

四　神社へのインタビュー

現代の七五三に関する研究や記述をみると、「社寺参拝」が重要な位置づけを占めていることはまちがいないといえる。そこで筆者は現在の七五三の実態を把握するために、都内神社へのインタビューを実施した。インタビューは二〇〇九年から二〇一一年にかけて、明治神宮を含む都内の神社七社を対象に実施した。内容は、七五三の現況について、神職・神社関係者にインタビューするといったものである。調査した神社は、明治神宮のほか、杉並区の二社、八王子市の子安神社、府中市の大國魂神社、北区の一社、中央区の水天宮で、いずれの神社でも七五三を実施しており、多くの参拝者が来られるということであった（表2）。件数の動向については、いずれの神社でも横ばいか微増と

表2　七五三インタビュー調査概要(都内神社)

日時	2009年9月から2011年6月まで
対象	都内神社7社 明治神宮(渋谷区)、杉並区神社(2社)、子安神社(八王子市)、大國魂神社(府中市)、北区神社(1社)、水天宮(中央区)
時間	各インタビュー60分程度
主な質問項目	祈禱件数動向、参拝時期、参拝時間帯、参加者構成、参拝時の服装、祝う子どもの性別・年齢、授与品、宣伝や取り組み、子ども写真館について、昨今気になること・感じること

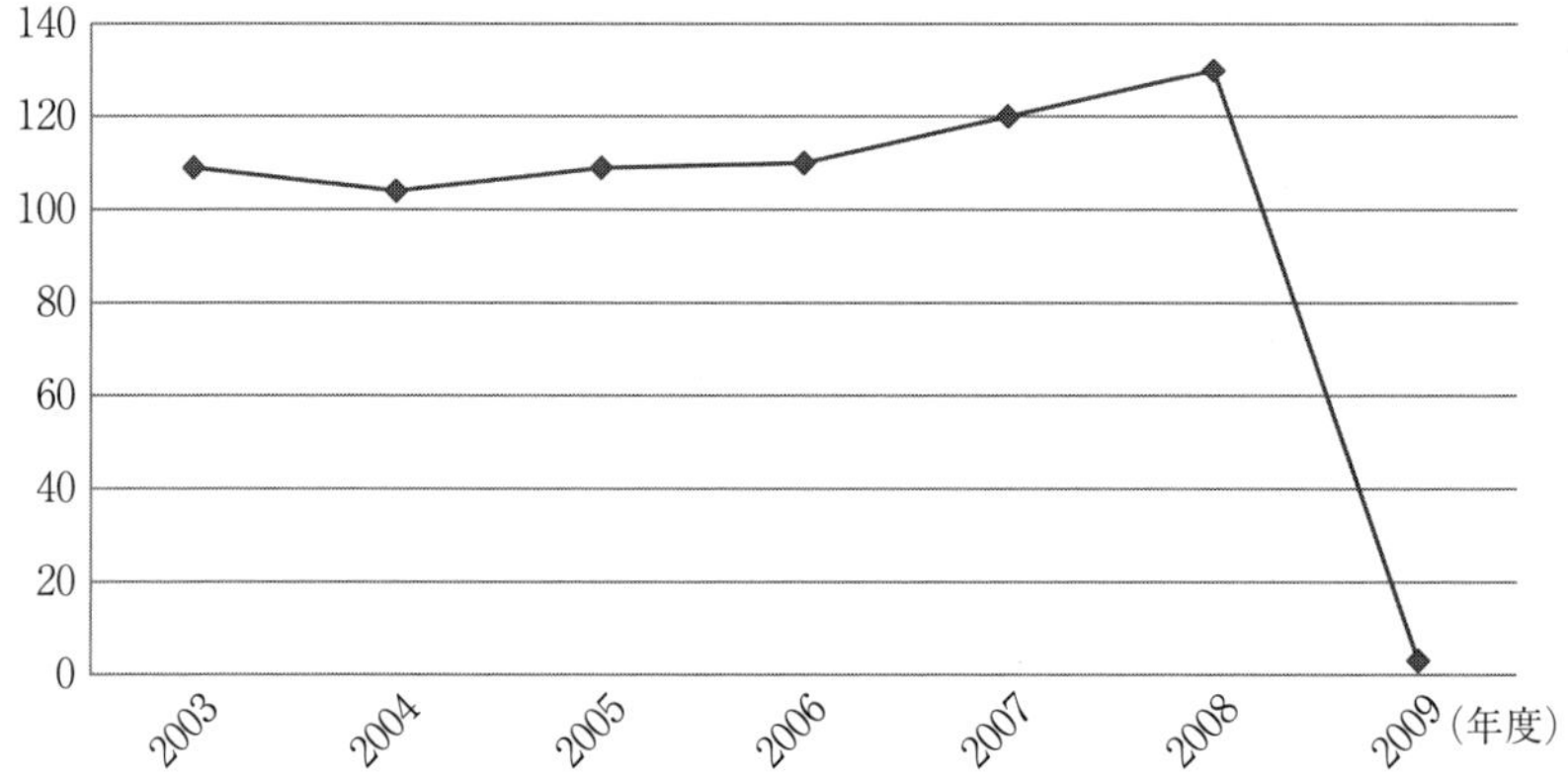

図4　A社七五三祈禱総件数　*2009年度は、4月から9月までの件数。

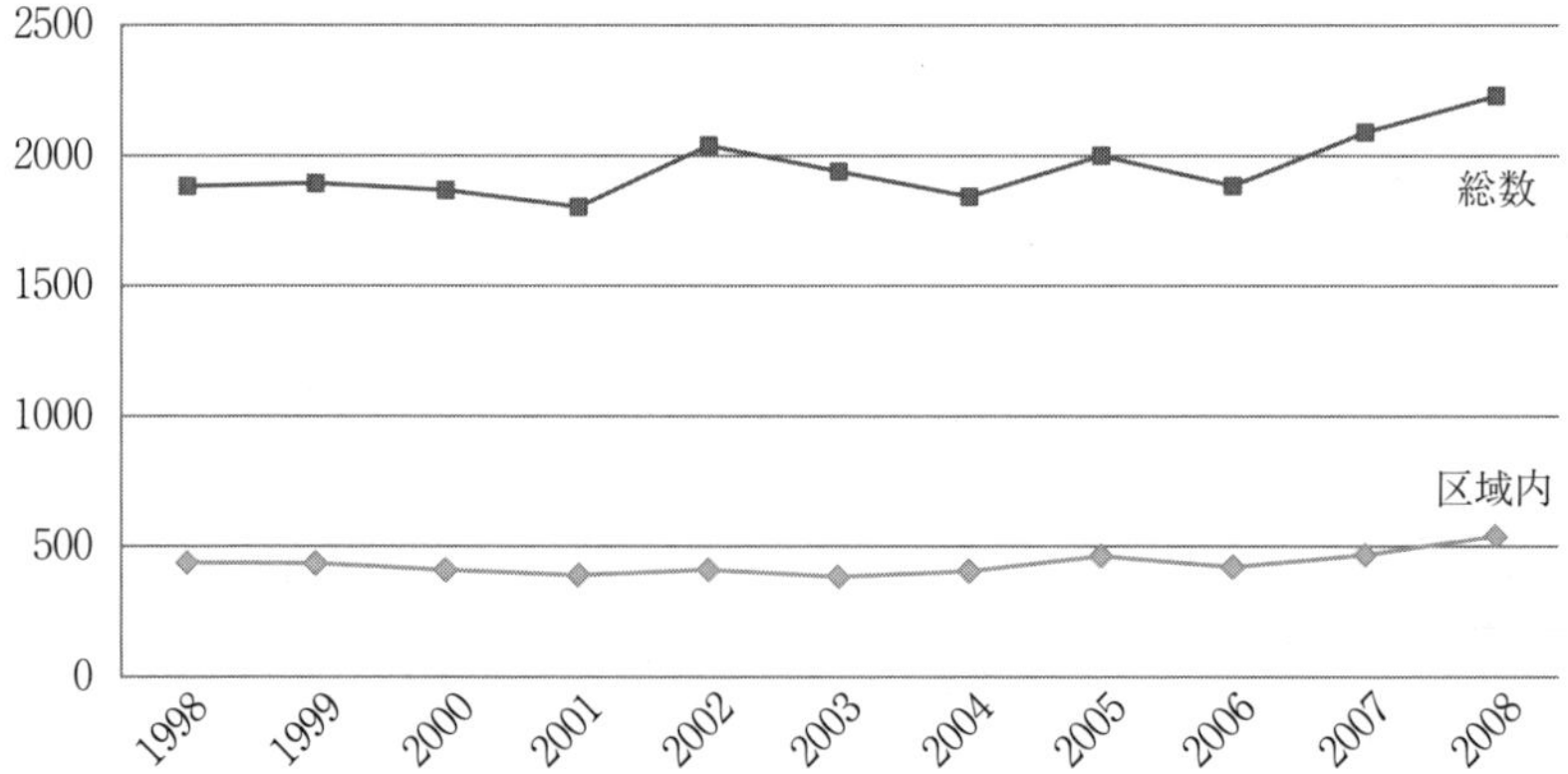

図5　B社七五三祈禱件数

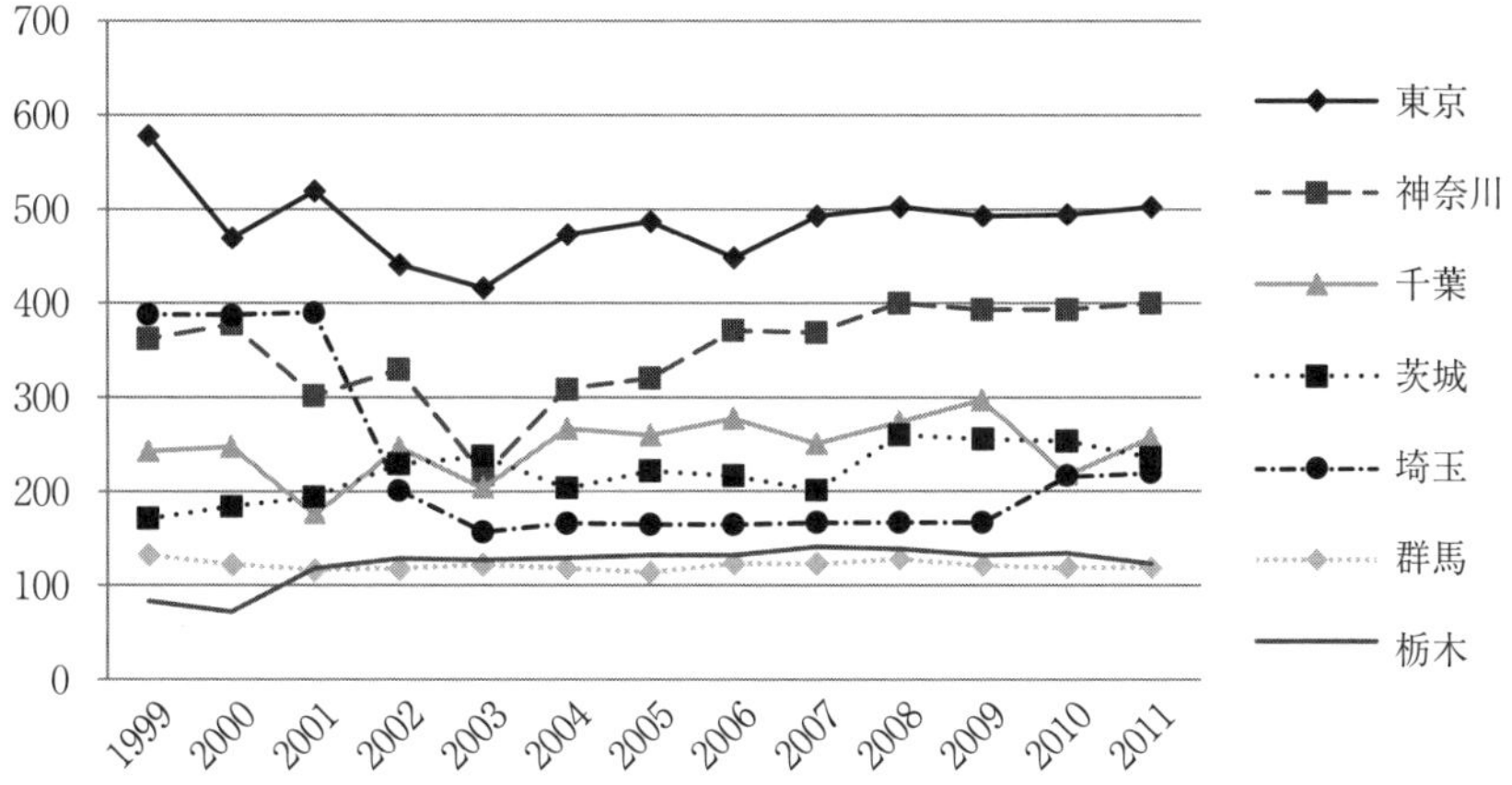

図6　七五三祈禱実施神社数（『月刊若木』より）

いった回答で（中には年によって微減もある）ありながら、七五三が神社における他の祈禱数の中でも大きな割合を占めることから、どの神社においても件数が多くさかんな印象をもっていた。

調査した神社のうち杉並区の二社（以後A社B社）より、件数のデータをいただいた（図4・5）。地域の子どもを取り巻く状況には二社間で違いがあるものの、いずれも七五三の件数は微増している。またB社からは、総件数の他、氏子区域内の件数データを提供してもらった。図5から、B社の氏子区域内の件数が全体の四分の一になっていることがわかる。B社は氏子区域外件数が多い理由として、大きな通りに面し広い駐車場も完備しているため、少し離れたところからでも参拝しやすいのではないかと語っていた。

先の第三項で初詣にみられる特定神社への集中が七五三にもみられるのかという石井の問題提起を紹介したが、このことについて本インタビューでの各神社の件数に関する回答や、A・B社からのデータだけでは当然答えることができない。そこで広い範囲の神社を対象とした調査をみていくこととする。

神社本庁が発行している神社に関する月刊誌『月刊若木』では、毎年一回一年間の神社活動全国統計を掲載している。これは、都道府県別の各神社に回答を求め集計したもので、一件は一神社を示す値となっている。図6はその中における一九九九年から二〇一一年までの七五三祈禱を実施した神社の内、関東地方の神社数をグラフにしたものだが、各地域とも実施神社数がおよそ一〇〇～五〇〇の間におさまっていることがわかる(図6)。文化庁文化部宗務課の『宗教年鑑』(二〇一二年)に掲載されている都道府県別の神社数によれば、関東の各都県には二〇〇〇前後の神社が存在しており[15]、単純に図6と照らし合わせた場合、七五三祈禱は限られた神社において実施されている印象を受ける。今後より正確な数値による検討と、地域の実情を考慮に入れた分析をもって、実態の把握をすることを検討課題としたい。

この他、図6から各地の多くの神社で七五三祈禱が実施されていることがわかったが、参拝先と儀礼参加者の関係はどのようであるのだろうか。参拝先の神社として第一項の先行研究では、七五三と氏神神社との深い関係について述べたが、図5のB社七五三祈禱数だけみても、その関係の変化は明らかであり、また氏神神社に対する意識も大幅に異なると考えられる。現在の若い世代では、氏神神社に関する認知度が低く、「近くの神社へ」といっても、筆者の初宮参り調査(田口 二〇〇七)と同様、七五三でも氏神神社という意識からではなく、都合がよく便利だからという理由で参拝先が選ばれている可能性が高い。この点については、本章第二節の儀礼参加者へのインタビューの中で、確認していくこととする。

件数の傾向だけでなく、インタビューにおける各神社の七五三全般の現況は類似していた。例えば、参拝者たちの八割以上は昇殿参拝をしており、参拝のみあるいは写真のみで帰る人たちは少ないということであった。参拝時期は一〇月末頃から一一月末までが最も多いものの、一二月や一月などそれ以外の月での参拝もみられる。参拝者の構成は、本人とその両親、両家の祖父母が基本的で、祝われる子の兄弟姉妹や親戚なども入れて一〇人以上の場合もあるという。ある神社では、参拝時期と参加者の構成が連動していて、調査時の三〇年前には一一月一五日のみだったものが、少子化、大社集中傾向などにより、日が分散、土日の参拝も候補にできるようになり、参加者が増えたというように解釈していた。

参拝の時間帯は、昼前が多く、これは参拝後に皆で昼に会食することが多いからと語る神社が多かった。参拝の曜日は、土日祝日が多く、例え一一月一五日であっても平日であれば、参拝者はまばらになることさえあるのが現状であるという。

参加する子どもの年齢は、女児で三歳と七歳、男児では五歳が定着しており、女児については、三歳と七歳で割合が多い年齢は神社で異なっている。先にも触れた子ども写真館の影響については、神社でも影響力を感じているところがあり、たびたび「スタジオアリス」の名前がでてきた。ある神社では、「この頃スタジオアリスと提携する神社が増えている」として、その神社にも提携の話があったと話していた。また、ある神社が子ども写真館と提携したところ、七五三件数が飛躍的に増えたと聞いた、という神社もあった。しかし、逆に子ども写真館の影響を特に感じないとする神社も半数あった。それらの神社では、神社における写真撮影の取り組みがあったり、提携している写真館があるといった特徴がみられた。

現在少子化が進んでいるとはいえ、七五三に神社参拝する人の数が減少する様子はみられない。人々はなぜ現在七五三にさかんに神社参拝をしようと思うのだろうか。七五三の中で現在神社参拝する人が多く、また参拝した場合昇殿参拝までする人が大半であることから考えると、そこには「なんとなく」では説明できない、神社に対する何かしらの強い思いがあることがみてとれる。

おわりに

本節では、まずこれまでの七五三に関する先行研究を整理し、特に数少ない現代の七五三に関する研究の整理を試みた。そして主に清水学園の七五三服装調査資料や神社へのインタビュー実施の結果を基にしながら、現代の七五三を考える上で「着物」「神社参拝」「社会的承認」など重要な要素に注目し、七五三の現在の実態、過去からの変化、現代の意義について検討を試みた。

七五三に関する研究の中では、着物に注目した研究が多い。本節では清水学園の七五三服装調査資料を基にして、七五三で着物を着る割合が現在大変高い実態について述べた。過去に七五三の着物は、大人になる前の「成長段階の確認」といった意義があったが、現在では子ども観の変化を背景に、子ども時代を記念に残すといった意味を高める役割を担っている。そして着物レンタルや子ども写真館などが、現代における着物の定着を後押ししている状況がある。

かつては七五三において今ほど重要視されていなかった神社参拝は、氏神離れや氏子意識が希薄化しているにもかかわらず、現代においてはさかんであり、七五三の重要な要素となっている。都内神社へのインタビューで明らかになった、参拝時に昇殿参拝をして、祈願・お祓いを希望する人が多い様子からは、厄年・年祝いに通ずる「神に無事な成長と守護を願う」意義が見出せる。しかし、七五三の参拝者件数のうち氏子区域外からの参拝者が多くみられることから、七五三において神社参拝がさかんであっても、神社と参拝者の関係が大きく変化していることがわかる。また、子ども写真館の影響の大きさについて語る神社もみられた。

そして現代において七五三でよく行なわれる本人・親・祖父母などによる会食は、過去にみられた重要な要素である「社会的承認」と類似したものであるようにみえるものの、社会的に非常に縮小されたメンバー構成からこの要素を見出すことは難しい。現代では、きわめて個人・家族を中心とした儀礼となっており、家族三世代が一堂に会する貴重な機会となっている。

以上「着物」「神社参拝」「社会的承認」は、いずれも現代の七五三を考える上で重要なものであることは確かだが、複雑で変化の速い現代の七五三を把握するには、いまだその一端を示したに過ぎない。第二節において、儀礼参加者の声を集めて再検討していきたい。

注

（1）服藤早苗は「平安王朝社会の着袴」の中（服藤 二〇〇三：三三一〜七七頁）で、記録に残る平安期の貴族の子息の着袴の様子を一覧表（七四〜七七頁）にしているが、実施年齢は三歳が五三人中二九人と最も多く、それに比べ五歳は八人と少ないことがわかる。この他七歳、一〇歳がわずかにみられる。

（2）柳田國男は「社会と子ども」で、「生れ児が徐々に人間の仲間に入つて来る段階のやうなものは、食物よりも寧ろ衣服の方によく表はれて居る」（柳田 一九六九：二一二頁）として、衣服については例えば生まれたばかりの赤子にはすぐオクルミといった袖のないものでくるむようにし、主に三日目ぐらいにようやく袖のある産着を着せることなどを紹介し、「是は儀式である」としている。

（3）死亡率の高い七歳までの子も服忌の対象とすると、子どもの死のたびに儀礼を中断される可能性があるため。

（4）一九一六年日本初の服飾学校として岐阜県大垣市に設立、初め洋裁学校として、その後、和裁・着物に関する様々な講座を設け、現在に至る。現学園長は清水とき氏。財団法人きもの文化協会を一九九四年に立ち上げ、着物文化の普及・発展に関して日本国内のみならず、海外でも広く活動している。

（5）ただしこの調査のうち、戦前・戦中と戦後すぐは記録が残っておらず、記録は一九六三年からようやく残ったものをみることができる。

（6）一九五九年はだっこちゃんを抱いて、また二丁拳銃のカウボーイスタイルが目立った。一九七二年の記録では男子の奇抜な服装が増えたとして、宇宙服、カミシモ、柔道着、テレビドラマ「新平家物語」にあやかって鎧かぶとのスタイルもみられたという。

（7）『日本子どもの歴史』（全七巻、第一法規）は、「現代日本の子どもの状況は、過去の時代にくらべて一面では確かに進歩しながら、また別な一面ではかつてないほどの深刻な危機にあるわけである」として、その状況を克服すべく問題の把握を目的として、「日本教育史・教育社会学・児童文化論・日本文化史・民俗学などおよそ〈子どもの歴史〉にかかわる諸領域」の研究者の学際的な協力を得て執筆されたものである。ここで参照した第一巻から三巻にかけては以下のとおりである。

・久木幸男編『日本子どもの歴史①夜明けの子ども（縄文～平安）』一九七七年
・結城陸郎編『日本子どもの歴史②乱世の子ども（鎌倉～室町）』一九七七年
・石川松太郎・直江広治編『日本子どもの歴史③武士の子・庶民の子（上）（江戸時代）』一九七七年

（8）フィリップ・アリエスの研究（『〈子供〉の誕生』みすず書房、一九八〇年）により、「子ども」あるいは「子ども期」という今日では自明の観念が、近代家族の成立とともに見出された歴史的な産物であることが示されたが、それはつまり、ヨーロッパの近代以前の社会生活においては、子どもというものがなく、人々がはじめから「小さな大人」として子どもを扱ってきたことを意味する。

（9）ミキハウス子育て総研は、子育てに関するホームページ（http://www.happy-note.com/research/）を立ち上げており、本調査はその中で実施されたもの。対象はホームページ読者。二〇〇一年は一八二人、二〇〇四年二五八人、二〇〇七年三一〇人、二〇一〇年二八〇人、二〇一二年二七〇人が回答。各調査年の写真館に行く（行った）割合と社寺参拝する（した）割合は以下のとおりである。二〇〇一年八二％と八一％、二〇〇四年八一・四％と八三・七％、二〇〇七年八一・九％と八〇・四％、二〇一〇年八一・九％と八二・〇％、二〇一二年八〇・七％と七五・七％。

（10）主婦の友社発行の月刊誌、子育て中の主に三〇代女性を対象としている。創刊は一九九〇年六月。

（11）調査場所は、初期は明治神宮のみか神田明神も。その後一九九二年から全国に調査場所を広げ、多い時で四〇ヶ所ということもあった。二〇〇九年からは明治神宮のみの調査となっている。

（12）菅原正子は中世後期の髪置・帯直・元服等について論じるにあたり、論文のタイトルを「七五三の源流」（『日本歴史』六三〇号、二〇〇〇年一一月）としている。

（13）リビング新聞のウェブサイト「えるこみ」のWEBアンケート調査。調査対象は二〇〇七年一一月に子どもの七五三を祝った、全国の既婚女性。回答者は二五五人。http://www.kurashihow.co.jp

（14）例えば生活改善運動・民力涵養運動による影響が考えられる。田中宣一「生活改善諸活動と民俗の変化」成城大学民俗学研究所編『昭和初期山村の民俗変化』名著出版、一九九〇年、二〇三～二三七頁、岩本通弥「可視化される習俗　民力涵養運動期における「国民儀礼」の創出」『国立歴史民俗博物館研究報告』一四一、二〇〇八年三月、に詳しい。ここでは省く。

（15）『宗教年鑑　平成二三年版』（二〇一二年）では、関東七都県の神社数（宗教法人を含む）を、東京　一四六七、神奈川　一一五五、埼玉　二〇三三、群馬　一二一九、千葉　三一九三、茨城　二四九〇、栃木　一九二〇としている。

第二節　儀礼参加者に聞いた現代の七五三

一　儀礼参加者へのアンケート

第一節では、これまでにされた七五三に関する研究や報告、筆者による神社へのインタビューを通じて、現代の七五三の実態を把握し、意義について考察した。これに対して、第二節では儀礼の参加者たちへのインタビューを実施し、実態把握とともに現代の七五三に対する人々の思いや意識を探っていきたい。つまり、内側からの現代の七五三の把握を試みる。方法としては、現在の七五三の主な計画者・実施主体である親（主に母親）たちにアンケートとインタビューを実施する形をとる。

まずは現代における七五三の実態把握と参加者の意識を探るために実施した、七五三の参加者へのアンケート調査の結果をみていきたい。時期は二〇一一年（平成二三）の一〇月から一一月にかけてである。アンケートには二〇八人からの協力を得られたが、そのうち有効回答数は一七二人である。アンケート回答者の条件は、調査時点で小学生までの子どもをもつ親とした(1)。東京都足立区のスイミングスクール（二ヶ所）に子どもを通わせている親に回答を依頼し、協力を得た(2)（表1）。回答の方法については、調査日に子どものスイミングスクールでの様子を見学していた保護者に概要を説明し、同意を得られたら回答してもらうという形をとった。

アンケートでは七五三を行なった際の実施方法や内容、そしてこの儀礼を行なった感想や思いなどについて尋ねている。質問は選択肢から選ぶ形が大半となっているが、感想など自由記述の部分もある。これらのアンケートの質問項目は、清水学園の調査（清水 二〇〇五）や育児雑誌の記事、筆者の神社へのインタビュー調査結果を基に作成した（資料1として一九九頁以降に付した）。

アンケートでは、はじめに回答者の属性について尋ねた。回答者は女性が一六七人、男性が五人であった。年齢は三〇代後半（三五～三九歳）が最も多く、全体の四七・一％を占めている（図1）。居住年数は、一〇年までが多く、それ以降は少ない（図2）。現在の住所地は、足立区やその近辺の地区（東京）である。

回答者の出身地は、東京（一〇九人）、埼玉（一四人）、千葉（一〇人）の順で多く、親との居住関係は、「近い距離に住んで

表1　七五三アンケート調査概要（子育て中の親たち）

日時	2011年10月から11月まで
場所	東京・足立区のスイミングスクール（２ヶ所）
対象	スイミングスクールに小学生までの子どもを通わせている親、208人（有効回答数172人）
時間	各アンケート回答時間５～10分程度
構成	(1)自己紹介と調査説明、了解を得る。 (2)アンケート用紙配布、回答してもらう。 ［主な質問項目］ 実施有無、実施時期とその設定理由、参加者構成、参加者服装、服装準備方法、祝いの内容、参拝先と選択理由、写真館について、会食場所について、情報収集先、祝いの準備期間、七五三イメージ、実施理由、よかったこと・困ったこと (3)御礼とデータを公にすることの確認。

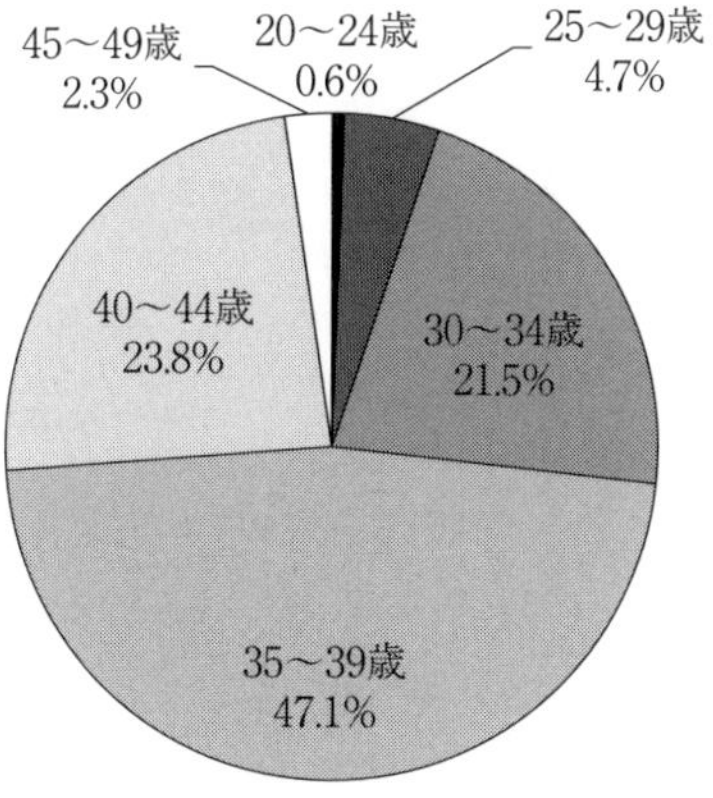

図1　回答者の年代

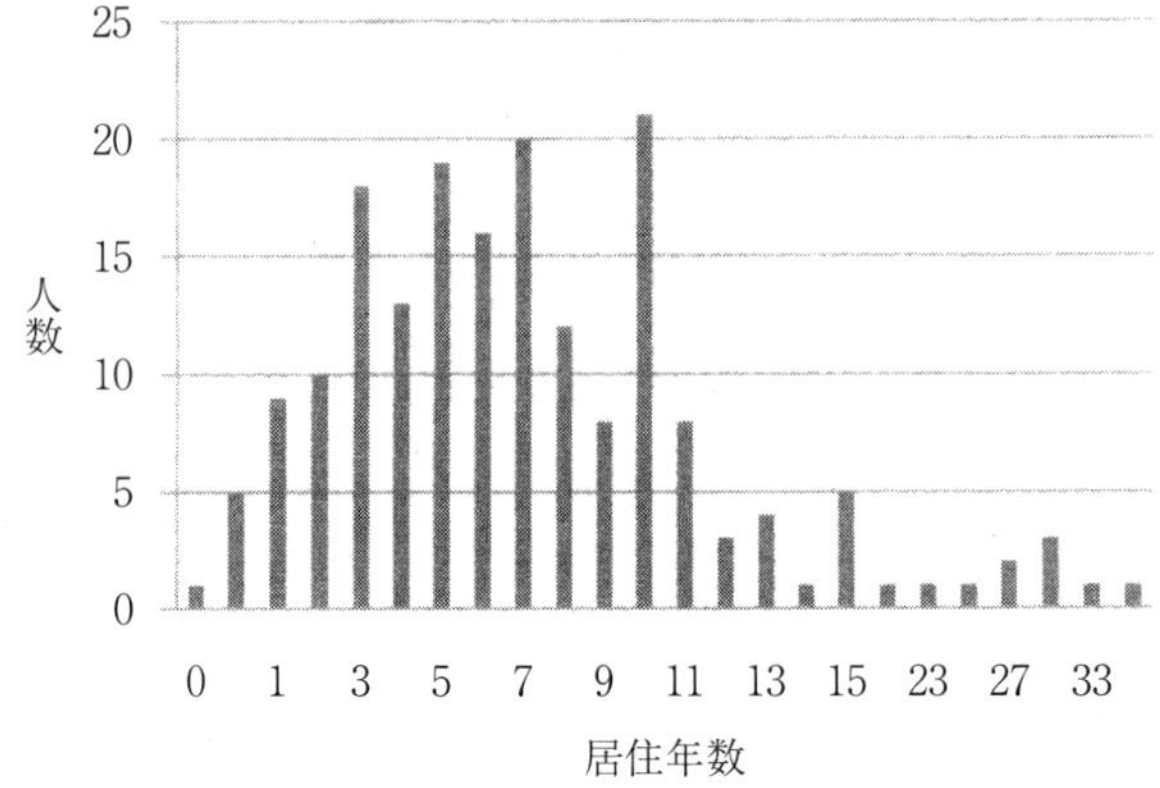

図2　回答者の居住年数

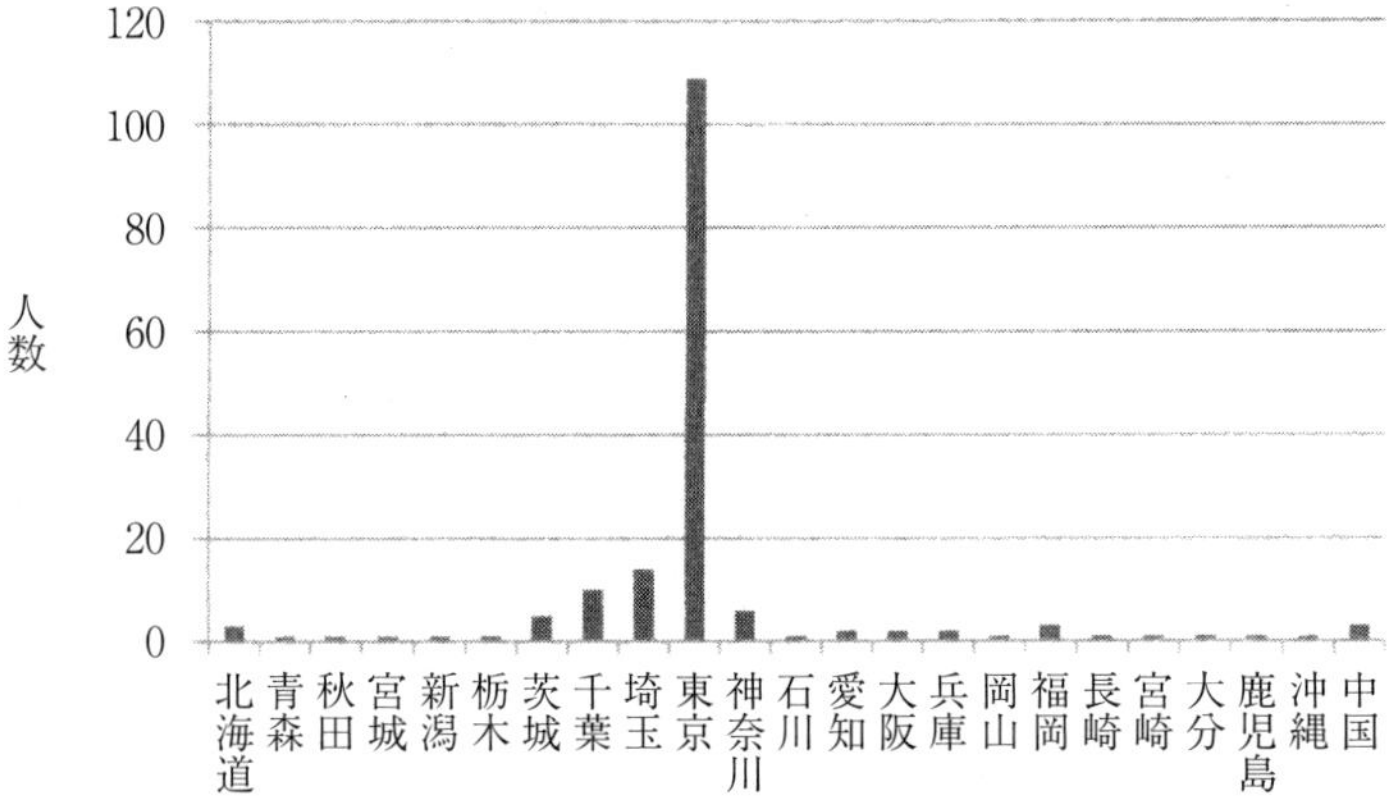

図3　回答者の出身地

いる」が六二・九％（一〇七人）、「遠くに住んでいる」が二〇・六％（三五人）、「一緒に住んでいる（二世帯同居含む）」が一六・五％（二八人）となっている（図3・4）。なお選択肢にある近い遠いとした距離は、各々の回答者の主観による。

七五三の対象となった子どもの性別は、男児が八〇人、女児が九六人であった。子どもが複数いる場合、最も近い時期に七五三の祝いをした子どもについて回答をお願いした。ただし、兄弟姉妹で同時に祝いを実施した場合は、複数の子どもの性別・年齢を聞いている。

調査地の東京都足立区のスイミングスクール（二ヶ所）は、区の北西部の舎人地区と区中央近くに位置する西新井大師周辺地区にある。本アンケート回答者の住所地は、これらの地区とその周辺ということになる。

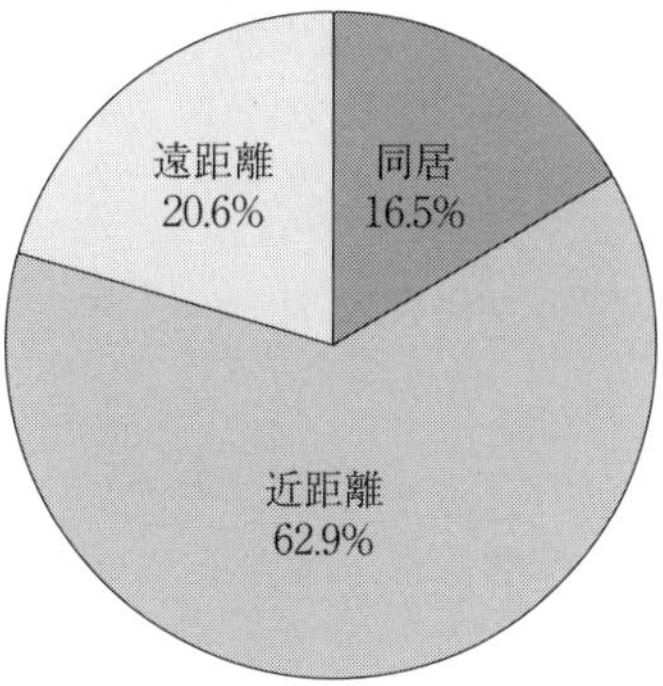

図４　回答者の親との居住関係

舎人地区は、大半が住宅地となっており、区内においては比較的畑地も多い地区である。長くバス以外に交通機関がなく、区民の念願であった南北方向の都心とつながる電車線、日暮里・舎人ライナーが二〇〇八年に開通したことで、沿線開発として宅地のマンション化が進み、住民層の変化もみられる。西新井大師地区は、二〇〇二年の日清紡績の大工場閉鎖後、巨大複合型ショッピングセンターとマンションの建設といった大規模再開発が進む地区である。いずれの地区も、近年大きな変貌を遂げている地区といえる。この二地区は近年人口の増加率が非常に高くなっており、特に舎人地区は年少人口の割合が高く、一世帯当たりの人員が足立区内で最も高く、子育て中の若い家族の占める割合が高くなっている。

両スイミングスクールから比較的近い位置に厄除祈願で全国的に著名な西新井大師があり、足立区教育委員会発行『足立風土記資料　民俗二―人生儀礼―』（一九九二年）では、この寺院が調査対象時期となる昭和初期前後においては地域に親しまれ、厄年を迎えると参拝したとする記述が散見される。

また同著では七五三については、

・男女とも七歳になるとオビトキといって大鷲神社のお酉様（酉の市）にお参りした。その時に親戚や懇意にしてい

る人を招待してお祝いした。（花畑地区）
・子供が七歳のときに、オビトキ（帯解き）の祝いをする。着物をつくって、親子で氏神様にお参りする。（渕江地区）
・特に何もせず、行っても数え七つのときに家庭内で赤飯を炊いて祝う程度の簡単なものであった。しかし家を継ぐ長男のときには、それよりも少し立派な祝い事を行う場合もあった。（伊興地区）
・数えの三つと七つのとき、親元からお祝いが来た。男も女も同じである。そして子供がお返しを持って行く。お返しとしてはアンコをくるんだジザイモチである。七つになって初めて帯をしめるのでオビトキといい、オトリ様の日にする。そうでなければ一日から十五日にする。（舎人地区）
・氷川様では、子供やお年寄りが、それぞれ袋を持って待っている。そして、お参りに行くと「～のオビトキッコが来た」と寄って来て、「おめでとうございます」と言ってリンゴや柿をもらう（このことについての説明続くが一部省略）。こういうことは昭和三十年ぐらいまであった。氷川神社をお参りしてから、花畑の大鷲神社に行く。（舎人地区）
・高野や谷在家地区においては昔は七五三で祝うのではなく、男も女も七歳の祝いをして実家から着物（昭和に入ると洋服の場合もあった）が贈られてきた。上沼田では男は五歳、女は七歳のときにヒトツメからヨツメの着物を着せて神社にお詣りに行く。このとき男は袴、女は帯をつける。（江北地区）

といった記述がみられる。これら地区のうち、舎人地区と江北地区が、本調査地区にあたる。

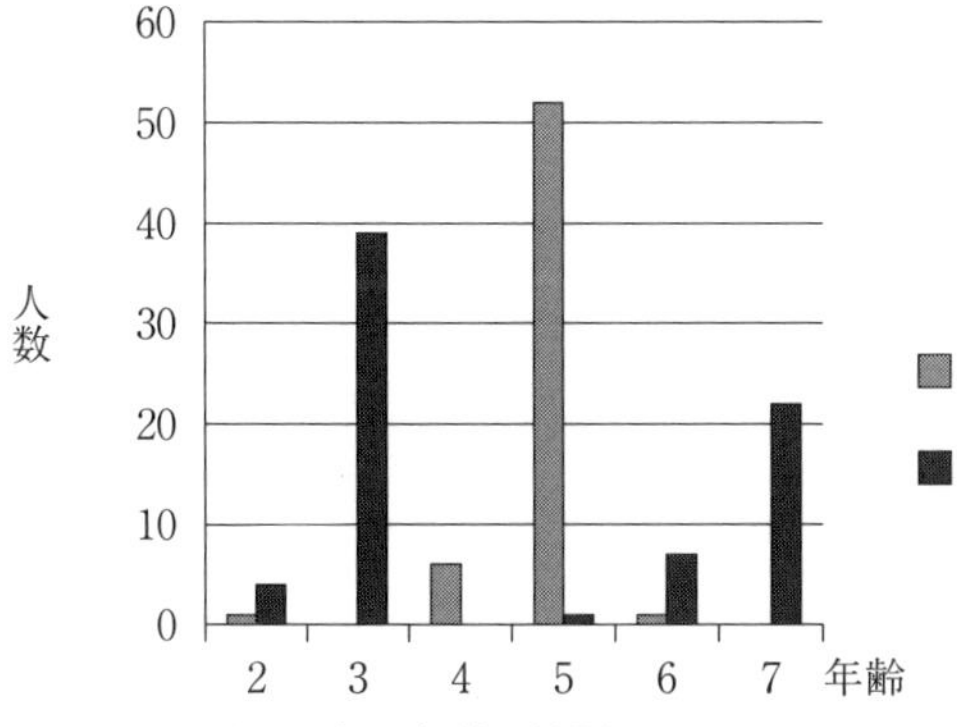

図５　子どもの祝い年齢・性別

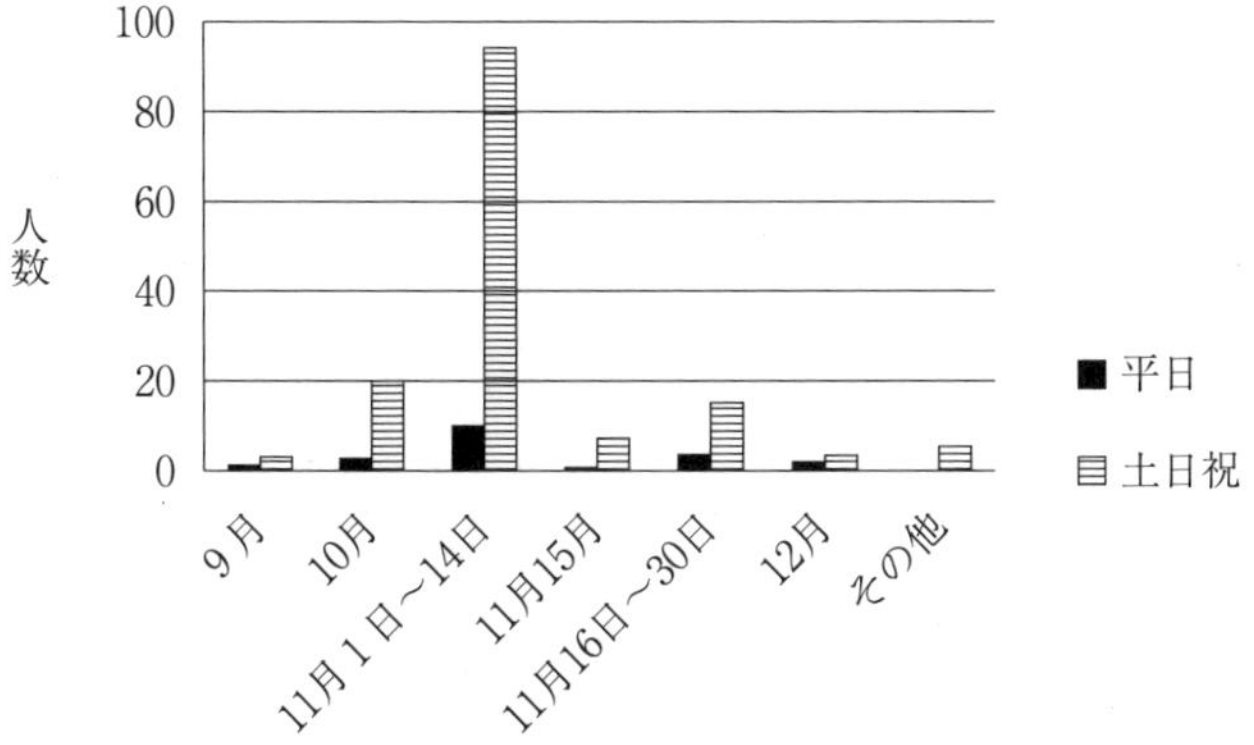

図６　七五三実施時期

１　七五三の実施内容に関する設問への回答結果

七五三の実施内容について、まず実施の有無について尋ねた（質問紙ではＱ１。一九九頁参照。以下質問番号のみ付す。）。一七二人中一六三人が「した」と回答した。「しない」とした理由について（Ｑ２）は、まだ子どもが七五三を祝う年齢になっていないからというものが二件あったが、それ以外に「忘れた」とするものも一件あった。七五三を実施した性別ごとの年齢で多かったのは、女児三歳が三九人、男児五歳が五二人、女児七歳が二二人であった。他の性別・年齢は合計しても二〇人であり、三・五・七歳での実施が大半といえる（図５）。

七五三実施の時期（Ｑ３）は「一一月一日から一四日」が最も多く一〇三人（六四・四％）、これに対して一般に七五三の日とされている「一一月一五日」は六人（三・七％）と極端に少なかった。実施日の曜日（Ｑ４）

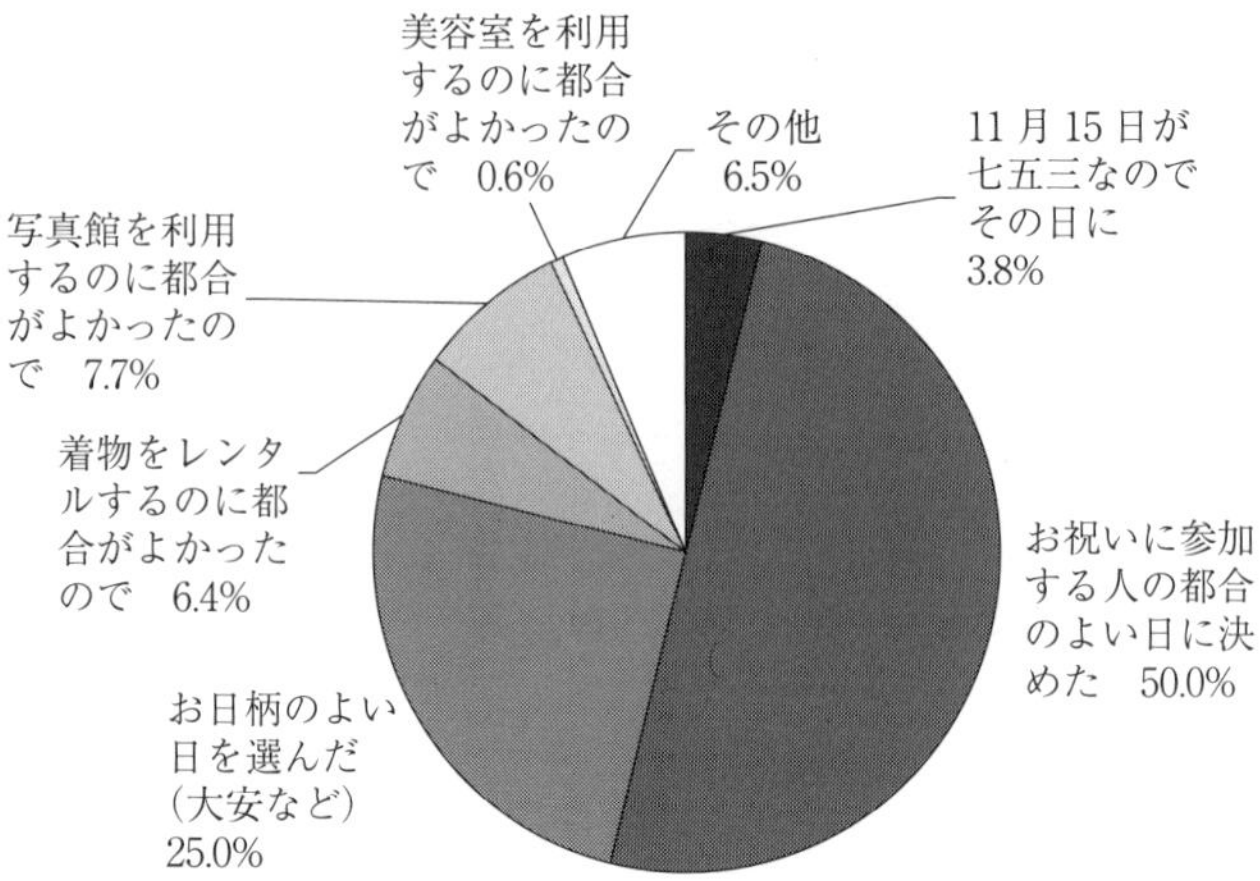

図7　日取りの決め方

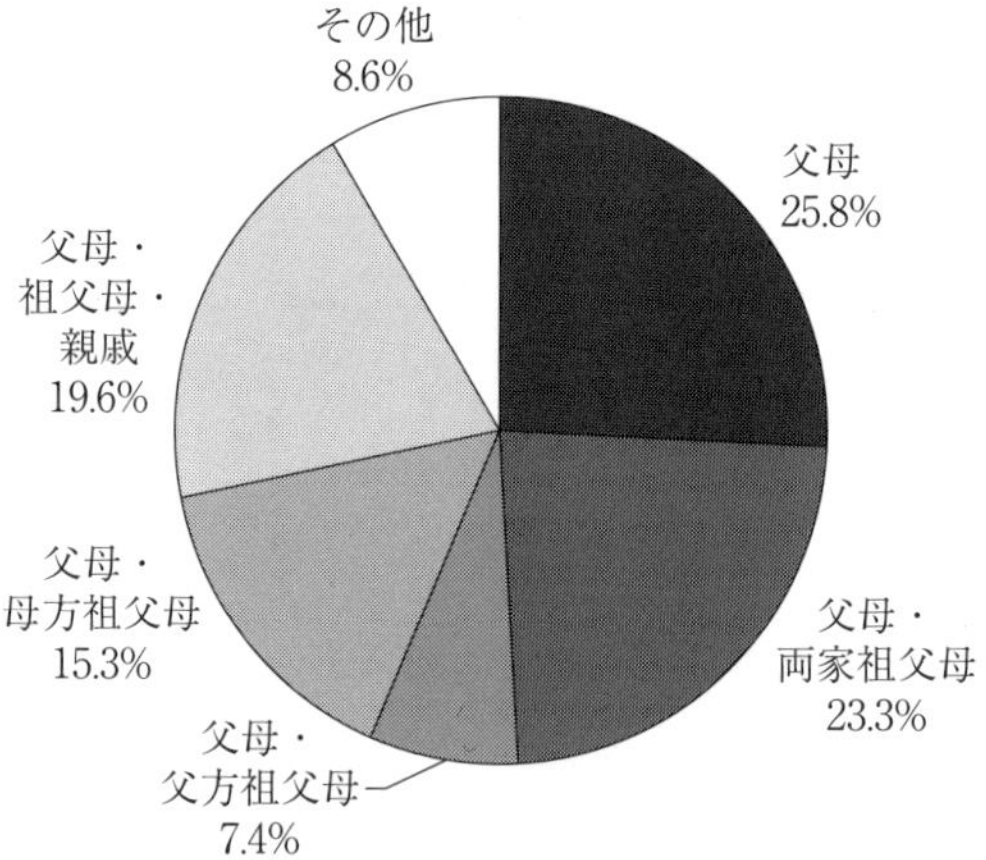

図8　参加者構成

に関する選択肢は二つのみだが、そのうち「土日祝」が一四一人（八八・一％）、もう一方の「平日」が一九人（一一・九％）であった。時期と曜日を掛け合わせると、「一一月一日から一四日」の「土日祝」が九三人で最も多いことになる（図6）。

日取りの決め方（Q5）としては、「お祝いに参加する人の都合のよい日に決めた」が七八人（五〇・〇％）、「お日柄のよい日を選んだ（大安など）」が三九人（二五・〇％）となっている（図7）。「その他」が一〇人いるが、具体的な内容を記入しているものでは「祝ってくれる神社の都合のよい日」「平日はすいているので」「幼稚園（寺）で祝う日が決まっていた」がある。

参加者の構成（Q6）は、父母のみが[3]二五・八％、父母と祖父母が四六・〇％、父母と祖父母と親戚が一九・六％である。その他の組み合わせはわずかであることから、この三タイプに大きく分けることができる。このうち祖父母という場合は、父方、母方、両家の三パターンに分けられるが、両家の場合それぞれで祖父・祖母のいずれかが参加していれば、両家のタイプにカウントして含めている（図8）。以上より、四分の一は父母のみ、それ以外の約四分の三は祖父母や親戚も加えた人数の多いものであり、血縁のない人の参加は、ほぼないといってよい。

次に参加者の服装（Q7）であるが、子どもの服装と性別を掛け合わせると、男児六九人中五二人（七五・四％）が着物、一四人（二〇・三％）がフォーマルな洋装、女児九二人中八二人（八九・一％）が着物、九人（九・八％）がフォーマルな洋装であった（図9・10）。子どもが洋装のカジュアルなものと回答した人は、男女合わせても四人のみであった。清水学園の二〇一〇年の七五三服装調査データと比較するならば、男児に関して着物着用率は本アンケートの方が高い割合となっており、女児は学園調査と同様八〇～九〇％の高い割合となっている。[4]

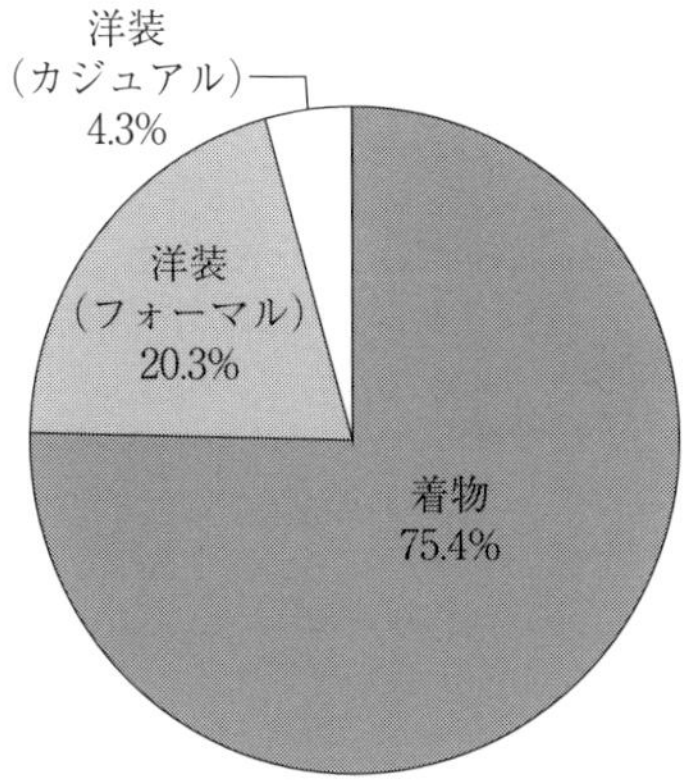

図9　男児の服装

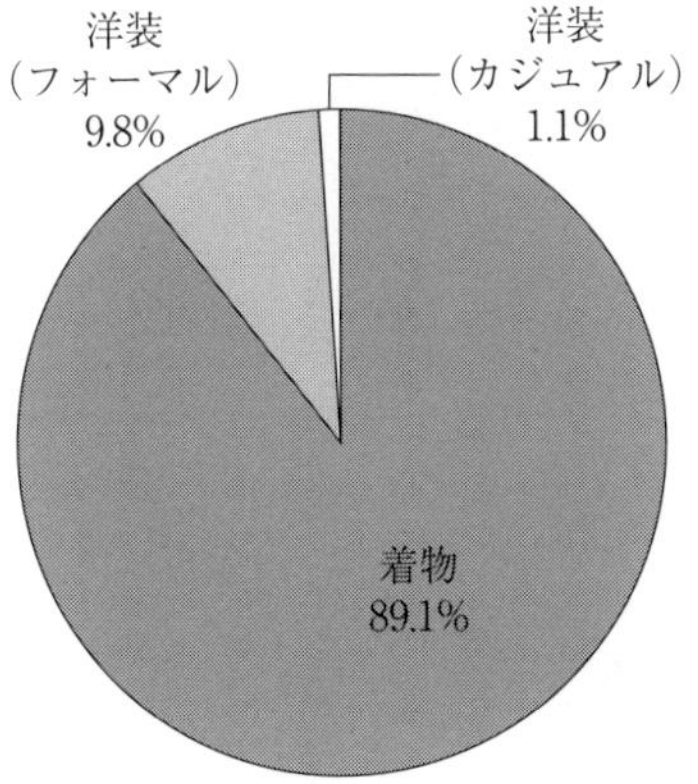

図10　女児の服装

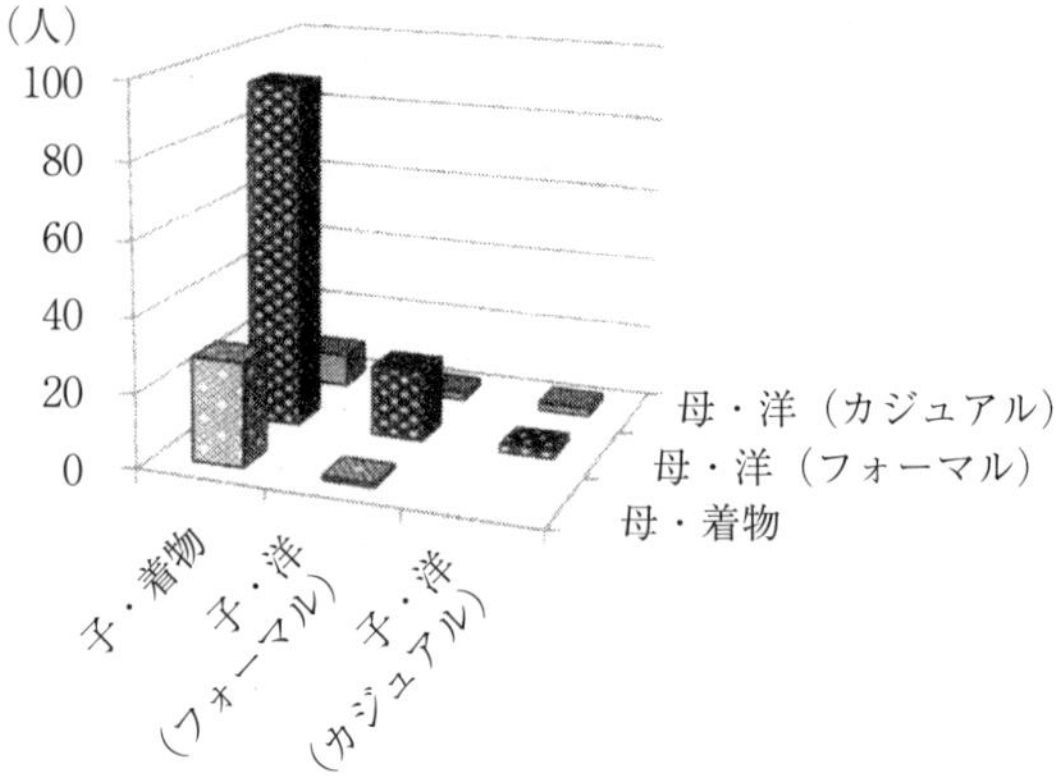

図11　子と母親の服装組合せ

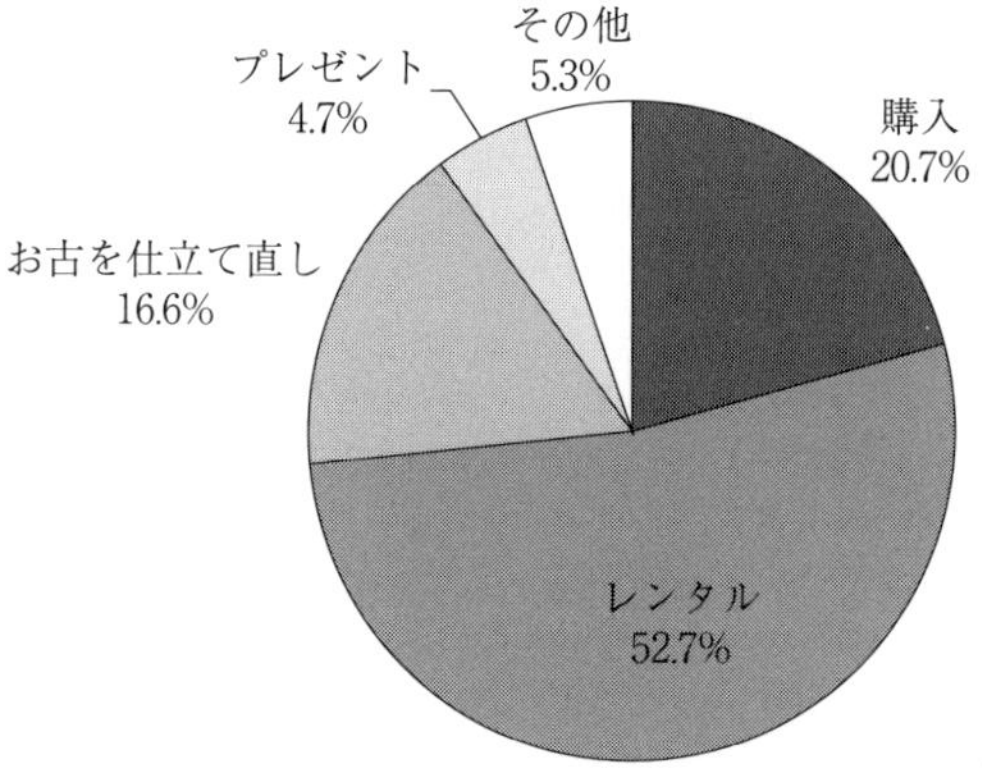

図12　服装の準備方法

服装については母親のものも聞いたが、一五六人中二九人（一八・六％）が着物と回答している。また、子どもと母親の服装の組み合わせでは、子どもが着物、母親がフォーマルな洋装である組み合わせが最も多く九三人、続いて両者が着物の場合が二八人であった（図11）。

服装の準備方法（Q８・９）であるが、「レンタル」の八九人（五二・七％）が最も多く半分以上、「購入」が三五人（二〇・七％）、「お古の仕立て直し」は子どもの母親が着たものが多く二八人（一六・六％）であった。「プレゼント」は八人であるが、そのうち六人は祖母からであった（祖母が父方か母方かのどちらかであるかについては尋ねていないので不明なことが多い）。「その他」でその他の具体的な内容も記入できるように聞いたが、回答は得られなかった（図12）。

現代において七五三がどのような祝いとして考えられているのかを知るために、「七五三のお祝いは何をしました

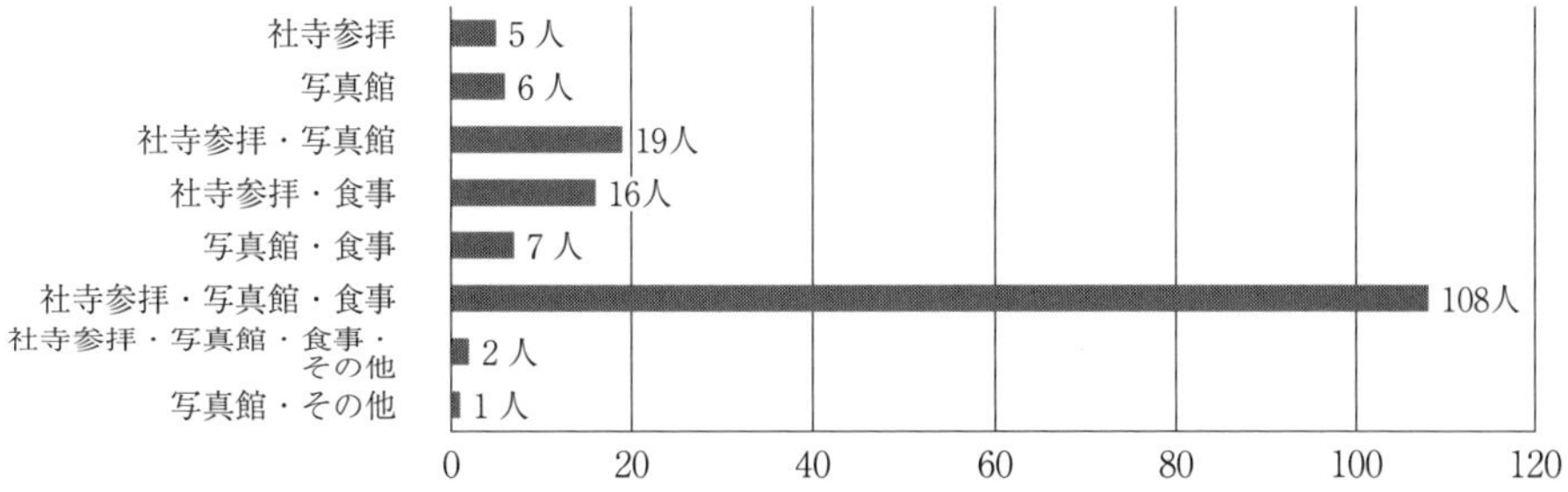

図13　七五三でしたこと

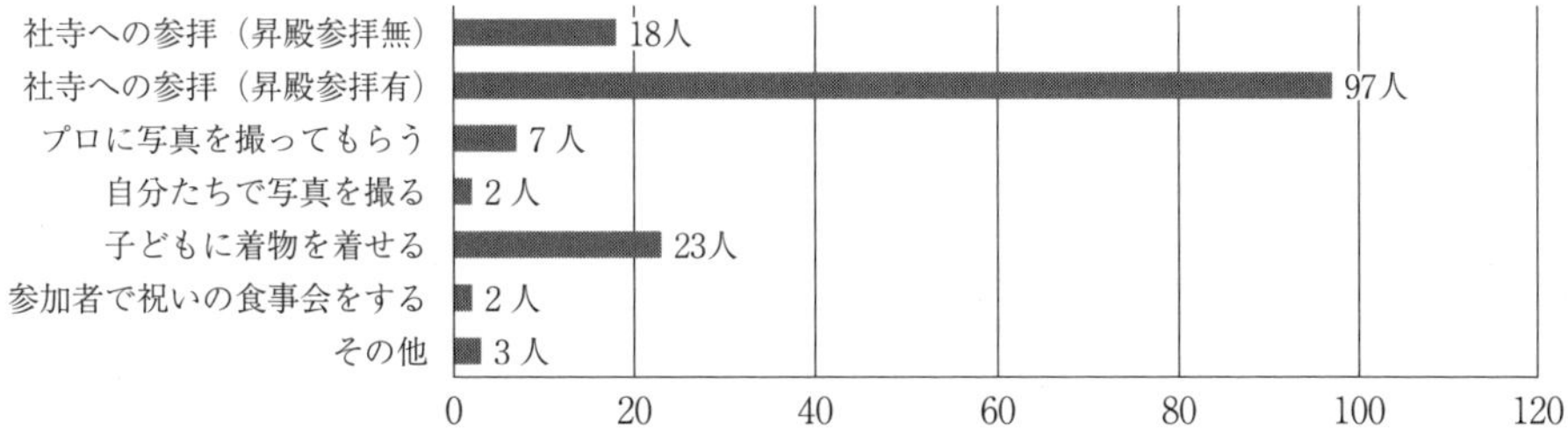

図14　七五三には何をするものか（第1位）

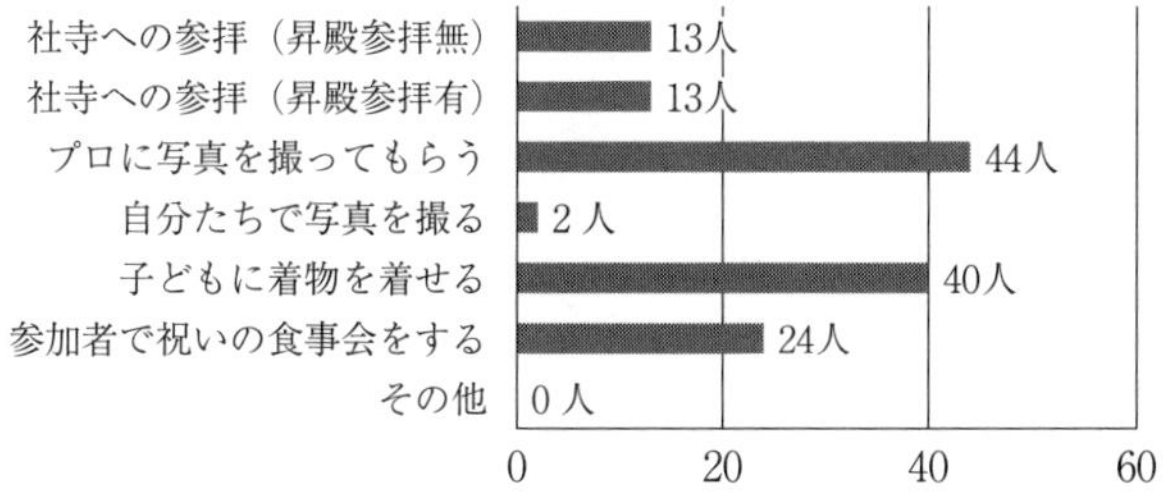

図15　七五三には何をするものか（第2位）

か」（Q10）、「七五三には何をするものだと思いますか」（Q16）という二つの質問を設けた。前者の質問では、「神社や寺にお参りをした」「写真店（館）で写真を撮った」「お祝いの食事をした」「その他」の四つの選択肢を設け、あてはまるものすべてに○をつけてもらった。その結果、社寺参拝と写真館と会食の三つすべてを行なったとする場合が最も多く一〇八人（六五・九％）、その他はかなり減って「社寺参拝と写真館」が一九人（一一・六％）、「社寺参拝と会食」が一六人（九・八％）であった（図13）。また、社寺参拝のみ、写真館のみは少なく、それぞれ五人と六人のみであった。会食のみは〇人であった。いずれのパターンでも、社寺参拝をしたとする人数は一六三人中一五〇人、写真館に行った人数は一四二人、会食した人数は一三三人であった。

後者の「七五三祝には何をするものだと思いますか」という設問では、あてはまるものすべてに〇をつけてもらい、併せて優先順位を一位と二位まで書いてもらった（図14・15）。その結果、一位として挙げられたもので最も多かったのは「神社・寺への参拝（昇殿参拝有）」で九七人（六三・八％）、続いて「子どもに着物を着せる」二三人（一五・一％）、「神社・寺への参拝（昇殿参拝無）」一八人（一一・九％）であった。二位として挙げられたもので多かったのは、「プロに写真を撮ってもらう」四四人（三二・三％）と、「子どもに着物を着せる」四〇人（二九・四％）がほぼ同数で最も多く、次が「参加者で食事会をする」二四人（一七・六％）という結果であった。

先の七五三で実施したことのうち、社寺参拝・写真館・会食についてはより詳細に聞いた。

社寺参拝については、参拝先と参拝先の選択理由について聞いた（Q11）。参拝先で最も多かったのが、西新井大師の九二人、次が氷川神社の名称をもつ神社の二三人（具体的に名が挙がっていたものは足立区の江北氷川神社・千住氷川神社、埼玉県の鳩ヶ谷氷川神社・大宮氷川神社）、三番目に多かったのは足立区の鷲神社で五人、似かよった名称をもつ足立区の大鷲神社は四人であった。鷲神社、大鷲神社の二社は回答の記載の様子に混同がみられ、いずれかへの書き間違いという可能性も含んでいる。この他、明治神宮は三人であった。第一節で挙げた足立区教育委員会の昭和初期を対象とした聞き取り調査報告では、当時の七五三参拝先として氷川神社、大鷲神社が本アンケート同様みられたが、本アンケートで最も多かった西新井大師は七五三の参拝先として報告されていなかった。つまり、七五三の参拝先に大きな変化がみられるのである。

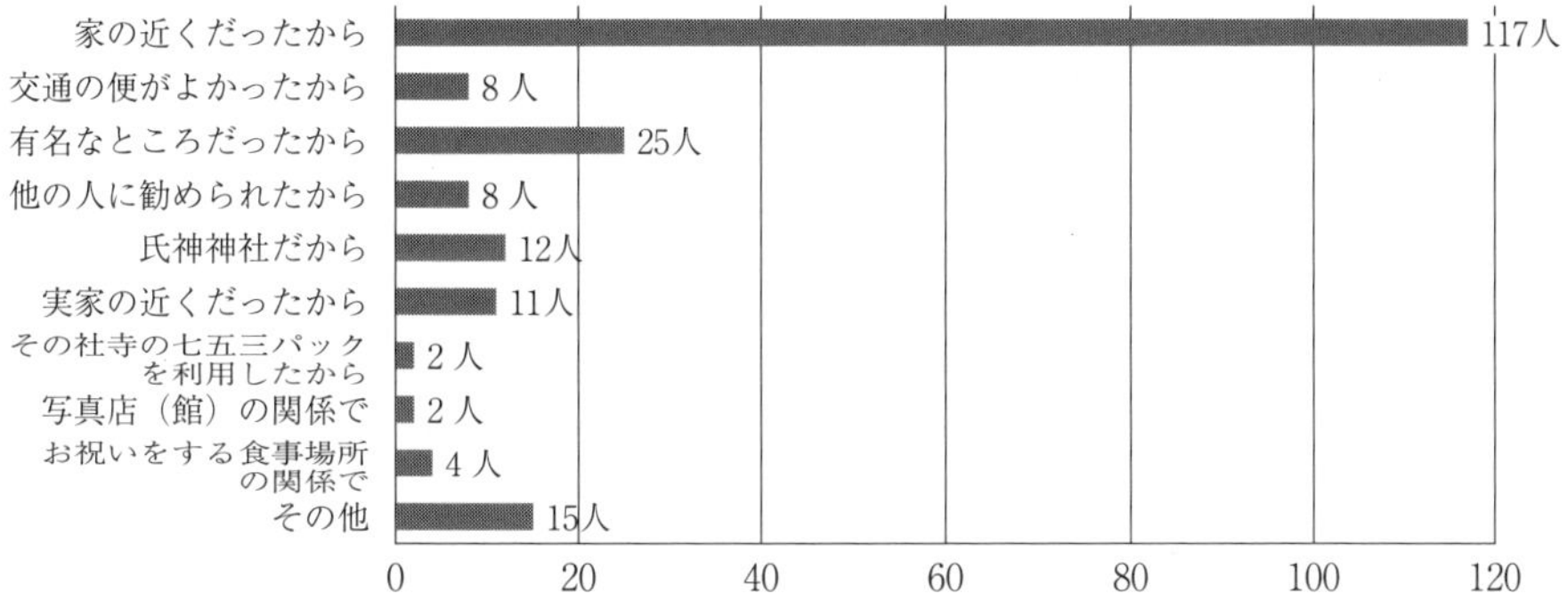

図16　参拝先の選択理由

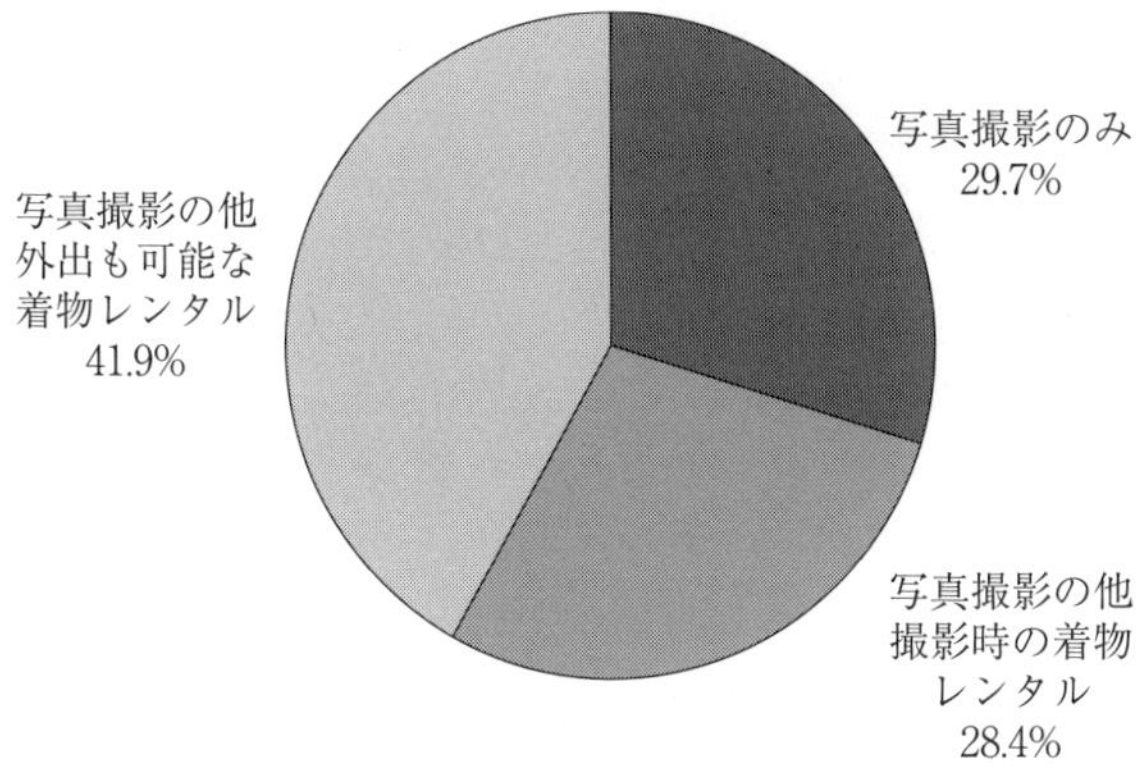

図17　利用した写真館のタイプ

参拝先の選択理由として、「家の近くだったから」が一一七人（七八・〇%）で最も多く、次は「有名なところだったから」で二五人（一六・七%）、「氏神神社だから」が一二人（八・〇%）であった（図16）。参拝先別で選択理由をみていくと、参拝先として最も多かった西新井大師を選択した者の選択理由は、一位が「家の近くだったから」となっている。しかし、スイミングスクールの周囲には西新井大師以外にも多くの神社や寺院があることを考えると、「家の近くだったから」という結果をそのまま理解することは躊躇される。つまり、二番目に多かった選択理由「有名なところだったから」と併せた、「家の近く」で「有名なところ」に行く、ということが選択のポイントといえそうだ。

写真店（館）について、利用した店をタイプ別に分けて聞いた（Q12）が、撮影のみは四四人（二九・七%）、衣装のレンタル付きの撮影は一〇四人（七〇・三%）であった（図17）。店の選択理

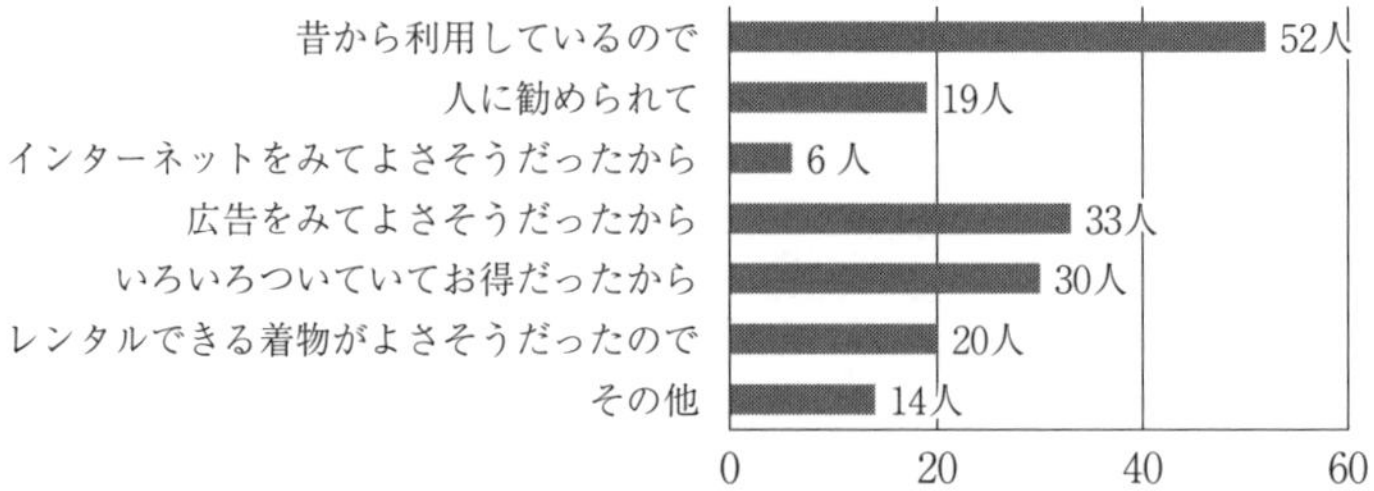

図18　写真館選択の理由

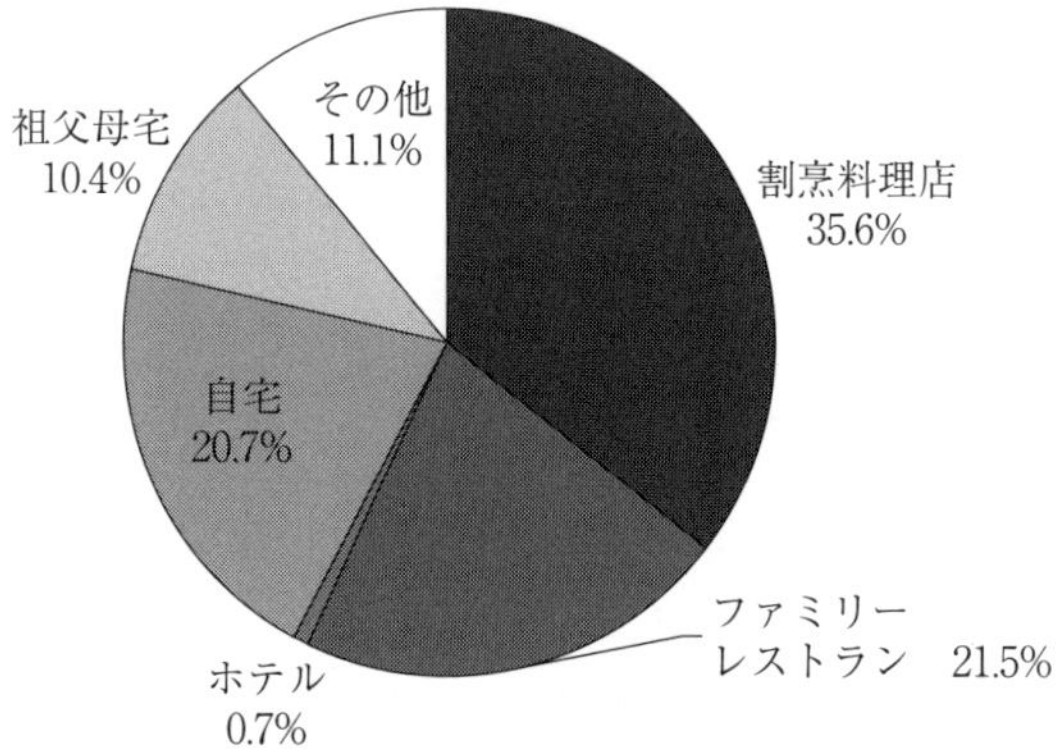

図19　食事場所

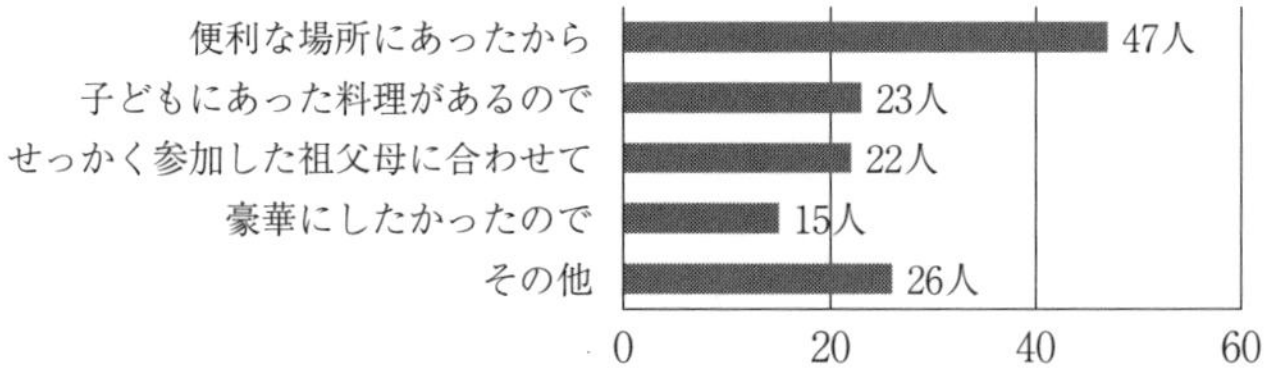

図20　食事場所の選択理由

由は、どのようなタイプでも「昔から利用しているので」が最も多く五二人(三八・二%)、続いて「広告をみてよさそうだったから」が三三人(二四・三%)、「いろいろついてお得だったから」が三〇人(二二・一%)だった。「その他」の中には「神社・寺に近かったから」「家の近くだったから」が合計で八人であった(図18)。

会食に関しては、食事場所について聞く質問を設けた(Q13)。「割烹料理店」が四八人(三五・

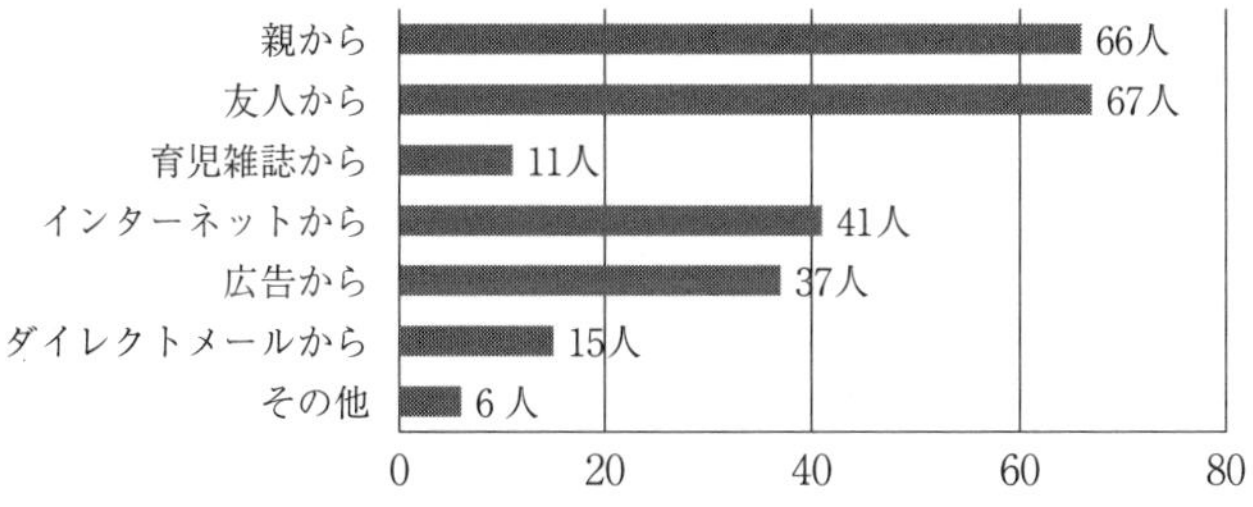

図21　七五三に関するの情報収集先

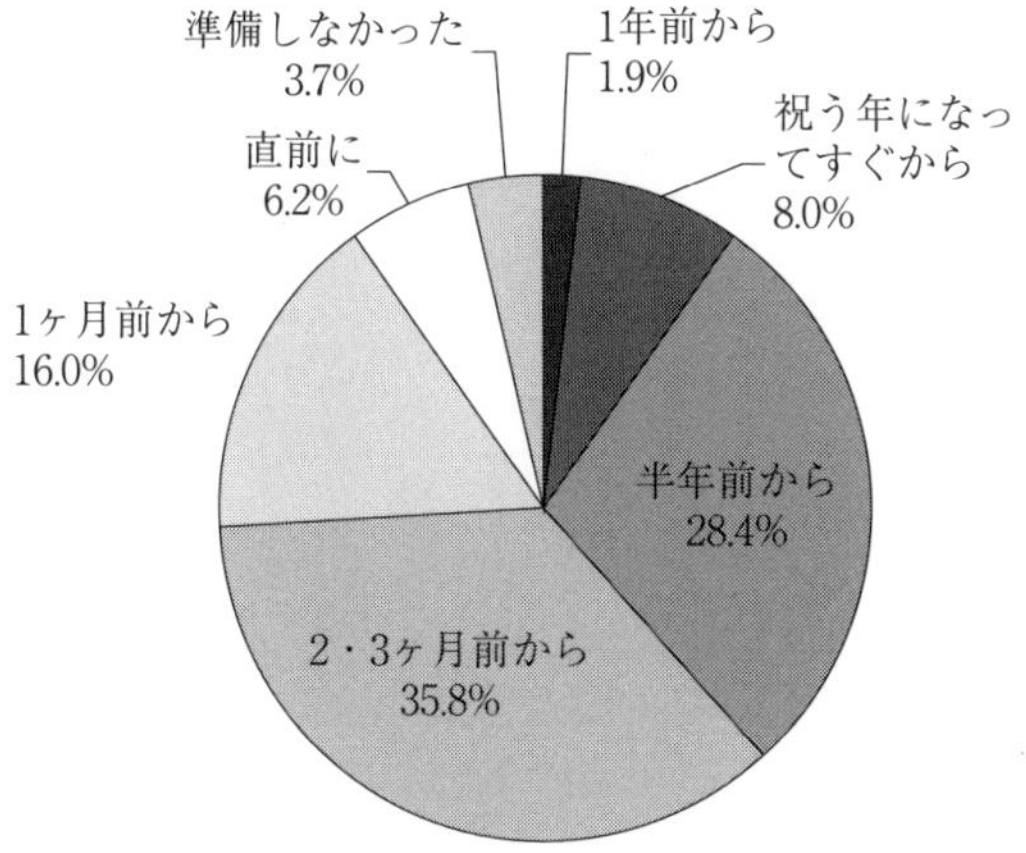

図22　七五三の準備期間

六%）で最も多く、「自宅」が二八人（二〇・七%）、「ファミレス」[5]が二九人（二一・五%）であった（図19）。選択理由は「便利な場所にあったから」が四七人（四四・三%）で最も多く、次は「子どもにあった料理があるので」二三人（二一・七%）、「せっかく参加した祖父母に合わせて」二二人（二〇・八%）であった（図20）。子どもに合わせるか、祖父母に合わせるかでタイプが分かれるようだ。

　七五三を実施するにあたって、情報収集先（Q14）として、「友人から」が六七人（四一・九%）、「親から」が六六人（四一・三%）でほぼ同数で多かった（図21）。次は「インターネットから」四一人（二五・六%）、「広告から」三七人（二三・一%）と続く。この結果は、筆者が以前に行なった母親たちに聞いた初宮参りの情報収集先と異なった結

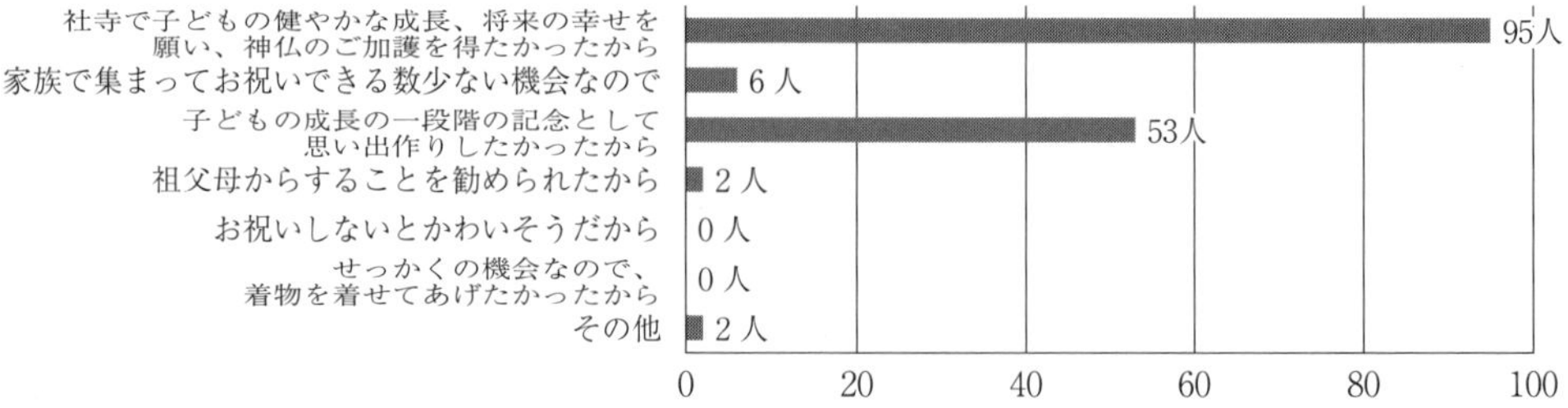

図23　祝いをした理由(第1位)

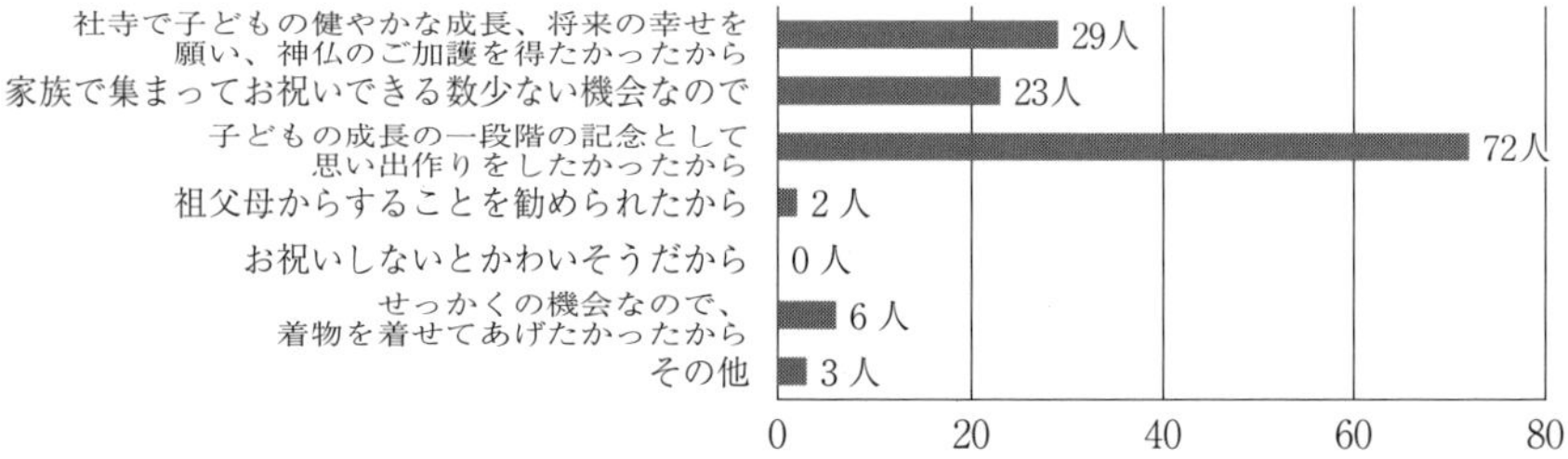

図24　祝いをした理由(第2位)

果である。初宮参りでは、「育児雑誌から」が最も多く、「親から」がそれに続く。本アンケートでは、「育児雑誌から」は一一人(六・九%)のみであった。

準備期間(Q15)として、一番多かったのが「お祝い予定時期の二・三ヶ月前から」五八人(三五・八%)、「予定時期の半年前から」四六人(二八・四%)であった(図22)。確認することができた数人の方によれば、準備期間は写真に関する期間を示すことが多く、例えば写真館の情報収集や予約、場合によっては参拝より前の撮影の準備のために、それだけの期間が必要だったと回答している。

2　七五三に対する参加者の思いや意味づけに関する設問の回答結果

アンケートでは、儀礼に対する人々の思いや儀礼の意味づけに関することについても聞いている。

アンケート後半で、「七五三のお祝いをした理由を教えてください」という質問(Q17)を設け、「その他」を含む七つの選択肢の中から理由の一番目と二番目を選択してもらっている（図23・24）。その結果、一番目の理由として最も多く選ばれたのは、「神社・寺で子どもの健やかな成長、将来の幸せを願い、神や仏のご加護を得たかったから」で九五人（六〇・〇％）、続いて「子どもの成長の一段階の記念として思い出作りをしたかったから」が五三人（三三・六％）であった。二番目の理由として多く選ばれたのは、「子どもの成長の一段階の記念として思い出作りをしたかったから」が七二人（四九・七％）、「神社・寺で子どもの健やかな成長、将来の幸せを願い、神や仏のご加護を得たかったから」が二九人（二〇・〇％）、「家族で集まってお祝いできる数少ない機会なので」が二三人（一五・八％）という結果になった。ここからは、参加者が七五三において神社・寺への参拝を重視し、七五三をお祝いすることが子どものための記念・思い出作りとして重要であると考えている様子がうかがえる。

この問いの他に、七五三をしてよかったこと（Q18）、困ったこと（Q19）について自由に記述してもらう質問を用意した。質問には、「よかったこと」については一五〇人からの回答、「困ったこと」については一二九人からの回答を得ることができた。よかったことについては、「よい思い出」「記念になった」とするタイプの回答が多く（六七人）、次いで「祖父母」や「みんな」でお祝いできてよかったというもの（四七人）、子どもの成長を感じたというもの（四二人）、着物を着ることができてよかったというもの（四〇人）、写真に関するもの（二七人）が多かった。

困ったことについては、着物に関すること、写真に関することが多かった。具体的には着物については「慣れない着物で歩かせたが、大変でかわいそうだった」「着物だと動きづらくてぐずってしまった」、特に草履で困った話が多くみられた。また写真については、「写真の値段が高い」「写真館で写真を撮ると、高額になる」「写真館での撮影時間が長い」など、費用や時間がかかってしまったことへの不満が多く挙げられている。

よかったことへの回答からは、七五三の祝いがよい思い出・記念になったと感じていることがわかり、特に記述の内容に「みんな」「祖父母」「家族（6）」といった言葉をともなうことが多く、家族にとっての記念すべき儀礼として考えられていることがわかる。先述の参加者の構成に関する設問への回答でも、祖父母も含めた家族での実施が強く意識されていた。

　またよかったことにも困ったことにも着物や写真のことがあり、着物や写真がいずれにしろ重要な要素となっていることがわかる。着物や写真については、本アンケートへの回答からも着物レンタルや子ども写真館といった儀礼産業からの影響が顕著な様子をうかがえるものの、それ以上のことについては聞くことができなかった。本アンケートの後に実施したインタビューでは、多くの回答者が子ども写真館について語っており、大半が写真館の話ということさえあった。後述するインタビューの結果からは、子ども写真館をはじめとした儀礼産業の現代の七五三に与える強い影響を知ることができる。

　興味深いことに、よかったこと、困ったことに関する回答において、「七五三をした理由」で多くの人が一番に挙げていた神社や寺院に関することが、五人のみで大変少なかったということがある。その五人の回答を挙げると「普段の生活とは違う事（服装・貴殿《（ママ）》にあがるなど）が体験できた事」、「神様や仏様のことを知る機会になった」、「神社に行って子どもの健やかな成長などを願えた気がする」、「神社で祈禱してもらうことで子どもの健やかな成長と将来の幸せを願えたこと」、「神社での子どもの様子を見て成長してくれているとうれしくなりました」となる。これらのコメントの内、特に前二者から、信仰からあるいは普段からのかかわりを読み取ることはできない。

　しかし、「七五三をした理由」として「神社や寺で子どもの健やかな成長、将来の幸せを願い、神や仏のご加護を得たかったから」を選択した者が選択肢中最も多く九五人もいることは、注目すべきことである。そして、「七五三ですること」に対する回答として、参拝するのみならず昇殿参拝することを第一に挙げていること、社寺参拝者の数

表2　七五三インタビュー調査概要（子育て中の親たち）

日時	2011年１月から2012年12月まで
対象	東京・埼玉在住の小学生までの子どもをもつ母親、18人
時間	各インタビュー60分程度（１対１で）
構成	⑴自己紹介と調査説明、了解を得る。 ⑵対象者の基本属性の確認。 ⑶七五三に関するインタビュー実施。 ［質問項目］ 子どもの七五三を祝った時のことを思い出しながら、祝いの内容や祝いをした感想、印象に残ったことなどをできる限り自由に語ってもらう形で。 ⑷御礼と記録の文字化の承諾得る。

が一六三人中一五〇人もいることを考えると、参加者たちにとって七五三における神社や寺の位置づけがきわめて大きいことはまちがいない。

以上のことより、七五三の祝いをした、ということを現在納得できる形で進めるためには着物や写真だけでは不十分で、神社や寺、神や仏の存在が必要であるということだろう。しかし実際に関心が向き、意識にのぼっていることは、着物や写真、家族であるといえる。

二　儀礼参加者へのインタビュー

アンケートの結果より、現代の七五三において「着物」「写真」「社寺参拝」「家族」が重要な要素であることが確認できた。本項では、参加者の意識や思いに特に注目して実施した七五三に関するインタビューの結果をみていきたい。そして、アンケートで得られた結果と照らし合わせながら、現代の七五三の意義について考察を深め、その背景を明らかにしていきたい。

インタビューは、小学生までの子どもをもつ親で、子どもの七五三を祝ったことのある人を対象に行なった。時期は二〇一一年から二〇一二年にかけてである（表2）。子どもの七五三を祝った時のことを思い出してもらいながら、祝いの内容や祝いをした感想、印象に残ったことなどを自由に語っても

表3　インタビュー協力者一覧

		年代	住所地	居住年数	出身地	子ども年齢（祝い時）	子ども性別	子どもの服装	参拝時期	参加者	参拝先
1	K	35～39	東京・足立	7年	東京	6歳	女児	着物	10月	父母・母方祖父母	氷川神社
2	M	35～39	東京・中野	10年	群馬	3歳	女児	着物	10月	父母・母方祖父母・親戚	明治神宮
3	O	35～39	東京・練馬	3年	福島	7歳	女児（双子）	着物	11月（前半）	父母・母方祖父母・親戚	大宮八幡宮
4	I	45～49	埼玉・上尾	10年	埼玉	6歳	男児	着物	10月	父母・父方母方祖父母・親戚	氷川鍬神社
5	S	30～34	東京・中野	3年	埼玉	3歳5歳	女児男児	洋装	11月（後半）	父母	鷺宮八幡宮
6	T	35～39	東京・中野	7年	千葉	3歳5歳	男児男児	着物	12月	父母・父方母方祖父母	阿佐ヶ谷神明宮
7	N	30～34	東京・中野	8年	東京	3歳5歳	女児男児	着物	11月（後半）	父母・父方母方祖父母	氷川神社
8	Y	40～44	埼玉・上尾	7年	埼玉	7歳	男児	着物	10月	父母・父方祖父母	川越氷川神社
9	C	30～34	東京・練馬	8年	東京	7歳	女児（双子）	着物	写真4月	父母	参拝してない
10	Z	35～39	東京・練馬	7年	徳島	3歳	女児	洋装	11月（前半）	父母	井草八幡宮
11	Q	35～39	東京・練馬	12年	埼玉	5歳	男児	着物	11月（前半）	父母・母方祖母	東伏見稲荷
12	A	45～49	埼玉・上尾	9年	東京	7歳	女児	着物	11月（前半）	父母・母方祖母	井草八幡宮
13	G	40～44	東京・杉並	6年	東京	5歳	男児	着物	12月	父母・母方祖母	井草八幡宮
14	P	30～34	東京・練馬	6年	東京	2歳	女児	着物	11月15日	父母・父方祖父・母方祖母	東伏見稲荷
15	R	35～39	東京・板橋	5年	東京	7歳	女児	着物	11月（前半）	父母・父方祖父母・母方祖父母	明治神宮
16	E	35～39	東京・渋谷	30年	東京	3歳	女児	洋装	11月（前半）	父母・母方祖父母	明治神宮
17	B	35～39	東京・渋谷	4年	東京	3歳	女児	着物	11月15日	父母	日枝神社
18	H	30～34	東京・杉並	6年	東京	6歳	男児	着物	11月（前半）	父母・父方祖父母・母方祖父母	井草八幡宮

らう形をとった。協力者は一八人であり、その概要を一覧にまとめた（表3）。協力者の住所は、一五人が東京（足立区・中野区・練馬区・杉並区・板橋区・渋谷区）在住、三人が埼玉（上尾市）在住である。子どもの祝いの年齢は三〜七歳の間であった。大半が一〇月から一一月にかけて神社参拝し、その際に会食している。また、大半が写真館利用者であった。祝いの参加者は、祝われる子どもの他、父母のみから、祖父母・親戚といった大人数まで様々であった。なお、ここで取り上げる一八人の協力者には、アルファベットで仮名を付している。また、七五三を祝った際の子どもの性別・年齢を（　　）に記した。

1　七五三における「着物」と「写真」

現代の七五三を考える上で、特に重要なこととして、「写真」そして「写真館」、特に「子ども写真館」(7)を挙げることができる。アンケートの結果より、多くの人が七五三で子どもに着物を着せていることがわかった。七五三における着物の着用率は、低かった戦後まもなくから徐々に増加し、一九九〇年代に大幅に増加、現在は性別・年齢にかかわらず八〜九割が着用している。一九九〇年代は子ども写真館が全国的に広まっていく時期であり、子ども写真館の登場が、七五三における子どもの着物着用率を高めたということは疑いの余地がない。

(1)写真館が七五三の日程に及ぼした影響

インタビューでは一八人中すべての人の話の中に、「写真を撮ること」や「写真館」に関する事柄がでてきており、人によっては大半が写真に関する話であった。中でもKさん（女児六歳）は、インタビューの大半が利用した子ども写真館についてであった。

Ｋさんは大手の子ども写真館で、外出可能な着物レンタルつきのサービスを利用したという。また、衣装を借りて参拝もできるので、友人の多くはこういったサービスのある写真館を利用しているとも語っていた。Ｋさんはレンタルできる日程と好みの着物を予約するために、一一月よりかなり前に子ども写真館に出向いたという。

> 何十着も着物があるんですけど、その札にカレンダーがついていて、この日は誰ちゃんが予約済みっていう、こう早いもん勝ちなんですね。この日はレンタルが決まっちゃっているから、それを抜いて気に入った着物の、とにかく早いもの勝ちだから、うちはもう五月頃予約しちゃいました。今ベッキー[8]の着物が人気で、それはほんと大安になっちゃうともう争奪戦だから。

そして、七月に写真館で撮影し、一〇月にレンタルした着物で社寺参拝したという。七月、一〇月というのは、上述したように好きな着物がその時であれば予約できたからであり、また早割といって早い時期に予約することで、費用が安くしてもらえるからだという。つまり七五三の日程が写真館の予定によって決められているのである。

日程に関しては、Ｍさん（女児三歳）も、親戚など三軒が同じ年に七五三を祝うことになり、それと合わせて「写真屋さんが混んだりとかすると思って、一一月はやめようということに」したという。このＭさんも、写真屋の予約が大変だったことを挙げている。

> （Ｍさんは写真屋と提携している同じ建物内の美容室を利用）取るのが大変でした、予約。写真と美容室の予約を両方取るんですけれども、七五三専用のダイヤルがあって、そこに六月頃からなんですよね、予約スタートが。で、

いい日っていうのはすぐ埋まっちゃうので、ほんと当日に電話しました、予約開始の。六月当日に朝の一〇時に電話の前で待ってて、なかなか通じなくて、やっと取りました。親戚の予定がそこしか合わなかったんです、その日しか。でもこの日を逃すと七五三をいつしていいかわかならいっていうことで、もう絶対取らなくなっちゃって思って。

第一項のアンケートからは、七五三の日程が一般的な一一月だけでなく、九・一〇月に拡散してきていることが確認できた。原因として、写真館で着物を借りる事情が大きく影響していることが上記のインタビューからわかる。アンケートでは、日取りの決め方で「参加者の都合」が最も多く選ばれていたが、そのことと併せて、インタビューの回答から写真館の利用日を確定させることが重要であるといえる。

七五三の日程の拡散について、石井研士は氏神意識の希薄化をその主要な原因のひとつとして説明している（石井一九九八）。石井は、一九六九年（昭和四四）から一九九三年（平成五）年までの都内の神社数社において七五三参拝日時を整理した結果、昭和五〇年代に七五三の日程の拡散が決定的となったことを明らかにした。このおよそ一〇年後の昭和六〇年代に子ども写真館が全国的に広まっているが、戦後の人と神社の関係の変化をベースとして、そこにさらに子ども写真館が登場したことにより、日程の拡散は定着したといえるのではないだろうか。

現在七五三の日とされる一一月一五日に神社に行ってみると、一五日が平日ならば比較的規模が大きい神社であっても、土日の参拝者数に比べ、驚くほど七五三参拝者は少ない。筆者は二〇一三年一一月一五日の木曜日に、スイミングスクールでのアンケート回答者たちが参拝先に多く選んでいた西新井大師を訪れたが、七五三参拝の家族はいるものの、その数は少なく、境内は閑散としていた。境内の露店の店員に尋ねたところ、「そりゃパパが来ないから、

写真１　11月15日が平日になると参道も人はまばら（西新井大師）

今日は少ないんでしょ。日曜は増えるよ」という返事であった。第一節における清水学園の七五三服装調査では、一九六八年の記録に「父親の付添が目立つようになる（それまでは祖父母と母親が多かったのが、父母と子の組み合わせに）」とある。父親の子どもに関する儀礼への参加が増加し始めたといえるこの時期は、ちょうど石井が示した日程の拡散の時期と重なる。そして、アンケートの結果から現在父親の参加率は一〇〇％に近いといえる。戦後の氏神意識の希薄化、父親の儀礼参加、そしてその後押しをするような子ども写真館の出現・盛況により、日程の拡散はいわば常態化してきている。ただし、日程の拡散の程度については、今回の参加者アンケートでも一一月一日から一四日が大半であり、拡散はしても一一月一五日を意識した、前後一ヶ月の間（特に前半）におさまるのではないかと推測できる。このことに関連する興味深いコメントをインタビューで聞くことができた。

　Oさん（女児七歳）は、一一月前半の土日を利用して七五三をしたが、そのことについてさらに尋ねると、一一月一五日は混むのを予想してはじめから考えに入れていなかったとし、またあまり早い参拝日も次の理由で考えに入れていなかったという。

　別に九月でもいいのにね、でもちょっと早いかなって勝手なイメージがあったんです。要はやる人っているのかなっていう。神社としての（七五三の）飾りもないのかなって思ったんですね。一〇月下旬位のたぶん土日からは、七五三らしくこうちょっと飾られるのかなって。

日程を決めるにあたって「七五三らしさ」を意識した思惑が垣間みられる。このコメントはぼんやりしたものでありながら、現在日程が拡散するものの、大半が九・一〇月あるいは一一月の間におさまり、広がりすぎない理由となっているといえる。

⑵写真や着物から垣間みられる現代の七五三の意義

さて、このように現在の七五三における着物着用率を上昇させ、日程の変化の大きな要因となっている子ども写真館であるが、筆者のアンケートでは七五三で困ったこととして写真館のことが多く挙げられていた。例えば、時間が長くかかる、経費が高くて驚いたなどである。

多くの問題点がありながら、写真館利用者が多い理由として、写真館（特に子ども写真館）の巧みなサービス内容が挙げられる。子ども写真館のサービス内容をインタビューのコメントからみていきたい。

Iさん（男児六歳）には三人の息子がおり、長男の七五三の

写真２　閑散とした12月の七五三の様子
（都内神社）

写真３　着物だけでなく洋装も小道具も豊富に（子ども写真館）

祝いをした頃（インタビュー対象の三男から七・八年前）はまだ子ども写真館が普及していなかったという。そこでデパートで七五三の着物をレンタルし、写真撮影は別のところを探し、その後の次男三男に比べ、かなり面倒であったという。

Ｉさんがいうように、現在のような形の子どもに特化した写真館が広く利用される前の七五三における写真撮影の様子は、着物の準備、着付け、写真撮影はばらばらに行なわれていた。それをすべて参加者側で準備しなければいけなかったわけであるが、現在の子ども写真館ではこれを一手に引き受けている。現在着物の着付けはもちろん、着物に関する基本的な知識も少ない親たちにとって、ありがたい状況といえる。つまりこれまで手数がかかり大変であった服装や写真に関することを、写真館が一手に引き受けることで、七五三の祝いをしやすくなったというわけである。

第一節では、子どもに対する見方が時代とともに変化し、七五三における従来の成長の確認や承認といった意義は「記念のために行なう」「記念に残す」といった見方へと変わったことについて述べた。そして、「現在日常では着られない着物のもつ非日常性が、子ども時代を記念に残すといった「記念」のもつ意味を高めている」と考えられるとした。実際に着物を利用しやすくした写真館における写真撮影で、のちのちまで残る「記念」となる写真が撮られているというわけである。

インタビューにおいて、「記念に残す」ことを強く意識している様子はたびたびみられた。Sさん（男児五歳・女児三歳）は、夫の実家が北海道であり、東京で行なう七五三の祝いへの参加が難しいことから、夏に帰省した際に夫方の祖父母とSさん家族で、七五三の記念写真を撮るために写真館を利用したという。「とりあえず、記念に残したいと思ったので、写真館で子どもに着物を着せてもらって、その場で写真を撮っておしまいという形」と語る。そしてさらにSさんは写真館の利用のみならず、その後一一月の終わりに東京で行った神社参拝も含めて（会食はしておらず）、「子どもにとっても七五三の意味が全然わかっていなかったんですけど、一応七五三はやったんだよね、みたいな感じで印象にも残ってますし。子どもにとっても記念になったし、思い出にもなったし」とたびたび記念という言葉を繰り返していた。

先述のKさんは、子どもの七五三祝い全体を振り返って、「お祝いをしてよかったですね。記念に写真が残っているし」とやはり記念という言葉を使っている。この他の例として、Aさん（女児七歳）は、「写真はもう節目の記念っていうだけ」、Zさん（女児三歳）は七五三において社寺参拝することが大事ということについて、「そんなにこだわりはないんだけど、こうでもしないと記念なことが何もなくなるかなあと思って。思い出作り」といったコメントを残している。

ところで、インタビューした中には、あえて写真館を利用しなかった者もいる。Tさん（男児三歳五歳）は、写真館を利用しなかったが、写真を撮らなかったわけではなく、プロのカメラマンに依頼して、神社参拝している子どもの姿を写真に撮影してもらっていた(9)。

参拝しているときに、出張カメラマンに来ていただいて、その歩いている姿だったり、お参りしている姿だったりっていうのをカメラに収めてもらって、という方法をとりました。

Tさんの場合、他の人たちが「記念」に残すために利用する写真館は利用しないものの、やはり七五三の時期の子どもたちのありのままの姿を残そうという、記念というよりもさらに実態を残そうとする記録の意味合いがみられる。Tさんによれば、同じ写真を撮るにしても写真館を利用しなかったのは、現在七五三の中で写真館の占める割合が大きく感じられ、子どもたちが写真を撮ることが七五三だと思ってしまうと困るからだという。たしかにTさんの考えるように写真館での写真撮影はにぎやかで(10)、着物その他の衣装の着せ替えも華やか、時間も長くかかり、現在の七五三の中でも特に人々の印象に残る形になっている。

中には写真館にしか行かなかったという例もある。インタビュー中一例のみであるが、Cさん（女児七歳）は双子の娘たちの七五三だけでなく、同じ日に彼女たちの入学の記念撮影、併せて三歳の息子の入園の記念撮影もし、写真撮影が一日がかりであったという。Cさんは、「この時はもう写真撮ったら満足したんです」と語る。七五三について、「記念として写真やビデオなどを撮ってあげる」ことが一番の目的だと考えているという。

しかし、写真館利用の有無にかかわらず、写真に撮って記念に残すということについては、インタビュー協力者の全員が共通して実施している。そして、記念の意味合いを高めるために、着物を着用したといった意味合いのコメン

写真４　待っていた順番がようやくきて（七五三の祈禱を待つ家族）

トも得られた。Nさん（男児五歳・女児三歳）は、「やっぱり着物を着せるというのはとても重要な感じでしたね。洋装は全然考えていなかったですね。洋装のちゃんとした格好って、お友達の結婚式に行ったりとか、ピアノの発表会だったり、他の機会でも着ることがあるので考えてなかったですね」と話す。

現代の七五三において、写真や着物を通じた「記念に残す」「思い出作り」という意義は大変大きいといえる。

２　七五三における「社寺参拝」

アンケートにおいてもインタビューにおいても、母親たちが七五三の中で社寺参拝に最も重きを置いていることは明らかである。これはアンケートの祝いの理由で、大半が「神社・寺で子どもの健やかな成長、将来の幸せを願い、神や仏のご加護を得たかったから」を選び、七五三ですることとして「社寺でのお祓い」を挙げていることが最も多いことにもあらわれている。インタビュー回答者も同様の結果であった。

例えば、Yさん（男児七歳）に、七五三で行なったことの中で特に重要だと思われることについて聞いたところ、「気持ち的にはすごく社寺参拝だけど。でも写真もほしいし。やっぱりなんとなく神社のお参りが重要な感じです」と答えている。

Tさんは「（七五三において）神社に行ったってことが、絶対的なことです。自分たちの中で」として、七五三における神社参拝の重要性を強調した。Tさんによれば、七五三に神社に行くのは「本人が無事に五歳まで大きくなったことを神様に感謝する気持ちをお知らせに行くためで、これからもずっとよろしくお願いしますという感じ」だという。七五三で一番大事なこととして、お祓いなどはしなくてもいいので、社寺参拝だけはする、ということを挙げていたQさん（男児五歳）は、「なんだろう、その場（社寺）に行くっていうのが大事かなって」と語る。

インタビュー全体の回答を整理すると、社寺参拝することで七五三全体が「ちゃんとした」「きちんとした」ものになるという思いが、親たちに共通してあることが挙げられる。そしてそれは七五三を通じて、「ちゃんとした」「きちんとした」ことがしたいという思いからきているように思われる。インタビューをする中で多くの人が、「ちゃんとした」「きちんとした」という言葉を使用している。

・ちゃんとした日にちにやれなかったことに関しては、後悔はしているんですけど。でも仕方ない状況だったので（Yさんは自身の親がこの時期他界した）。やっぱりちゃんとした日に、一一月一五日にやっている方が多いし。自分自身なんかちょっと気持ち悪いなっていうのがあります。（Yさん）

・他の神社だとないんだろうなと思うんですけど、こう巫女さんが舞を踊ってくれるんです。それで結構明治神宮にしてよかったなって思ったんですけど。ちゃんとした舞と楽器もちゃんと。（Mさん）

・あのやっぱり土地の神様にあいさつに行くというのが基本なのかなっていう風に考えているので。（参拝先は）家から一番近い、きちんとした神社っていうんですかね。あのお参りして、お祓いもしてもらえるような神社ということで選びましたね。これからもずっと長々とよろしくお願いしますという感じですかね。（Tさん）

このように回答者たちは、社寺参拝を通じて「ちゃんとした」「きちんとした」ことを体験しようと思い、実際にすることができたと感じている様子である（あるいはできなくて残念に感じている）。

このうちTさんのコメントからは、参拝先をどのように決めたかがうかがえる。つまり「家から一番近い、きちんとした神社」である。インタビューではアンケート同様、参拝先の選択理由は「家の近くだったから」が多いが、インタビューでさらに話を聞いていくと、ただ家の近くということだけが選択理由なのではなく、それに加えてあるいはそれ以上に参拝先が「ちゃんとした」「きちんとした」社寺であることが、重要な選択理由になっていることがわかる。

つまりTさんのように、家から近い中で一番きちんとしたイメージのある、あるいはそこへ参拝すればまちがいないといえる神社あるいは寺院が選ばれているといえる。

参拝先を選ぶ時の重要な選択肢と考えられる「家から一番近い、きちんとした神社」の他に、挙げられていた選択条件として以下のものがある。

・何ヶ所か迷い、他の友人の話も聞き、駐車場があるかも気にして、当時のお付き合いをしていた友達が向こうの方の人が多かったからかもしれないですけど。（Qさん）

・（近くの神社は予約制で不便に感じられたようで）ここはもう時間でやってくれて、予約なしでその時間内に行けば

合同で参拝？　祈禱？　で受付に行ってお金を納めて、じゃあ書いてある時間に来てくださいっていう。（Zさん）

インタビューでは、七五三の参拝先の神社には、七五三の時に初めて参拝した、初詣で行くぐらい、が多かった。また七五三前の関係も薄く、七五三後も関係が深まらない様子がみられる。普段の参拝先との関係から七五三に参拝するのではなく、七五三だから特別に参拝するといった意味合いが強く、信仰といった要素を見出すことは難しい。

参拝先について、アンケートでは「家から近い」社寺へ参拝した人が多かったが、その行き先は大半が西新井大師であった。このことをアンケートの結果で最も多かった「家から近い」から、とただ単純に考えることはできないということについては先述したとおりである。西新井大師は広くその名が知られているということ、そしておそらくスクール利用者の中には西新井大師以外にもっと家に近い社寺のあることが予想されることから、アンケートとインタビューの結果を併せて考えると、家から近い中で一番きちんとしたイメージのある、あるいはそこにいけばまちがいないといえる神社あるいは寺院が選ばれているということができそうだ。

また、アンケートでもインタビューでも「氏神神社」という言葉、回答がみられたが、これは現在神社側が考える氏神神社とは異なるといってよい。例えば、インタビューでTさんは先述の「きちんとした神社」を「氏神神社」と言い換えることがみられた。また、Yさんに参拝先がどのような神社か尋ねたところ、「氏神神社で一番近い神社です」という言い方をしている。Yさんは一時間ほどのインタビューの間に「氏神様」という言葉を一五回も使用し、かなり意識しているといえる。Kさんも七五三に参拝した神社には、それまであまり参拝しておらず、ただ今住んでいるところの近くだから参拝したとし、またその参拝先の神社を「氏神神社」と呼んだ。ところで、氏神や氏子に対する認知・意識が年々低下している中、筆者は初宮参りに関する調査を通じて、現在母親たちの氏神神社に関する認知度が比較的高いことを明らかにした。その調査で母親たちは、子どもをもつ前まであまり知らなかった「氏神」や「氏神神社」を、育児全般に関する主要な情報収集先である、出産・育児雑誌の記事をとおして知るようになっているることがわかった。出産・育児雑誌の初宮参りに関する記事では、必ずといってよいほど、「氏神」という言葉が使用され、それに「土地の神様」「土地の守り神」といった説明が付されている。このような記事をとおして母親たちは、「氏神」「氏神神社」を理解していることが多いといえる。(11)

このように「氏神神社」は自分の住んでいる地域にある神社であり、土地の神様であり、いわば地域の守り神のような存在として捉えられている。自分がそこに住んでいるということである種の関係はあるものの、普段の接点はほとんどみられない。また、特定の神社のみ「氏神神社」となるのではなく、ある一定の距離にある神社はすべて氏神神社とみなされ、その時々で都合のよい「氏神神社」に参拝するといった印象がある。インタビューの中で頻繁に出てくるところから考えると、「氏神神社」であることが「きちんとした神社」である一つの条件となっていて、参拝する先として、「まちがいのない神社」と考えられているといえる。

3　七五三における「家族」

はじめにも挙げた七五三における重要な要素として、「家族」がある。「家族」はインタビューにおいて、祝われる子とその親、子の兄弟姉妹、祖父母までを含む形で使用されていた。

現在の七五三における参加者は「家族」のみといってよい。従来の七五三をはじめ、幼児期に行なわれる儀礼には、社会的承認といった意義が強くみられたが、現代においては社会に向けられて行なわれている点をみつけることは難しい。インタビューで参加者はほぼ「家族」のみとなっており、本人と父母のみ（本人に兄弟姉妹がいる場合は含む）、いわば核家族単位での実施もアンケートでは四分の一の割合でみられた。

従来七五三では社会的承認が行なわれる機会として、親戚・近所・知人を招いて共食し、もてなすということが行なわれてきたが、集まって食事をするという形のみに注目するならば、現代においては会食という形で、参加者で外のレストラン、あるいは自宅等で共食することが一般的に行なわれている。

ただし、社寺参拝や写真のように大半の人が実施しているものに比べ、会食の実施の割合は一七七人中一四二人となっており、社寺参拝や写真よりは実施率が低くなっている。実際インタビューでも、会食に関する話は大変少なかった。インタビュー協力者に会食に関する質問をすると、多くが参加人数や食事場所について二、三説明するのみで、それ以上の回答はほとんどみられなかった。社寺参拝、写真にくらべるとコメントの少なさは際立っている。明らかに、七五三全体における重要度は低いといえる。会食をしなかった人のコメントから、しなかった理由をみてみたい。

例えば、先述のCさんは会食を行なっていないが、その説明として、

（特に祝いの食事みたいなものは）七五三はなかったですね。七五三は一一月なんですけど、結婚記念日も一一月なので。それで結構誕生日とクリスマスとかあると、旦那のお母さんが来て、そのままごはんを食べたりとか、ピザ頼んで家でやったりというのが、本当にしょっちゅうあるんですよ。

祖父母は呼ばず父母と子どものみでごく簡単な食事をすませたというAさんも、「（祖父母に声をかけなかったことについて）子どものお祝いでそこまで全然考えてなかったですね」という。このようなしなかった理由のコメントからも、会食の七五三全体における位置づけの低さをうかがい知ることができる。そしてかつて重要な意義であった「社会的

承認」と形に類似点があるものの、社会に向けた要素は見出せない。

では具体的に会食はどのような様子で行なわれているのだろうか。

会食場所の選び方としては、Qさんのコメントがある。Qさんは、母方の祖父母と夫、子ども本人とその弟になるまだ赤ん坊を連れて社寺参拝し、その後皆で会食をした。

迷わずあの井荻のとんでん、っていうファミリーレストランへ。そこが結構お座敷の席が多くて、赤ちゃん連れには優しいかなと思ったのと、みてみたら七五三特別お子様メニューがあったので、はいそれを。そうですね、お座敷がある、そしてみんなで、駐車場があるところっていうとファミレスになっちゃうんだなって感じでした。

会食場所の選び方として、移動に便利で、参加者に負担が少ない店を選んでいることがわかる。

会食での食事内容は、参加者の構成と関連が深いといえる。夫と子どもたちだけで家でお祝いをしたZさんは、「（七五三を意識して）ケーキぐらいは買った。おめでとう、っていう」と話す。これに対し、祖父母らとともに会食をしたRさん（女児七歳）は、明治神宮に参拝した後、その近くの懐石料理で豪華な昼食を楽しんだと話す。また、同じく祖父母とともに会食したEさん（女児三歳）は、家で自分が準備した料理や出前の寿司で参加者をもてなした。作ったものは、主役の子ども向けの料理の他、大人たち向けの和食料理だったという。

祝い参加者に祖父母も含まれ、人数が多くなるほど、内容もより豪華になっていくといった関係性を指摘することができる。

4 その他

最後にインタビューを通じて得られた興味深い指摘を二点取り上げたい。一点目は、情報の収集先に関すること、二点目は七五三を知るまた興味をもつきっかけに関することである。

(1) 七五三に関する情報の収集先と世代間伝達

以前筆者が実施した初宮参りに関する調査では、出産・育児雑誌からの情報を利用する人が最も多く、それに対して親からは情報を得ることが少ないという結果となった。このことについて、儀礼に関する事柄の世代間伝達がなされにくくなっていることを指摘した(田口 二〇〇九a)。

ところが七五三に関するアンケート調査では「親から」が四一・三%で、「友人から」の四一・九%とほぼ同数で多かった。これに対し「育児雑誌」は六・九%のみで、選択肢の中で最も少ない割合となった。インタビューでも親から情報を得たとする人が多く、その内容は参拝先・時期・着物のことなど多義にわたっていた。いずれも親から強く何かを勧められた、助言されたというものではなく、基本的には回答者本人である母親が中心になって予定・内容を組み立て、不安なところ、不明なところについて尋ねてみるという形であった。

例えば、Sさんは七五三についてわからないことはすべて自分の母親に聞いたという。「私の方の母が、お祝い事なんで後に合わせるのはよくないって言うんで、一一月一五日にできないならば、前倒しにしなさいって……それでちょこっと日程を調べました」と語る。Nさんは「住んでいるところの氏神さまっていうところは、中野新橋にある氷川神社って、主人の母に言われたので」として、七五三に関する他のことについても夫の母親からアドバイスをもらうことが多かったという。

またアンケートでアドバイスをもらったとして、一番多かった「友人から」については、インタビューでも多いという結果になった。具体的には友人から、写真館について(Kさん、Iさん、Yさん、Nさん、Cさん、Qさん、Aさん)、参拝先について(Sさん、Yさん、Qさん)情報を得たとする回答が得られた。インタビューでは育児雑誌をみたとしたのは一人のみ(Qさん)で、初宮参りの時との違いがここでも鮮明にみられた。Qさんは七五三の衣装のことで友人と話していた際、その友人が参考にしたという育児雑誌を借りたという。その雑誌の七五三特集をファッション雑誌のようにパラパラみて、他の人が七五三でどのような衣装などにするのか情報を得たという。ここでみられる育児雑誌からが少なく、親・友人からが多いという情報収集先の変化は、初宮参りから七五三に至る間での母親の地域とのつながりの深化、子育てのネットワークの広がりを反映した結果といえるのではないだろうか。

また親世代、祖父母世代とのかかわりという点では、情報収集先とする他に、着物に関するやり取りの話が数人より聞かれた。Rさんが七五三で七歳の娘に着せた着物は、Rさんが三〇数年前に着たものであり、Rさんの母親が大切にとっておいたものだった。

洋服だとこうはいきませんが、着物って親子代々…っていう感じで、何代にもわたって受け継ぐことが可能なのですよね。この年になって、初めて着物の魅力に引き込まれております。

その他、Pさん、Aさん、Gさんも自分の七五三の時に着たものを手直ししたりして、子どもに着せている。いずれも着物を通じて、代々のつながりを実感する回答が得られた。しかし一方で、Aさんの娘(七歳)は、祖母が取っておいた着物(昔Aさんが七五三の時に着たもの)に気乗りせず、祖母とともに社寺参拝した折にはその着物を着たが、最近の新しいものが着たいと、別の日に写真館に行き、着物選びから着るところまで大いに楽しんだという。親や祖父母の感慨とは別に、特に女児の場合、七歳にもなると子どもなりの着物に対する思いがでてくるようだとAさんは語っていた。

この他に親と祖父母とのやりとりについて、次のようなことも聞かれた。

・（祖父母から）お金をいただいてしまっているので、それに見合ったことをしなくてはいけないなっていうのは、あったんですけど。写真を撮って、祈禱を受けて食事に行ってという、その一連のことをしなくてはいけないだろうという、感じではあったんですよね。（Qさん）

・ずいぶん前から夫が小さい時に着た紋付の羽織と、私が着る用の着物を義母から贈ってもらっていて、七五三をきちんとやりなさい、といったような暗黙のプレッシャーがあった。私は元々着物を着るつもりはなかったので、贈ってもらったために、着付けを頼んだり、髪のセットをしたりと、思ったよりお金がかかってしまった。息子の方も、写真館で袴だけというのはレンタルできないといわれ、袴を別に購入する羽目になってしまって。祖父母と親とのつながりを感じられる点ではいいのだけど、高くかかってしまう点では何か喜びきれないような。（Gさん）

本インタビューでは若干触れるのみにとどまったが、現在の七五三では着物や写真館など費用がかかる分、祖父母からの金銭的・物質的な援助が重要な位置を占めていることはまちがいない。これは、Qさん、Gさんのコメントからも推し量ることができる。参加度の高い祖父母の参加形態、役割などを詳細に確認していくことは、現代の七五三を把握する上で必要といえ、今後の課題としたい。

(2) 七五三を知るきっかけ・興味をもつきっかけ

もう一点興味深いこととして、写真館から送られてくるダイレクトメールが七五三に限らず、子どもに関する人生儀礼を知るきっかけになっているということがある。実際子ども写真館を知るきっかけについても、ダイレクトメールによるとした人がインタビューした半数にみられた。そのうちの一人Kさんは、どこから伝わったのか、特に登録した覚えがないものの、子どもが生後三ヶ月の頃にはお食い初めの写真撮影に関するダイレクトメールが届いたという。そして、興味をもち利用した後も、初節句や初誕生の時期にダイレクトメールが送られてきた。中にはよく知らない儀礼に関するものもあり、ダイレクトメールについた簡単な説明を読んだり、写真を撮るほどの必要があるのかを調べていくうちに、おおよその子どもの儀礼を知ることができたと話す。

子どもが生まれた時から、結構何ていうんですか、いっぱいイベントがあるじゃないですか。お食い初めとか、初節句とか。そんなで葉書が来るんですよね、アリスから（Kさんが利用した大手子ども写真館）。ダイレクトメールが。それをきっかけに、ああ皆こうやって写真を撮っていくもんなのかって。そこで勉強して、だから流れでずーっとアリスになっちゃってます、うち。生まれた頃から、はい。（Kさん）

Kさんの話から、七五三に限らず、生まれた時から子ども時代をとおして人生儀礼をけん引する役割を子ども写真館が担っている様子がうかがえる。実際アンケートでも、写真館の利用は七五三の前からすでにあるとすることが多く、この事情を反映した結果といえる。

おわりに

以上、インタビューで得られた回答は、アンケートの結果と同様のものであり、さらに詳しく説明する内容のものとなっていた。アンケートでみられた「子どもの今の成長の様子を記録に残す」という考え方は、インタビューにおいても主流となっており、七五三全体における写真の重要性はとりわけ大きい。そしてこの記録に残す、思い出づくりをする、といったことを母親たちにとって納得のいく形でサービス提供する写真館は、現在の七五三にとってなくてはならない存在となっている。昨今みられる七五三の日程の拡散には、戦後の氏神意識の希薄化、父親の儀礼参加と併せて、写真館の影響が大きいことからも、現在の七五三における重要性がわかる。

しかし、この写真館の存在より「社寺参拝」の方に重きが置かれていることが、アンケートとインタビューの両方の結果より明らかになった。回答から読み取れるその理由として、母親たちは「ちゃんとした」「きちんとした」形で七五三をしたいと考えており、そのことを実現するために、社寺の存在が必要だとしていることがある。

現在社寺は従来のような地域共同体において中心的な位置を占めていたようなものではなく、極端にいえば七五三など特定の時だけ参拝する場所である。人々は数多くある社寺の中から参拝先を選ぶ時に、住まいの近くにあるというほかに「ちゃんとした」「きちんとした」そして「まちがいない」社寺を選ぼうとする。現代において社寺は信仰の対象というよりは、目まぐるしく変化する日々を過ごし、社会における自分の位置づけに悩むこともある現代人にとって、時を経ても変わらないもの、信用のできるものとして、現代における七五三を意義あるものとしている。

その他、アンケート・インタビューから得られた指摘として、情報収集先については、初宮参りでは育児雑誌が中心であったのが、七五三では「親・友人から」が多くなり、母親としてのネットワークの変化・広がりがうかがえる。また、きっかけということでは、写真館から「驚くほどタイミングよく届く」ダイレクトメールで、人生儀礼に対する認知や意識が高まるといった興味深い指摘も聞かれた。

アンケート・インタビューを通じてみえてきたことは、現代の七五三における「写真」や「写真館」の重要性であり、社寺参拝が定着してきた理由である。現代の人々は、ただ自分にとって都合がよく便利だから、といった理由のみで、七五三で写真館を利用しているのではなく、また多くの場合、信仰心から社寺を訪れているのでもない。特にインタビューからみえてくることは、過去や社会とつながっていることを確認したい、確かなものの中に自分の身を置きたいという思いを、人生儀礼の中に人々が求めていることである。その思いを満たすことのできるものを、目を引く形で提供する写真館がもてはやされ、安心でき、そして信用できる社寺の存在が、儀礼の軸として置かれているといえる。今後は、子ども写真館に関する調査を実施し、現代の七五三の分析をさらに深めていきたいと考えている。

注

（1）アンケートの実施場所であるスイミングスクールでは、一つの授業時間に小学生までの様々な学年が含まれていることもあり、このように対象を設定した。

（2）昨今アンケート調査に対する警戒心が強く、協力者を探すことが難しい状況である中、協力者一人ひとりに説明をし理解を得るための時間と、回答のためのまとまった時間が必要であるため、子どもたちの練習時間中に調査を実施することができることと、アンケートの対象となる回答者を多く得られることから、実施施設に選定した。

（3）「父母」とある場合、七五三の祝いの対象となる子どもに兄弟姉妹がいて参加している場合は含んでいる。

（4）清水学園の調査では、参拝時に限定した服装調査を実施しているが、筆者アンケートでは七五三の服装について参拝時・写真撮影時を分けず聞いたため、違いが出た可能性がある。
（5）様々な人を対象とした料理を揃え、気軽に利用できる雰囲気をもつレストランのこと。ファミリーレストランの略。一般的にこの「ファミレス」の方が、多く使われることから、アンケートの選択肢でこの書き方を用いた。
（6）ここでいう「家族」とは、インタビュー回答者たちのコメントに基づき、主として両親とその子ども、子どもの祖父母までのことをさす。
（7）子どもを専門に撮影する写真スタジオ。一九九二年(平成四)に初めての子ども写真館「スタジオアリス」が登場、二〇〇九年には全国に三八二店舗数を誇るまでとなる。全店舗に四〇〇着に及ぶ衣装が用意され、ヘアセットやメイク、着物の着付けなどは無料、モニターテレビをみて客が撮影した写真をその場で選ぶことのできるシステムをもつ。
（8）一九八四年生まれのタレント。女優、歌手の他、番組司会などもこなす。子ども写真館スタジオアリスで「Becky's style」という子ども服のブランドをプロデュースしており、スタジオアリスの宣伝の目玉となっている。
（9）一般的とはいえないまでも、このように参拝時にカメラマンに同行してもらい写真を撮るというサービスを利用する人もいる。Tさんは友人からそのようなやり方があることを聞き、自分でインターネットで調べたという。
（10）子ども写真館では、子どものよい表情を引き出すこと、また子どもをあきさせないことを最重要課題としている。スタッフは子どもの笑顔を引き出すことに労をいとわない様子がみられる。
（11）例えば、『Pre-mo』二〇〇五年九月号の「産後のイベント見る見るカレンダー」では、お宮参りの項で「これは住んでいる土地の守り神(氏神様)に子どもの誕生を報告し」とある。この他の育児雑誌でも氏神をめぐってこのような説明が数多くみられる。出産後の子どもに関するお祝いごとに関する書籍『おめでとう!赤ちゃんのお祝い　子どものお祝い』(金園社、二〇〇八年)では、お宮参りの項で「お宮参りは、住んでいる土地の守り神である氏神さまに、赤ちゃんの誕生の報告と健やかな成長をお祈りする行事です」(五〇頁)とやはり同様の説明がなされている。

資料　現代の七五三に関する実態調査

一　調査概要

（1）調査地域　東京都足立区
（2）調査対象　小学生までの子どもをもつ親
（3）調査方法　スイミングスクール（二ヶ所）で水泳を習う子どもを待つ親たちに質問紙を配布（三枚綴り）、その場で記入してもらい、記入後回収。
（4）実施期間　二〇一一年一〇月から一一月
（5）回収数（率）　一七二（八二・七％）

二　質問内容と単純集計

Q1　お子様の七五三のお祝いをしましたか。された場合それはお子様が何歳の時（満年齢）でしたか。

1　お祝いをした　94・8％

（内訳　男　2歳2人、4歳6人、5歳52人、6歳1人
　　　　女　2歳4人、3歳39人、5歳1人、6歳7人、7歳22人）

2　お祝いをしない　5・2％

Q2　Q1で2に○をした方にお聞きします。差し支えなければ、お祝いをされなかった理由を教えてください。

（記入あったもの）「誕生日の祝いのみをした」「忘れた」「男でまだ3歳のため」「これからするから」

Q3　お祝いをされたのはどの時期ですか？

1　9月　3・1％
2　10月　13・8％
3　11月1日〜14日の間　64・4％
4　11月15日　3・7％
5　11月16日〜30日の間　11・2％
6　12月　1・9％
7　その他　1・9％

Q4　お祝いをされたのは平日ですか、それ以外ですか？

1　平日　11・9％
2　土日祝日　88・1％

Q5　お祝いをする日はどのように決めましたか。最もあてはまるものを1つお選びください。

1　11月15日が七五三の日なのでその日に　3・8％

2　お祝いに参加する人の都合のよい日に決めた　50・0％
3　お日柄のよい日を選んだ（大安など）　25・0％
4　着物をレンタルするのに都合がよかったので　6・4％
5　写真館を利用するのに都合がよかったので　7・7％
6　美容室を利用するのに都合がよかったので　0・6％
7　その他　6・5％

Q6　お祝いの参加者を教えてください（あてはまるもの全てに○をしてください）。（複数回答）

1　母親　96・0％
2　父親　92・1％
3　父方の祖父　30・9％
4　父方の祖母　44・2％
5　母方の祖父　41・8％
6　母方の祖母　55・2％
7　その他　31・5％

Q7　参加者の服装を教えてください。

【お子様】	男児	女児
1　着物	75・4％	89・1％
2　洋装（スーツなどフォーマル）	20・3％	9・8％
3　洋装（カジュアル）	4・3％	1・1％

【あなた様】 1　着物　18・6％
2　洋装（スーツなどフォーマル）　73・1％
3　洋装（カジュアル）　8・3％

Q8　お子様の服装の準備方法を教えてください。
1　購入　20・7％
2　レンタル　52・7％
3　お古を仕立て直し　16・6％
4　プレゼントされた　4・7％
5　その他　5・3％

Q9　Q8で3か4を選択された方にお聞きします。それらは誰のお古、あるいは誰からのプレゼントでしたか。
お古として　「母が着たもの」（10）、「父が着たもの」（2）、「祖母が着たもの」（2）
「親戚が着たもの」（6）、「友人が着たもの」（2）
プレゼント　「母方祖父母から」（2）、「母方祖母から」（3）、「父方祖母から」（1）　（　）内数字は件数。

Q10　七五三のお祝いでは何をしましたか（あてはまるもの全てに○をしてください）。（複数回答）
1　神社や寺にお参りをした　91・5％
2　写真店（館）で写真を撮った　87・2％
3　お祝いの食事をした　81・1％

4　その他　1・8％

Q11　Q10で1を選択した方にお聞きします。参拝先の名前を教えてください。また、その参拝先を選択した理由は？　あてはまるもの全てに○をしてください。

参拝先　記入数　146

数が3以上のものは次のとおり。（　）内は件数。

西新井大師（92）、氷川神社（23）、鷲神社（5）、大鷲神社（4）、明治神宮（3）

選択した理由　（複数回答）

1　家の近くだったから　78・0％
2　交通の便がよかったから　5・3％
3　有名なところだったから　16・7％
4　他の人に勧められたから　5・3％
5　氏神神社だから　8・0％
6　実家の近くだったから　7・3％
7　その神社・寺の七五三パックを利用したから　1・3％
8　写真店（館）の関係で　1・3％
9　お祝いをする食事場所の関係で　2・7％
10　その他　10・0％

Q12　Q10で2を選択した方にお聞きします。利用した写真店（館）はどのようなタイプのお店でしたか。また、なぜそのお店を利用しましたか。あてはまるもの全てに○をしてください。

写真店（館）のタイプ

1　写真撮影のみ　29・7％
2　写真撮影のほか撮影時の着物レンタル　28・4％
3　写真撮影のほか外出も可能な着物レンタル　41・9％

利用した理由　（複数回答）

1　昔から利用しているので　38・2％
2　人に勧められて　14・0％
3　インターネットをみてよさそうだったから　4・4％
4　広告をみてよさそうだったから　24・3％
5　いろいろついていてお得だったから　22・1％
6　レンタルできる着物がよさそうだったので　14・7％
7　その他　10・3％

Q13　Q10で3を選択した方にお聞きします。利用した食事場所はどのようなところでしたか。また、なぜそのお店を利用しましたか。あてはまるもの全てに○をしてください。

食事場所の種類

1　割烹料理店　35・6％
2　ファミリーレストラン　21・5％

3　ホテル　0・7%
4　自宅　20・7%
5　祖父母宅　10・4%
6　その他　11・1%

お店の選択理由　（複数回答）

1　便利な場所にあったから　44・3%
2　子供にあった料理があるので　21・7%
3　せっかく参加した祖父母に合わせて　20・8%
4　豪華にしたかったので　14・2%
5　その他　24・5%

Q14　七五三を行なうにあたって情報はどこから集めましたか。あてはまるもの全てに○をしてください。（複数回答）

1　親から　41・3%
2　友人から　41・9%
3　育児雑誌から　6・9%
4　インターネットから　25・6%
5　広告から　23・1%
6　ダイレクトメールから　9・4%
7　その他　3・8%

Q15 準備はいつ頃から始めましたか。

1 お祝い予定時期の一年前から 1・9％
2 お祝いをする年になってすぐから 8・0％
3 お祝い予定時期の半年前から 28・4％
4 お祝い予定時期の2・3ヶ月前から 35・8％
5 お祝い予定時期1ヶ月前から 16・0％
6 お祝い予定時期の直前に 6・2％
7 準備は特にしなかった 3・7％
8 その他 0・0％

Q16 七五三のお祝いには何をするものだと思いますか。1番目と2番目の理由に○をし、番号の前の〔　〕に1・2とお書きください。

【1位】

1 神社・寺への参拝（社殿にあがっての祈禱はなし） 11・9％
2 神社・寺での祈禱（社殿にあがって祈禱・お祓いをしてもらう） 63・8％
3 写真のプロに写真を撮ってもらう 4・6％
4 自前のカメラで本人や参加者の写真を撮る 1・3％
5 本人に着物を着せる 15・1％
6 参加者でお祝いの食事会をする 1・3％
7 その他 2・0％

【2位】

1	神社・寺への参拝（社殿にあがっての祈禱はなし）	9・6％
2	神社・寺での祈禱（社殿にあがって祈禱・お祓いをしてもらう）	9・6％
3	写真のプロに写真を撮ってもらう	32・3％
4	自前のカメラで本人や参加者の写真を撮る	1・5％
5	本人に着物を着せる	29・4％
6	参加者でお祝いの食事会をする	17・6％
7	その他	0・0％

Q17　七五三のお祝いをした理由を教えてください。1番目と2番目の理由に○をし、番号の前の〔　〕に1・2とお書きください。

【1位】

1	神社・寺で子どもの健やかな成長、将来の幸せを願い、神や仏のご加護を得たかったから。	60・0％
2	家族で集まってお祝いできる数少ない機会なので。	3・8％
3	子どもの成長の一段階の記念として思い出作りをしたかったから。	33・6％
4	祖父母からお祝いをすることを勧められたから。	1・3％
5	お友だちなどもお祝いしている（する）のに、自分の子どものお祝いをしないのはかわいそうだから。	0・0％
6	せっかくの機会なので、子どもに着物を着せてあげたかったから。	0・0％

7　その他　1・3％

【2位】

1　神社・寺で子どもの健やかな成長、将来の幸せを願い、神や仏のご加護を得たかったから。　20・0％
2　家族で集まってお祝いできる数少ない機会なので。　15・8％
3　子どもの成長の一段階の記念として思い出作りをしたかったから。　49・7％
4　祖父母からお祝いをすることを勧められたから。　1・4％
5　お友だちなどもお祝いしている（する）のに、自分の子どものお祝いをしないのはかわいそうだから。　0・0％
6　せっかくの機会なので、子どもに着物を着せてあげたかったから。　11・0％
7　その他　2・1％

Q18　七五三のお祝いをしてよかったことを教えてください。
記入数　150　＊記入詳細については最後に添付。

Q19　七五三のお祝いをして困ったことを教えてください。
記入数　129　＊記入詳細については最後に添付。

三　Q18とQ19の記入全詳細（上段・下段は同一回答者による回答。記入がない場合は空欄とした。）

Q18　七五三の祝いをしてよかったこと	Q19　七五三の祝いをして困ったこと
普段の生活とは違う事（服装・社殿にあがるなど）が体験できた事。	特になし。
普段着ることのない着物を着たり、楽しい雰囲気でプロの方に撮影してもらったり、良い思い出になりました。	特になし。
写真やそのときの思い出が心に残ったこと。	特になし。
子供が着物をきれてよろこんだ。	会場が混んでた。
子供の成長を祝い家族で集まれたこと。着物を着た姿がかわいかったこと。	
成長を感じられた。	特になし。
祖父母が喜んだ。子供の成長がみれた。	なれない着物で歩かせたのが大変でかわいそうだった。
写真をとって思い出に残せる。	お金がかかる（両親に送る写真も含め）。
親として子どもの成長の節目を感じる事ができた。	親戚を呼ぶと、相手の都合を考慮しなければならない（調整が大変）。
成長を感じられ、本人も喜んでた。	特になし。
家族みんなのよい記念になった。	子どもがすぐ飽きてしまい、時間が長いと困る。
記念の写真や家族でお祝いできた。	お返しを何にするか準備、食事の場所決めが大変だった。

家族の思い出ができた。	三歳（二歳六ヶ月ぐらい）だったので長い間の着物は嫌だったようで、少しぐずったりしていた。
本人が楽しみにしていた事。	日にちや場所（食事）を決めるのが大変だった。
子どもの健やかな成長を家族みんなでお祝いできたこと。	特になし。
子供の成長した姿が見れた。	
子供の成長を願う、よい機会となった。良い思い出となった。	着物のレンタル、写真でお金がかかった。
記念（本人の）になった事。	写真を前撮りにしたが、混んでおり、だいぶ時間がかかったこと。
子供の成長を皆で喜ぶ事ができた。普段は行かない写真館での記念撮影もよかった。	写真館での撮影が、ドレスや着物を何着も着たせいで長くなり、子供が疲れて泣いてしまったこと。
かわいい記念写真がとれた。親戚も喜んでいた。	お金がかかった。
写真を残せた。	三歳はむずかしいのでいらないのでは？（着物・ヘアー等）。
思い出になった。	
子どもが通っていた幼稚園の園長先生が祈禱をしてくださり、とてもありがたかった。	写真館がとても混んでいたこと。
記念に残るし、姉達も全員してきたのでいい想い出です。	特にありません。
記念になった。祖父母も着物姿を見れて喜んでくれた。	三歳だったので着物を着たがらず、草履も嫌がった。草履は全くダメでサンダルでの出席になってしまった。
よい記念となる。親として責任を果たせたようで満足。	七歳の後も着物を着て写真を撮りたがる。
いい記念になったと思う。	特になし。

普段着物を着ないので本人が楽しんでいた。	
大きくなったんだなあと思い、着物姿の子供がかわいかった。	着物だと動きづらくてぐずってしまった。
みんな楽しく食事したり、祖父母が喜んでくれた。	着慣れない着物を本人がすぐ脱ぎたがった事。
本人が喜んでくれた。	着物で食事すること。
よい記念になった。	本人が着物を嫌がった。
家族で集まり、お祝いをしてもらえ、みんなに喜んでもらえたこと。子供たちに日本の文化を体験させてあげることができたこと。	特になし。
着物を着せてあげられた。	特になし。
子供がとっても着物を着て喜んだこと。	着物や食事（土産・千歳飴の用意含め）決めたり、準備が大変でした。
本人の思い出になり、写真・ビデオをみて話ができる。	
いい想い出になった。	写真の値段が高い。
写真は残るのでいい思い出づくりになった。家族のきちんとした写真などはこういう機会がないと撮らないので。	特にないです。
なかなか集まれないおじいちゃんたちとお祝いできた。	準備が大変、お金もかかった。
家族の思い出ができた。	お金がかかった。
気持ちがスッキリするし、成長に感謝、子供はきれいな服や着物がきれて楽しい。	写真館で写真を撮ると、高額になる。
遠くに住む父方の祖父母にお祝い時の写真を送って喜ばれた。	お金がかかりました（特に写真）。

時期が遅めだったのですいててよかった。着物を着てうれしそうだった。	
子どもの成長を記念として写真も撮って、子どもにとっていい思い出だと思います。	
記念になるし、子どもも喜んでいた。	写真を撮ってもらうのに子どもがあきてしまって、時間がかかった。
子供が優しく育ち、次の世代へ風習を伝えられたこと。	
男の子は一回だけなので記念になった(着物も着せて着物は着る機会がないので…)。	鯛を手に入れるのに苦労した。
今でも写真をかざっていること。	着物を着る時、めんどくさそうな顔をしていた事。写真をなかなかよい顔で撮れなかった事。
よい思い出になった。	着物の保管場所。
一つの区切りみたいなものでできてよかった(子どもの成長がみれて)。	もろもろとお金がかかってびっくりした。着付け等に時間がかかり、子供のお昼寝時間とかぶってしまい、ぐずついた事。
子供の成長、これまで無事に元気にこられた事を改めて幸せな事だと考えさせられた。子供も自分が少し大人になったことを自覚できたように思う。	準備や当日も疲れた。気負い過ぎた!?。
家族で集まり、楽しい時間が過ごせた。着物姿がとても可愛かった。	特になし。
思い出になった。	ないです。
一つの節目として、お祝いや記念写真をとることで、思い出になるし、あらためて子どもの成長を感じられると思いました。	ごまがながい。

家族・親族が集まり楽しく食事しながらゆっくり話せる時間をつくれたこと。本人もだが家族皆が、子供の着物姿に喜んでくれた事。	写真撮影の時間が長く、子供があきてきた事と、そのため親族たちを待たせてしまった事。
皆が集まれた。お払いなど伝統行事の経験ができた。	子どもがつかれてしまった。
思い出になったし、子供たち本人も喜んでいた事。	特になし。
両親・祖父母にお祝いしてもらって、本人がうれしそうだった。七五三のいわれを話したところ、少し成長したような気がする。	金額が結構かかった。
子供が五歳になったと実感した。	お金がかかる。
記念になった。	お金が予想よりかかった。
子供の成長を感じられた。	特になし。
記念になった。	ありません。
神社にいって子供の健やかな成長などを願えた気がする。一生のうち七五三はそんなにないので家族で祝えて良かった。	写真などお店で撮るから結構お金がかかる。
思い出になった。	
皆に祝えてもらえたこと。	二歳半ぐらいに前撮りしたので、泣いてなかなか写真を撮れなかった。
記念の写真を残せた。	一日で終わらなかった。
みんな集まれたこと。	
みんな集まってお祝いをする事ができて、いい思い出が作れた事。	着物を着慣れていないので、着くずれしてしまった。
可愛い写真がとれ、思い出になったこと。	食事の場所決めでもめること。

家族みんなで成長祝いをでき、また本人も喜んでいた事。	着物がつらかったようです。
子どもの成長をみんなで喜べた。	特になし。
子どもの成長を実感できたこと。	二人一緒に行ったのでお金がかかった。
記念に残る。普段着る事のない着物を着せてあげられる。	特になし。
私が着た着物で娘もお祝いできたから。(七五三をした子から見た)ひいおばあちゃんが楽しみにしていたので。	氷川神社で寸志を用意していなかった事。
子どもの成長をみんなで祝える。	
なかなか着ることのない着物を着せられて良かった。成長の記念になった。	ありません。
本人が着物を着て喜んでいたこと。	特になし。
着物姿をみれたこと。	
将来子どもにとってよい思い出になると思う。	着物レンタル、写真など、お金がかかる。女の子三人いるので、大変。
自分の着物を着せる事ができた。子どもが大きくなったなあと実感できた。	父方、母方の両親が健在なので、日程を合わせたり意見を聞いたりするのが大変だった。
記念になった。両親がうれしそうだった。	なし。
むすめの着物姿が可愛かった事。	写真屋さんの値段が高い。
両家の祖父母に子どもの晴れ姿を見て喜んでもらえた事。	なし。
人生の節目のいい想い出になった。着物姿がみられた。	その日に体調を崩し、着物姿で病院へかけつけた。着物はレンタルだったので、急な日にち変更が難しかった。

記念撮影できて思い出に残る。	
大きくなった子供の成長を感じる事。両家で食事をするいい機会。	着物を着せたが、子供がいやがっていたこと。
良い思い出ができた事。	着物を着せたが、歩きづらく（ぞうり）大変だったこと。
子供が着物を着れたことをとても喜んでいたこと。家族で記念写真が撮れたこと。	特になし。
親族が集まってお祝いできた事。	子どもがずっと着物を着ていられなかったので着替えたりとあわただしかった。
両方の両親が集い、良い想い出を作れたこと。	特にありません。
皆で集まれたこと。	着物がきつくて嫌がったこと。
子供の成長を両親に見せることができたこと。	特になし。
家族皆で子供の成長を祈り、有意義に過ごせた。	なし。
成長の節目としてみんなでお祝いができたこと。	特になし。
着物を着て子供が喜んでいたこと。	髪型が乱れた。すぐ着物を脱ぎたがった。
記念の写真が残る。	お金がかかる。
皆でお祝いできてよかったと思います。滅多に着れない着物も着れて子供達もうれしそうだった。	予約が大変だった。
良い記念となった。	なし。
思い出になった。	なし。
皆に成長した我が子を祝っていただき嬉しかった。わが子の晴れ姿を皆に見て頂けた。	特になし。

子どもの成長を親族で祝い、子ども自身も良い記念になったと思います。	
子どもの成長の記念になったし、家族が集まる機会を持てた。	撮影や着付け、お化粧、子どもがすることが多く、かなりぐずり、着付けが十分でない記念写真ができあがった(足袋や草履をはかない、お化粧をおとすなど)。
自分の時に使った着物で娘も七五三を祝うことができた。	食事の件でどの店にするか又は自宅でするか悩んだ。参加者の料理の好みが違う。
成長の区切りとしてよかった。写真を持って子供達それぞれの成長がわかる事がよかった。	お祝いその後の支払いが結構高かった。
男の子は一度だけなので、五歳の長男と三歳の次男と一緒に写真館で写真を撮って記念になった。	写真代が結構かかった。八万ぐらい。
子供の祖父母が喜んでくれた事。	お金がかかる事。
私が使用した着物を娘に着せれた事。祖父母とも正装して一緒に記念写真を撮れたこと。	着物を長時間着ていられなかったこと。
	写真をとるのに予約していたのにすごく待たされて、子どもは飽きてしまい写真をとるときは泣いていて困りました。
子供の成長記念を形として残せる。	
着物かドレスを選べた事を娘たちが喜んでいました。	やはり写真への出費がいたかったです。
成長の一つとして記念になり、祖父母が喜んでくれた。	朝から準備が大変だった。夫と祖父の間で料理会の場所でもめた。夫は子供が食べられるファミリーレストランにしようとしたが、お祝いのお金をあげたのに…と。結局当日料理屋(うなぎや)に予約して行きました。夫側の祖母(父)は何もしてくれず、温度差を感じた(山形の人)。

思い出になった。	着物を着てお祝いしたかったが、食事などで汚すのではないかと心配だった。長時間だと子供があきてしまうのではないかと心配だった。
男の子なのでお祝いが一回の為、着物を着せられて良い記念になった事。	参加の人数が多いので、みんなの予定を合わせるのが大変でした。
家族で記念写真を撮った事。成長の過程の一つの節目。	地域によって、かぞえ年で祝う所があったりして、秋田と東京で風習が違う事。
本人も両家の祖父母も喜んでくれた事。	お金がかかると思いました。
プロに写真を撮ってもらい、アルバムがとてもよくできていたのでいい記念になった。	主人の母が参加できなかった時。
子どものふだんとは違う写真が撮れた。	特にない。
記念になるし、昔から続いている事なので、何か理由があるのだから、できて良かった。	子供が着物を着るのをいやがって大泣きしたこと。
祖父が次の年に亡くなったので、その前にみんなでお祝いできていい思い出になった。	和装で草履を履けなかった。
人生の節目に正装をしてお祝いができ、家族皆が参加する良い思い出になった事。	
本人が着物を着れて喜んだ事。	なし。
家族(身内)が集まれたこと。	子供が着物(特に草履)を嫌がった。
母親の七五三の時の着物を着せれた。又親に見せてあげられた事。	特になし。
両祖父母が一同に食事をとる。	移動に時間がかかる。着物を脱ぐ場所がない(食事の前)。

着物を着て、写真を撮れたので良い思い出となった事。	
着物を着るチャンスがある。家族全員が集まる。	費用がかかる。月・吉日によって値段の差が出る。
今までそしてこれからも健やかに育って欲しいと皆が心から思えた事。	なし。
皆で成長の喜びを共感できる。着物を着る事のできる数少ない機会。	お金がかかる。
昔からの風習を子供に伝える事ができ、記念にもなった。又神様や仏様の事も知る機会になった。	レンタルの着物だったので、当日の体調で着物が着れないこと（人気のあるものは他の日だと借りれないので）。
祖父母が遠方に住んでいたるため、一同に集まって食事する機会があってよかった。	写真館での撮影の際、なれない服装（着物）と場所だったので、ぐずってしまい大変だった。
記念に残る。	お金がかかる。
写真と一生記念として残せる。	三歳の時には泣かれて困った。
子どもの成長を感じられる。子供も家族もうれしい気持ちになった。	
子供も着物を着て祝うことによって少し成長。お姉さんになったという自覚ができたと思う。	
子供がみんなで集まる事ができてとても喜んでいた。	髪のセットの時、あきてしまって大変だった。
一一月にする予定。	
着物姿の写真が思い出に撮れてよかった。	
よい成長の記念になったと思います。	写真撮影が大変だった。小さな兄弟がいるため。
成長を願い、成長を記録として残せて良かったです。	特になし。

成長の記念として良い思い出がつくれた。	着物(フォーマルドレス等)を着て参拝する事以外、何を準備するのか分からなかった以外、困った事は特にありませんでした。
着物を着て子供がうれしそうだった。	祖父母の意向に合わせる為、気苦労が絶えない。
娘が着物を着ている時は喜んでいたし、初の化粧ということもあっていつもと違う娘をみれて驚きました。	三歳ということもあって慣れない草履には本人も私たちも大変でした(すぐ脱げるので)。
子どもの成長を記念に残す事ができて、みんなにお祝いしていただけたこと。	おいの着物だったので家紋が違い、急遽「貼り付け紋」というものを購入しなければならなかったこと。
祖父母が着物姿をとても喜んだ。子どももサムライみたいと喜んだ。	着物の仕立直し、クリーニング等「困った」というより意外と手間がかかったこと。
記念になるし、思い出も残る。	天候、子どもの体調に左右され、当日を迎えるまで、安心できない。
家族みんなでお祝いできた。	特になし。
いい想い出になった。	
これからだけど、男の子だから一回のみなので着物がうれしい。	来週で、まだなのでありません。
かわいい衣装を着て、本人が喜ぶ。	写真撮りが大変。
着物を着れて本人も喜んでいた。思い出になった。	特にありません。
着物での撮影など喜んでいた、思い出に残る。	予定を入れすぎて子どもが疲れた。写真館での撮影時間が長くて、子どもが腹ペコになり怒りだした。

付論　現代の七五三の変遷に関する一試論

はじめに

生活の中に溶け込んだ儀礼といえる七五三の儀礼が、現在の形となるまでの変遷については、これまで議論の対象とされてこなかったといえる。民俗学の事例報告などでみられる昭和初期までの各地における七五三の姿は、現在とは大きく異なる。筆者はその変遷の過程を明らかにしたいと考えているが、本論ではその試みの手始めとして、戦後から現在までの時期に焦点をあてて、東京での様子を中心にみることとする。

方法として、まず戦後から現在に至るまで、子ども時代、また母親や祖母になってから、といったような様々な七五三の祝いを経験してきた、現在六〇～八〇代の女性たちを対象に、その三つの時期の間の七五三の動向・変化を知るための手がかりを得たいと考えている。そして、この女性たちの話の中で聞かれた、現在の七五三の形を決めたともいえる子ども写真館をはじめとする儀礼産業の動きを、関係者の話を基にしながら明らかにしていきたい。

表1　七五三インタビュー調査概要（祖母世代）

日時	2012年12月から→継続中
場所	杉並区シルバー人材センターの集会室、対象者自宅
対象	杉並区在住の主として3回の七五三（自身・子・孫）を経験された60～80代の女性、15人（2015年時点）
時間	各インタビュー60分程度（1対1で）
構成	⑴自己紹介と調査説明、了解を得る。 ⑵対象者の基本属性の確認。 ⑶七五三に関するインタビュー実施。 ［主な質問項目］ 自身・子・孫の七五三について、それぞれで記憶されている祝いの様子とその時々で印象に残ったこと、3回の七五三を比較して感じることなどを中心に。 ⑷御礼と記録の文字化の承諾得る。

一　三つの時期の七五三に関するインタビューの目的と方法

筆者は現在六〇～八〇代の方々に「子」「母親」「祖母」といった三つの立場から経験された七五三の様子について聞くインタビューを実施している。目的は、主に戦後から現在にかけて、人生において三つの時期の七五三を経験した回答者たちから、立場（子・母親・祖母）や実施時期の違いを踏まえた情報を得ることである。回答者は現在杉並区在住の六〇～八〇代の女性たちで、これまで経験された七五三のことについて、記憶されていることや感じられたことを、およそ一時間ほどの間で自由に語ってもらう形をとっている。インタビューは、筆者と一対一の形で実施した（表1）。

インタビューは現在も進行中であるが、本論では二〇一五年の時点で得られた回答者一五人の話を基にしていく。それぞれの年代は六〇代が七人、七〇代が七人、八〇代が一人である。それぞれの時期における居住地は、「子」の時期は東京九人、北海道二人、秋田一人、宮城一人、栃木一人、埼玉一人となっており、「母親」の時期には東京一二人、夫の仕事の関係で海外一人、埼玉一人、沖縄一人となっている。また、「祖母」の時期は全員東京在住(ただし、うち四人はまだ孫が生まれていないので、この時期の七五三を経験していない)である。

インタビューの結果をみる前に、この三つの時期とその時々の回答者たちの置かれていた社会状況を確認したい。まず「子」の立場で七五三を祝ってもらった時期であるが、八〇代、七〇代、六〇代でその置かれていた社会状況は大きく異なる。八〇代の方は戦前、七〇代は戦時中、六〇代は戦争直後ということになる。特に七〇代の方は、この時期七五三をしていないことが多く、祝い以前に「祝いをする状況でなかった」と話すことが多かった。

次に「母親」の立場の時期は、高度経済成長期からその後も含めた時期となる。子を産んだ時期というものは、同じ年代は同じ時期におさまるものではないことから、年代別に分けずにみていくこととする。「母親」の立場の時期は、早い方で一九六〇年代の経験となるが、一人以外はすべて一九七〇〜八〇年代におさまっている。一九六〇年(昭和三五)前後から一九七三年のオイルショックまでの高度経済成長期、さらに一九八〇年代までがこの時期に該当する。高度経済成長期は日本社会の産業構造の一大転換期であり、急激な人口移動、農村型から都市型社会への社会構造の大きな変化もみられた。この間に七五三をはじめとする子どもの儀礼に影響を与えたと考えられる事柄として、子どもを取り巻く最も身近かな環境である家族のあり様の変化がある。「核家族化」「家庭内性別分業」「子育て家族」といった特徴で説明され、家族や家庭生活に対する意識、形は大きく変化することとなった。また、一九七〇年代以降は女性の社会進出や結婚観の変化、八〇年代には少子高齢化が急速にすすみ、戦後新たに生み出された家族観の揺らぎもこの時期に見られ始める。

「祖母」の立場の時期は、一人が一九八〇年前後である他は全員一九九〇年代以降となる。社会経済的な側面からみると、一九九一年(平成三)にはバブル景気が終焉を迎えたとされるこの時期は、八九年には一・五七ショックとして少子化がクローズアップされ、九四年には高齢化率が一四％を超え、少子高齢化が決定的となる。そして、家族の個人化、多様化が進み、家族がこれまでの枠におさまらなくなり、概念の捉え直しがせまられるようになった時期でもある。

こういった社会状況を背景にもつ三つの時期について話してもらった中で、これらの時期の七五三の変遷を知る手がかりとなる特徴や、立場や実施期間の違いを踏まえて語ることのできる回答者たちの現代の七五三に対する考えや思いを拾い集めてみたい。

二　三つの時期にみられた変化

回答者たちの話の中から、七五三の変化に関する特徴を取り出していきたい。

まず祝いの時期であるが、「母親」の時期、つまり一九七〇～八〇年代は、一一月一五日に七五三を実施することは大変少なく、一一月中の土日祝だったとする回答が多かった。これは「子」では、一一月一五日に祝ってもらったという記憶からの明らかな変化である。変化した理由は、回答者たちの解釈によれば、父親の参加率の増加とみられる。父親が参加するようになり、その仕事の休みに合わせるため、年によって平日の場合もある一一月一五日の実施が減少したのである。一九七〇年代の七五三に関する新聞記事のタイトルには、「七五三考現学―服装、かなり地味だが高級　二人に一人はパパが付添い―」（朝日新聞、一九七二年一二月八日）、「雨の日の七五三　七歳、半数が着物姿―目立った父親姿、欲しい子供の雨の日コート―」（きもの新聞、一九七五年一一月二五日）といったように、父親参加に注目した記事がみられ、この時期の新しい変化であったことがわかる。

参拝の参加メンバーの変化をもう少し詳しくみたい。「子」「母親」「祖母」としての時期の七五三の様子を比べてみると、「子」の時期は参拝を母とのみした場合が最も多い。この時期父母と参拝したとするものは一人のみ、祖父母・父母も含めた大人数での参拝も一人のみであった。それが「母親」になると、父母(といれば兄弟姉妹)でといった形が一般的となっている。さらに、「祖母」の時に孫の祝いがあった場合、一人以外は皆社寺参拝に同行している。この「祖母」の時期のほとんどの回答にみられるように、現在は祖父母も含めた大人数で七五三の社寺参拝をすることが多くみられる。社寺参拝に同行しなかった一件とは、一人だけいた八〇代の方である。この回答者によれば、こっちから行くともいわないし、向こうも特には呼ばないということで、「簡単なんですね、今は」と話す。ただし娘夫婦は近くに住んでいたので、後からお赤飯をもって行ったということであった。

しかし、この後の七〇代、六〇代の方はすべて孫の七五三に参加し、社寺参拝とその後の会食、場合によっては写真館にも同行している。この八〇代の回答者の孫の七五三は一九八〇年前後であり、「母親」の時期にほとんどの方が祖父母を呼んでいないことと合致する。回答者たちの話を整理すると、一九九〇年前後に祖父母も参加する大人数の七五三の祝いの形がみられだしたことになる。戦前から明治神宮を中心として、一一月の七五三の時期、「七五三服装調査」を続けている東京の服飾専門学校、学校法人清水学園の調査報告では、一九八六年に「一人の子どもに五・六人の大人が付き添っていることもある」という記述が初めてみられる(清水 二〇〇五)。戦前から戦後にかけては子どもと母親、一九七〇~八〇年代は子どもと父母、九〇年代以降子どもと父母と祖父母、といった参加メンバーの変遷の実態が確認できたといえる。

次に目立った回答として、回答者のうち比較的年齢が上の七〇代後半以降の方の場合、「子」の時期、参拝メンバーは本人と母のみながら、家に帰ると親戚なども集まって皆でごちそうを食べた記憶があることである。これに対

写真１　1970年代の七五三の様子(祖母の手作りのワンピースを着て)

写真２　現在の明治神宮の七五三の様子(３世代が集う)

して、同じ回答者でも「母親」の時期は自宅で家族のみで簡単に、そして「祖母」の時期は参拝メンバーで外食あるいは自宅で出前など取って豪華にする工夫をしていたという。儀礼を通じてみられた戦前戦中の親戚や近隣とのつながりが、高度経済成長を経た一九七〇～八〇年代希薄になった分、家族に向けられるようになった様子がうかがえ、この期間の父親の儀礼参加もこの流れといえそうだ。

この参拝とその後の祝いについて、次のようなコメントを得ることができた。まず「子」の時期であるが、

・昭和一七年頃、数え七歳でお祝いしました。うちは東京で昔からの農家なので、子どもの頃は近くの親戚が集まってお祝いしてくれました。野菜もたくさんあって、それを使ってお赤飯も炊いてごちそう。祖母が家中のことを支配していて、お祝いの時もすべて取り仕切ってたわね。七五三のお参りも祖母と二人で氏神様の氷川さんに行きました。（Sさん、七〇代、東京出身）

・おばたちが皆来て、着物着せてもらって。行く時は母と（弟で）三人でお参りして、帰ってきたらもう親戚皆集まって。だから、ちょっと帰る途中あちこちごあいさつして歩いて。それで帰ってからは、なんか皆で食卓にこうあれしてお祝いしたのを覚えております（Tさん、八〇代、東京出身）

それが「母親」の時期になると、

・参拝は私と夫、あと同居していた夫の母と行きました。いつもは行く神社とは別の八幡様に行きました。こちらの神社の方がきれいだから。その後家でお赤飯炊いて。そうそう、ケーキ買いました。（Nさん、六〇代、埼玉出身）

・いつも行く八幡様に夫と私、子どもで行きました。帰ってから家族でちらし寿司食べたような。そんな感じでした。（Aさん、六〇代、東京出身）

上記の「母親」の時期の二人のコメントとは異なるが、参拝先について「母親」の時期に明治神宮の名が多く挙がっていたことが特徴的であった。これは数の上では一二人中五人であるが、「子」の時期には一人のみ、「祖母」の時期には〇人であることをみると、一九七〇〜八〇年代に特徴的な参拝先であるといえるだろう。なお、「子」の時期に祝った八人のうち四人が氏神神社へ、「祖母」の時期は子ども夫婦が暮らす地域において、家の近くで比較的大きいところへ参拝する場合が大半であった。

現在公表されている明治神宮の「七五三詣件数」は、一九七〇年までのものであるが、これをみると一九二六年一八七件、一九三五年一〇〇三件、終戦から五年後の一九五〇年三一七件の翌年から急激に増加、一九五五年二三〇九件、一五年後の一九七〇年には一〇倍以上の二万五一八四件までになっていた（明治神宮　一九七九）。明治神宮の関係者の話では、一九八〇〜九〇年代には一日で一万件という日もあったという。現在かなり減少して、平均一日一千から二千件とのことである。

明治神宮における参拝者の増加とその後の減少は、七五三を祝う子どもの出生数の増減というよりも、参拝先の選び方の変化が影響しているといえる。高度経済成長期の大きな人口移動にともなう地域社会の変化と、育児雑誌の登場による影響がその要因として考えられる。

一九六〇年代後半から登場する出産・育児雑誌は、多くの読者をもつようになるが、その中で子どもの儀礼に関する記事をみると、参拝先は「氏神様」「地域の神様」へという書かれ方が多く、つまり明治神宮以外の選択肢が提示されるようになる。儀礼についての内容、やり方を親や地域より伝え聞くことができなくなった多くの若い母親たちは、これらの記事を参考にして、昨今参拝先を選ぶようになった背景が考えられる。(2)

しかし、そうとはいえ、一九七〇~八〇年代に明治神宮に七五三参拝者が集中していたことを、これのみにて説明することは不十分である。「母親」の時期、明治神宮を参拝先に選んだ理由として、「初めての子だったから」「(七五三で明治神宮に参拝するのが)一般的だったから」といったものが聞かれたが、この時期の明治神宮に対する人々の意識・位置づけとその後の変化について調べていく必要がある。改めて別の機会に検討していきたい。

そして、この六〇~八〇代の方々の話の中で特に注目したいことは、「母親」の時期に子どもに着せた祝い着のことである。現在は、多くの場合、子どもの性別や年齢にかかわらず、着物が目立つが、これは一九七〇~八〇年代にはどうだったのだろうか。回答者の話を聞くと、「母親」の時期、子どもには女児の場合着物を、男児はスーツを着せることが多いということであった。この時期の着物については、元々もっていたものやもらったものを仕立て直す、祖父母に買ってもらう、知人から借りる、という場合が多いが、その他に「レンタルを利用した」という方が二人いた。着物レンタルについては、「着物のレンタルは今のように一般的ではなかった」、「レンタルは考えてもいなかった。あまりその頃なかったのでは」という声も聞かれた中、レンタルを利用したとする二人のコメントは次のようであった。

・私の成人式の時にも、デパートに写真館とレンタル衣装屋さんっていうのがくっついてるのがありました。もう四〇年以上も前ですが。子どもの(七五三の)時は、渋谷の東急文化会館っていうのがありまして、今はヒカリエになっているところなんですが、あそこに衣装屋さんと写真屋さんがドッキングしたものがありましてね。そこで。(Yさん、六〇代、北海道出身)

・一番末の娘の時は三歳はお友達から借りて、七歳の時は貸衣装屋さんでお借りして。ただおばあちゃんはちょっと不満だったらしいんです。昔の人はきっちりと初宮で作った掛け着の着物を仕立直して三歳や七歳で着せてたみたいで。こだわりがあったみたいです。貸衣装屋さんですか。その頃もうありましたね。今ほどではないけど、まあまあ普通に。（Kさん、六〇代、北海道出身）

以上回答者たちの人生における三つの時期の七五三の経験に注目し、特徴的な事柄、いずれも変化に関することを取り出してみた。父親や祖父母の参加にみられる参拝時の参加メンバーの変化、参拝後の祝宴の様子の変化、参拝先の変化、祝い着の変化を注目すべきものとして挙げた。この他に、同じ回答者の中で三つの時期を見比べた際に強くみられることとして、七五三という同じ儀礼でありながらも、ある時期から次の時期へと引き継がれる要素の希薄なことがある。例えば着物など一九七〇～八〇年代まで母から子、祖母から子などと受け継がれることがみられていたが、「祖母」になった現在、自分がしてきたように孫にこれまで使った着物を着せるというやり方を伝えようとすることは、きわめて少数となっている。

さて、それぞれの特徴を時代背景やその他要因に照らし合わせながら、さらに分析していくことが求められるが、インタビューは現在も継続中である。予定数のインタビュー終了後、あらためて検討していくこととする。

ここでは、戦後の短い間にも七五三と家族とに関連した事柄の中でみられた、いくつかの変化と、それらのおおその変化の時期を確認することにとどめ、最後の祝い着に関する変化の中で聞かれた、現在の七五三に大きな影響を与え続けている儀礼産業の登場と変遷についてみていく。一九七〇～八〇年代にみられるようになり、現在の七五三のあり様に影響を与えた着物レンタルと、この時期以降に登場する子ども写真館について、関係者からうかがった話を中心に整理していきたい。

三　一九八〇年前後の着物レンタルと七五三

「着物のレンタルを始めた一九八〇年代当初、業界内ではまだそれほどやっているところはなかったですね」

上野に本店を持ち、一九四七年（昭和二二）創業の呉服店鈴乃屋のレンタルブティック統括部長枝廣氏によれば、着物のレンタル、中でも七五三に関するものは、八〇年代初めにはまだまだ一般的ではなかったという。

当初は着物を借りることに対する意識が今と異なり、来店しても客は遠慮気味に「貸していただきます」という感じであったという。社会風潮として、着物を借りることへの抵抗感があったのである。同じく一九六七年から着物のレンタルを中心に事業を展開している晴れ着の丸昌横浜店の常務取締役鹿島氏も、一九七〇年代レンタル用の着物を届けにうかがうと、「家のそばに車をとめないでほしい」といわれることがよくあったと語る。

しかし、このような借りることへの抵抗感もその後の大きな転機によって変化する。晴れ着の丸昌では一九八〇年頃から、鈴乃屋では一九八五年頃から、大手スーパーとタイアップをした七五三晴着予約会を実施し、地域に入り込んで、より身近な形で人々がレンタルを利用できるようにしていったのである。この時期二社の他にも、大半の着物レンタルを始めていた業者が同様のことを開始していたという。

大手スーパーでの七五三晴着予約会では、着物を貸すだけでなく、予約しておいた着物を七五三当日に着付けるサービス、記念写真を撮るサービスも行なっていた。後述する子ども写真館が実施しているサービスは、すでにこの時期に行なわれていたというわけである。

鈴乃屋の枝廣氏は、スーパーでの予約会の実施によって、七五三が大きくクローズアップされ、レンタルすることに対する意識が変わるきっかけになったと話す。「一昔前の世代では、レンタルというよりも購入する方が一般的だったので、そのようにして準備することが難しい場合、お祝いを特にしない、洋服で簡単に済ませる方もいました。選択肢が少ないので、自然にそのようになっていったんでしょうね」として、それに比べると今の状態はやや気張った印象を受けるという。

スーパーにおける七五三晴着予約会が盛況となり、写真も撮ることから、それまで七五三の記念写真を撮っていた町の写真屋さんのサービスを「くってしまった」感じになったと枝廣氏は語る。

しかし、この七五三における着物レンタル業の盛況ぶりは長くは続かなかった。その理由は、子ども写真館の登場である。

四　子ども写真館の登場と七五三

現在七五三で多くの人が利用する子ども写真館の登場は、一九九二年（平成四）であった。この年は子ども写真館大手のスタジオアリスが事業を開始した年である。子ども写真館は、それまでの写真館とは大きくその様子が異なる。この写真館とは、子どもに特化した写真を撮影する写真館であり、主に子どもの祝い事が対象となっている。しかし、子ども写真館に特徴的なのは「子どもを対象としている」ということだけではない。子ども写真館が現在のように多くの人に利用されるのは、徹底した客の利便性を考えたサービスによるところが大きい。

現在この業界は、多くの会社が競合しているが、いずれも提供するサービスの内容は類似している。まず、写真撮

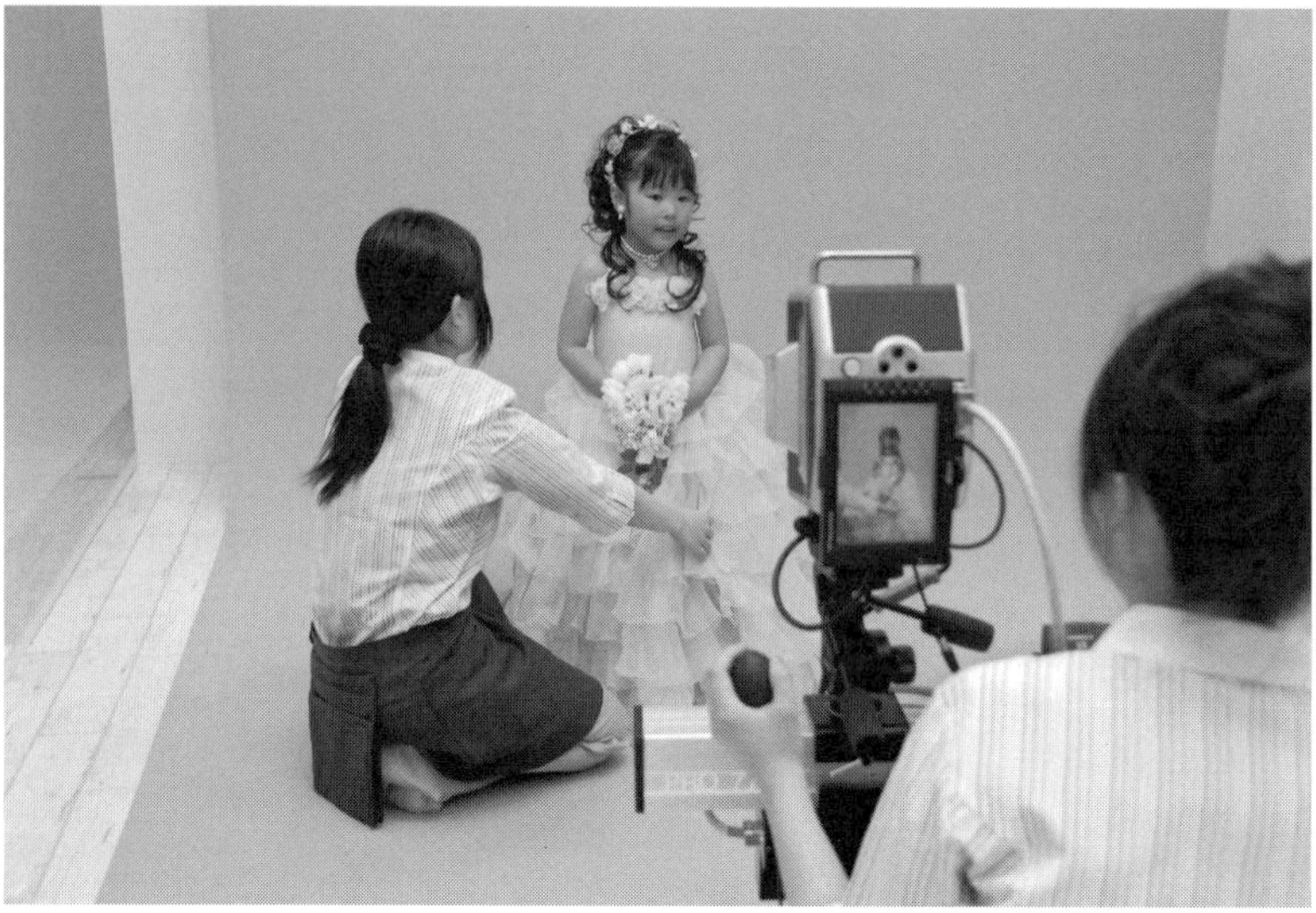

写真３　子ども写真館での撮影風景（スタジオアリス提供）

影時に着用する着物やドレス、スーツ類を数多く店舗に常時置き、その場で着るものを選ぶことができ、そして着付けやヘア・メイクもしてくれる。着て写真を撮るだけなら何枚着ても無料であり、着付けやヘア・メイクも費用はかからない。その日のうちにモニターをみて、購入を決めた写真の分だけの料金が発生する。(3)

このようなサービスがあるため、前もって自分たちで何かを準備する必要はほとんどなく、「ただ来店するだけ」でよい。また料金体系をはじめ、すべてのサービスのしくみがわかりやすく明示されているので、安心して利用できる。

さらに、特徴的なこととして、子どもの笑顔を引き出すための数々の工夫がある。店のスタッフは、子どもの相手が好きな女性や経験者で占められており、とにかく子どもの笑顔の瞬間を撮るために最大限の努力が払われている。

このようなサービスの数々を写真館に初めて導入したのは、スタジオアリスである。

スタジオアリスのテクニカルスクール部長松原氏から、スタジオアリス誕生のいきさつを聞くことができた。北海道から沖縄まで全国四五六店舗、海外一二店舗（二〇一三年一二月時点）を展開するスタジオアリスは、元々婚礼用スタジオ、DPEショップ、CD・ビデオレンタル店などを大阪で経営していた会社であった。創業者である前社長がある時、北海道で赤ちゃんのお食い初めなどの写真を撮る写真館を知り、子どもの成長の節目において写真を撮ることへの人々の強い思い、そして重要性を感じたことが現在の子どもを中心とした写真館スタートのきっかけであったという。スタジオアリスが事業を開始した当初、町の古くからの写真屋からは人々が離れてしまっていた時期であったことから、どのようにすればまた人が集まり利用してくれるのかを考えた結果が、現在のサービス内容の基盤にあるといえる。

筆者が以前、現在子育て中の母親たちに実施した七五三インタビュー（田口 二〇一三）では、多くの回答者が写真撮影の際の話をし、また話の大半が子ども写真館についてであった例も多かった。中には思った以上に費用と時間がかかってしまったという不満の声も聞かれたが、それでも「七五三を記念に残せてよかった」として、節目の時期に成長した子どもの姿を写真に残すことができ、満足したとすることが多かった。

スタジオアリスをはじめとする子ども写真館の登場は、七五三を祝いやすくしたことで、子どもの祝いをしてあげたいと考える多くの親たちの心を捉え、親たちの七五三の祝いに対する行動・意識を変えたといえる。先述の六〇～八〇代の女性たちへのインタビューでは、自分の子どもたちを祝った時の七五三に比べ、孫の七五三、また昨今の七五三の祝い方には、とにかく子どもを着飾らせてお祝いしなきゃ、という雰囲気があると話す。彼女たちが自分の子どもの祝いをした一九七〇～八〇年代にかけては、きちんと祝ってあげたいが、着物の準備がうまくいかない場合には、できる範囲で何かしてあげればよいという感じであったという。できればするし、できなければしょうがないというスタンスである。先述の鈴乃屋の説明されていた印象と同様である。それに対し、現在は誰もがお祝いをしてあげなきゃという風潮にうつるようである。

七五三の全般的な実施率の変遷データはないものの、子ども写真館の利用率が高い昨今[4]、七五三の実施率も現在は一〇〇％に近い[5]。このことを考えると、子ども写真館が九〇年代以降の七五三の実施率に与えた影響がうかがえる。

さらに子ども写真館が現在の七五三に与えたと考えられる影響は、実施率だけにとどまらない。先に挙げた着物着用率もその一つである。先述の六〇～八〇代の女性たちへのインタビューにみられたように、一九七〇～八〇年代には、ワンピースやスーツもみられ、特に男児の場合スーツが多かった。それが、子ども写真館では準備が不要となり、店で選んで、着付けてもらえることから、ほぼすべての男児が袴を利用するという。このことは、九〇年代以降男児も八〇％以上が袴をはくようになったことに影響を与えたといえる。

また、七五三の実施時期についても影響がみられる。一一月一五日に限らず、一〇月末から一二月まで時期の広まった拡散現象が、神社に対する氏子意識の低下（石井　一九九八）や父親の儀礼参加によって、一九七五年以降みられ始めていたが、子ども写真館の前撮りなど[6]にみられるサービスの提供によって、さらに拡散するようになった。

そして、さらに子ども写真館の積極的な広報・宣伝活動により、七五三に限らない子どもの儀礼全般のけん引役となっている様子も、子ども写真館を利用した現在の母親たちの話から知ることができる（田口　二〇一三）。

このような一九七〇～八〇年代を中心とした儀礼産業からみた七五三の様子について、晴れ着の丸昌の鹿島氏は、その変遷を明確に説明できるとする。まずは七五三における着物レンタルが始まり、続いてスーパーと提携した七五三晴着予約会で着物を借りることが身近なものとなり、七五三自体がさかんになった。さらに子ども写真館が徹底して利用者の求めに応じたサービスを行なうことで台頭してきた、という流れであるという。この着物レンタルから子ども写真館への流れの背景には、子ども時代をかけがえのないものとして記録にとどめ、その中の重要な節目を記念に残したいとする、七五三にみられる新しい意義が見出せる（田口　二〇一二）が、同じ儀礼産業への取材からこれとは

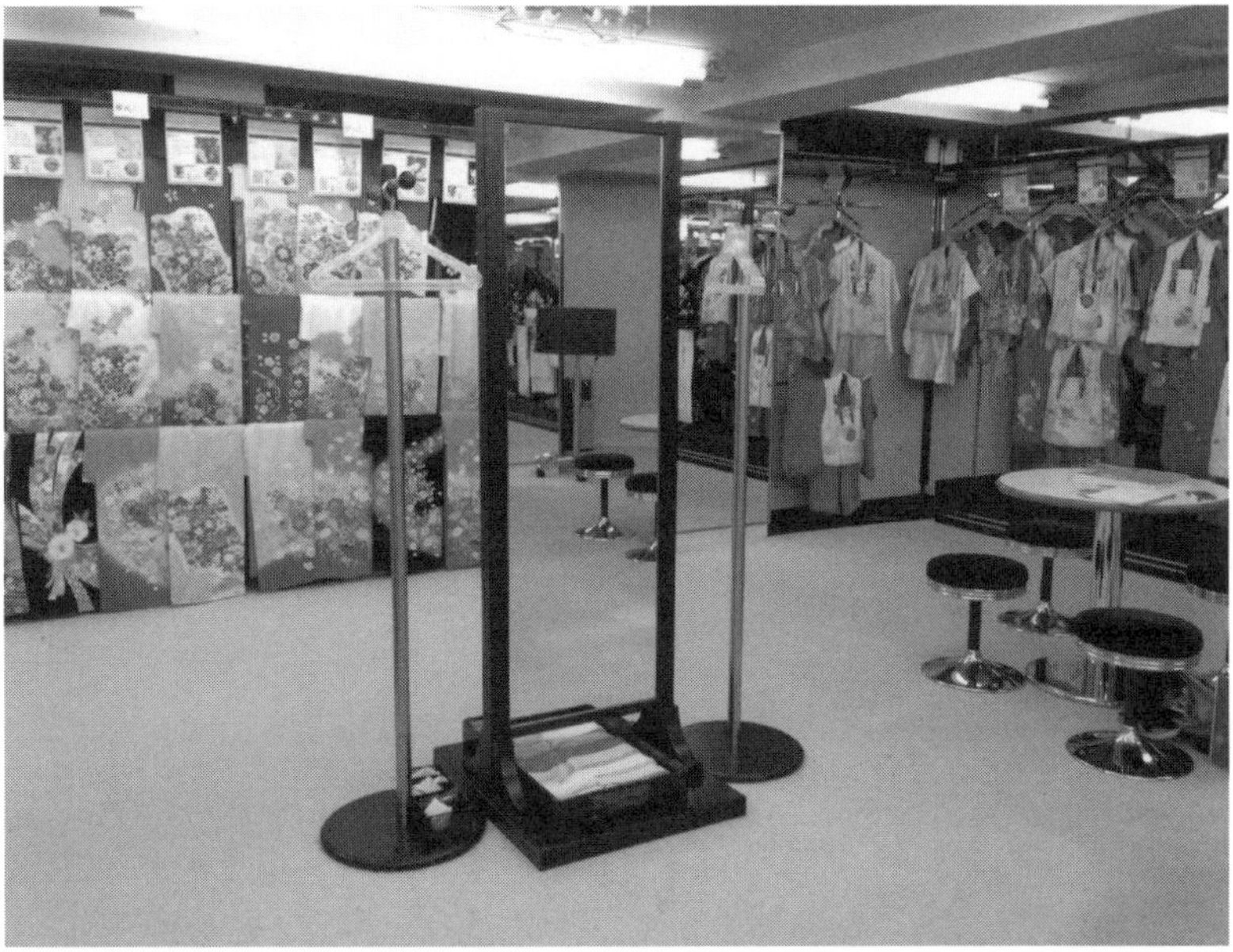

写真４　高級な古典柄を多く取り揃えた着物レンタル店内（晴れ着の丸昌横浜店）

別の重要な意義が参加者から求められ、また実際に存在することがみえてきた。次項で触れたい。

五　現代の七五三のもう一つの意義

晴れ着の丸昌の鹿島氏から、次のような話を聞くことができた。

当社の七五三部門は、子ども写真館の登場もあって、全体的に縮小。でも三年前に、たまたま特殊な事情があって。三越と伊勢丹の合併で、三越に入っていた当社のレンタル事業が出されてしまったんです。三越のお客様にと考えて作っていた高額の商品をどうするかということになり、子ども写真館で満足しないお客様を対象にできないかと考えました。

鹿島氏はご自身の子どもの七五三の祝いで子ども写真館を利用した際、写真を撮るのは上手だけれども、着付けという観点で疑問を感じたという。後ろに洗濯バサミがたくさんついたまま着付けを終了したり、生地がナイロンだったりと、本当に子どもが着物を体験したことにならないのではないかという印象を受けたという。そこで、三越で残ってしまった高級な着物を前撮りすることで、通常の七割引きほどでの提供が可能になり(7)、正式な着付けと上質な衣装という切り口で、子ども写真館では体験できない部分での展開を模索した。結果として今、「予想を遥かに超える形で、そのようなものを求めるお客様が多いということがわかった」として、着物に代表される「伝統」「文化」への人々の興味と希求を実感していると語る。そしてこの三年間の方向転換が好調であり、伝統重視のサービス方法に手応えを感じているとも語っていた。

この話は、筆者の二〇一一年に実施した七五三の儀礼参加者へのアンケートやインタビュー結果と合致するものである(田口 二〇一三)。筆者のアンケートとインタビューでは、現代の若い母親たちが子ども写真館などでの写真撮影を重視している様子がみられたものの、それよりも社寺参拝を重視しているという結果が随所にみられた。

この現象を理解するためには、現代における社寺参拝の意味を吟味する必要がある。現代の社寺参拝の社寺とは、かつてのように信仰や普段の親しみ、かかわりからではない、極端にいうと、その時だけ参拝することさえある場所となっている。現在このような位置づけもされる社寺が、なぜ重視されるのだろうか。これは、社寺が現在「伝統」や「文化」、過去から連綿と続いてきた、由緒のある、社会的に意味のある、といったイメージを強くもたれているからであり(8)、「きちんとした」「まちがいのない」ものの象徴とされているからといえる。つまり、「お墨付き」をもらうことで、人生や社会における自己の再確認や確かな位置づけを得ることが可能になっているのである。

現代は情報が錯そうし、人々を取り巻く環境は日々変化、そして多様化している。新しさや変化もよいが、そうした中で変わらないものへの希求、古くから社会で行なわれてきたとされるものに身を置いて、過去や未来とのつながり、社会とのつながりを、時には確認し作りたいという思いがベースにあると思われる。

このような「伝統」や「文化」とつながる方向性でサービスを提供する七五三の着物レンタル業の好調ぶりと、社寺参拝の最優先という母親たちの意識には通底するものがある。例えば、子どもを産むことで事実上親となることはできる。しかし、多様化する現代において、「これが親だ」「これをすれば親だ」というような定式化された、人々に共有された価値観を求めることは難しい。自分がきちんとした「親」としての役割を果たしている、「親」となっていることを実感することは難しいのである。そこで、七五三や初宮参りのような昔から行なわれてきたとされる儀礼を、ある程度納得できる形で実施することで、広く認知され共有された社会との接点をもつことができ、親としての役割を果たせた安心感が得られるのである。これは、筆者が現在子育て中の母親たちとのインタビューを通じて感じるところでもある。

こういったことより、一九七〇～八〇年代にその萌芽がみられ、九〇年代に登場した子ども写真館などの儀礼産業の影響により、成長の節目を「記念」「思い出」に残そうとする部分ばかりが強調されたようにみえる現在の七五三の実態も、ただの「イベント」ではなく、儀礼を通じた人々の社会や伝統とのつながりを求める心情のあらわれとみることができるだろう。

おわりに

以上、現在六〇～八〇代の女性の経験してきた七五三、つまり戦後から現在に至るまでの七五三の様子についての話の中から、七五三の変遷の様子を知る手がかりを探した。また、この間の七五三において重要な存在である着物レンタル、子ども写真館の動向について関係者に話を聞き、女性たちの話と重ね合わせながら、現在の七五三における影響の大きさを確認してきた。

七五三の変遷を明らかにしようとした本論における試みはまだその途上であり、今後さらに深めていかなければならない。今回お話をうかがった三つの時期の七五三を知る女性たちの話は、それぞれの人生のあり様が多様であるにもかかわらず、それぞれの時期ごとに共通点が多く見出せ、またその変遷にも共通性が多く見出せた。これは、結果をまとめるにあたり、筆者の注目したのが「共通した変化」であったことにもよっていると思われる。今後、回答者によって異なる点にも注意しての捉え直しの必要性を感じる。

また今回取材にご協力いただいた儀礼産業にたずさわる方々のお話からは、多くの人から支持されるサービスが一方通行では実現せず、利用者と提供者の目にみえるあるいはみえない多くのやり取りを通じて実現することを感じた。今後も七五三における儀礼産業の影響を、新たな視点も交えながら調査することを続けていきたい。

注

（1）この場合「家族」は同居（あるいは近居）している人をさし、大半が祝いの対象の子と父母、それと子の兄弟姉妹のこと。この時期、祖父母は同居・近居の場合に限って食事に参加していることが多い。九〇年代以降のように、遠くに住んでいながら七五三のために祝いの場所までやってくることはごく稀であった。

（2）出産・育児雑誌から子どもの儀礼に関する情報収集をすることは、七五三よりも安産祈願や初宮参りで顕著である。例えば、現在関東において安産祈願が水天宮（日本橋）に集中している現象や、初宮参りをしようとする母親が神社に自分の住所地の氏神社がどこであるか問い合わせることには、出産・育児雑誌の記事からの影響があると考えられる。

（3）ただし、撮影の基本料金として数千円の支払いが必要になるのが一般的である。

（4）インターネットの大手育児サイトベビカムがサイト登録者一一一二人に実施したアンケート「七五三のお祝い、どうしてますか？」（二〇〇八年一〇月）では、「七五三の記念撮影はどうしましたか？」という質問で、「子ども専門の写真館」が五二％、「町の写真館・写真屋さん」が二五％、「神社や寺に併設の写真館」三％という結果となっている。

（5）前掲（4）のアンケート調査では、「お子さんのお祝いしますか？」という質問で、九三％がした、もしくはすると回答している。

（6）子ども写真館が始めたサービス。通常七五三を祝う一一月ではなく、その前の早い時期に着物などの衣装を着ての撮影を済ませることで（社寺参拝は別の時が多い）、時期がずれている分安く提供でき、混み合わずにゆったりとした状態で撮影ができる。

（7）この前撮りを採用して、安く提供できる工夫をした。通常の七五三の時期だと貸せるのは多くて二回ぐらいだが、前撮りだと何回も貸すことができ、大きく値引きしても利益が出せるという。

（8）國學院大學ＣＯＥプログラム「日本人の宗教団体への関与・認知・評価に関する世論調査」（二〇〇四年）では、神道・仏教ともにそれぞれのもつイメージを聞く質問項目があるが、回答として「伝統行事・冠婚葬祭」を選ぶ人が最も多かった。他の回答として「伝統文化」も多く選ばれ、古くから続く、語り継がれてきたというイメージが現代の神社・寺院に強くあることがわかる。

第四章　現代における厄年の実態と厄年観

はじめに

現代の日本において、厄年を迎えて神社や寺院へ厄除祈願・厄祓いに行くことはきわめて一般的である。また、祈願や祓いなどしなくとも、参拝した折に厄年を意識して厄除祈願の御守りを受けてくる、といったこともある。特に近年厄年を意識する傾向はいよいよさかんな印象があるが、実際人々は厄年をどの程度意識しているのであろうか。

朝日新聞は、一九八一年と一九九五年に宗教についての全国世論調査を実施している。(1) この中で厄年を気にするかどうかについて聞く質問が設けられており、「気にする」とする割合は、一九八一年が五〇・六%、一九九五年が五四・三%で、二年とも高い割合となっている。現代人にとって、厄年は関心の高い儀礼であるといえる。

このように厄年に対する関心は高く、社寺参拝などの行動もともなっている。後述するように、人々の求めに応じて厄年年齢の設定が変化している事実もあり、厄年が現代において広く求められているものであることはまちがいない。ところが、他の儀礼同様、これまで現代という視点から研究対象とされることがほとんどなく、実態の把握もできていないのが現状である。

そこで本章では、まず現代の厄年に関する事柄の実態を明らかにしていくこととする。そして、時代を超えて厄年という概念が受け入れられ、必要とされる要因を探りながら、現代における厄年のイメージ(厄年観)を明らかにし、過去の厄年観からの変容の有無や変容の内容を明らかにしていく。

方法として、都内神社と厄年に関する著名寺院へのインタビューと、現在三三歳・三七歳の二回の厄年があるとされている三〇代女性たちへのインタビューを実施した。インタビューの結果を中心に、インターネット上での厄年に関するアンケート調査、女性誌における厄年に関する記事内容を補足的に参考にしていきたい。

一　厄年の定義と先行研究

厄年は辞典によると「①陰陽道で厄難にあうから諸事に慎み深くふるまわなければならないとする年齢。厄払いをする習慣がある。普通、男二五歳と四二歳、女は一九歳と三三歳。とくに男の四二歳と女の三三歳は大厄、その前後の年を前厄、後厄という。厄まわり。やくねん。やく。②(①から転じて)災難の多い年。ついていない年。」(『第二版日本国語大辞典一三』小学館、二〇〇二年)と説明されている。厄年は中国から伝わった外来思想が基になっており、古代や中世にはすでに広く知られていた。小池淳一は「厄年と陰陽道」の中で、古くから厄年についての儀礼も行なわれていたが、それらについて陰陽道や宿陽道、仏教などいくつかの立場からの説明が混在したため、儀礼の形も年齢設定も一様ではなかったとしている(小池　一九九八)。様々な民俗学の調査報告からも、地域・時代などによって形式、年齢設定が様々であったことがわかっている。現在厄年とされる年齢の男二五歳と四二歳、女一九歳と三三歳は、九星九官の法の影響によるもので、江戸時代に広くいわれるようになったとされている(吉野　一九八四)。近年はこの年齢に男六一歳と女三七歳が加わって、説明される場合が多い。

冒頭で現在厄年を迎えると、神社や寺院へ厄除祈願や厄祓いに行くことが一般的であると述べたが、古くより必ずしも社寺への参拝が中心であったわけではない。民俗学の研究成果より、かつて全国各地で行なわれてきた厄年に関する習俗・行事について多くを知ることができる。例えば昭和五〇年代発行の『日本の祝事』(全一〇巻、明玄書房)[2]では、厄年に関する習俗・行事は全国でみられ、挙げられている中で特に多いものには、「神参りをする」の他、「身についたものを落としてくる・捨ててくる」、「物をまく・配る」、「人を呼んで宴をはる・招いて(ごちそうなどを)ふるまう」がある(明玄書房 一九七七〜)。

厄年に関するこれまでの研究の多くは、これらの厄年に関する習俗・行事の整理や解釈、その根底にみられる厄年観を説明しようとするものであった。柳田國男は一九三五年(昭和一〇)に出された『郷土生活の研究法』の中で、厄年について数行にわたって触れ、厄年の「厄」の字は「役」とした方がむしろ実際をあらわすに近いのではないかと述べた(柳田 一九九八)。このことを受けて、倉田一郎や瀬川清子は、柳田の考えを展開させる形で、厄年に関する論文を発表し、様々な事例を挙げながら、この「役」が神役の役ではないかと再度提起している(倉田 一九四三a、瀬川 一九四三a)。例えば、倉田は「一種の神役とも謂ふべき重い役目につく年、乃至はその為に物忌をなすべき年といふ風に思考された年齢ではないかと思ふ」(八頁)としている。そして、瀬川は本来「役」だったものが「厄」になったのは、神役を果たすための「斎忌みの苦行に喘ぐ厄難の姿ばかりが印象に残っ」(一六頁)たからではないかと推測している。このような厄年の神役説との流れで、郷田洋文はこの説を否定はしないものの、より中心になる要素があるとして、厄年行事に一貫して共食の観念がみられることに注目し、新しい力を得ようとする行為として解釈している(郷田 一九五九)。また郷田は、厄年における年齢表現の社会的意義について取り上げ、年齢階梯制との関連づけも行なっている。

しかし、その後柳田らの「厄年神役説」は疑問視されることになる。その中心的な存在は井之口章次であり、例えば厄年が男女いずれにもあり、また様々な年齢設定があることから、それぞれを神役の年として説明することに無理があること、神役説にみられる厄年が信仰の零落したものとする考え方に誤りがあることなどを挙げ、「起源的に全く根拠がない」（九頁）とした。井之口は厄年観念の根幹には「人の霊魂は毎年更新されるものだという考え」（八頁）があったとした他、これらの厄年行事は共食や贈答を通じて厄を分担してもらおうとする呪術であり、基本形は厄年の人が形代を捨てることにあるとした（井之口 一九七五）。

続いて宮田登は、厄年行事にみられる事柄には、井之口が指摘したように生きている間に身につき、たまったケガレといったマイナスの要素を除去・分散させることに加えて、プラスの力を付与する意味合いが込められているとした（宮田 一九七九）。そして、「生命力の更新」、つまり衰退した状態から再生への循環を果たす節目のひとつと指摘する。佐々木勝はさらに、厄年が元は年の変わり目に新しい霊魂を付与するといった意義をもった身祝いから、特定の年齢のみに変化したもの（年祝い）であると述べており、身祝い→年祝い→厄年といった流れを示した（佐々木 一九八八）。以上のこれまでの研究成果より、厄年に関する習俗・行事が、霊魂とかかわりの深いものとされてきたことがわかる。

厄年については、このように従来の厄年のあり様を基にした議論が多いが、現代の厄年のあり様について取り上げたものに波平恵美子のものがある（波平 一九八八）。波平は現代都市において、伝統的な厄年の習俗は失われているものの、形を変えながら強く意識されていることに注目し、現代のライフサイクルからそのことの説明を試みている。そして、男性四二歳の厄年が強く意識されている実態について、各種白書のデータを用いながら、「四二歳前後の男性が置かれている平均的状況は、社会的にも家庭的にも、そして身体的にも危機的状況にあり、生活の歯車がどこか一つでも狂えば、生活のすべてが崩れるのではないかという不安を、本人が、そしてまた妻をはじめ家族がもちやす

表1　厄年インタビュー調査概要（都内神社）

日時	2005年４月から10月まで
対象	都内神社９社 （杉並区３社、練馬区４社、港区１社、台東区１社）
時間	各インタビュー60分程度
主な 質問項目	件数動向、参拝時期、参加者構成、参拝者年齢・性別、件数増加の理由、厄年表の効果、実施している取り組み

い条件が整っている」（四二頁）時期であることを示して、このことと厄年に対する強い意識との関連を指摘している(3)。

本章ではこの現代の厄年を扱った波平の論文を踏まえ、現代における厄年の実態を実証的に分析していきたいと考えている。

二　神社へのインタビュー

近年さかんに行なわれている厄除祈願や厄祓いのために神社や寺院に参拝するという形は、近世に一般化したとされる。小池淳一は、近世には交通の発達や情報網の整備によって、遠隔地の霊験あらたかであると考えられた神仏への参拝がさかんになり、「庶民が遠距離をものともせず、厄除けのために群集して参詣を行うようになっていく」（一〇頁）としている（小池　一九九八）。つまり、以前から厄除けのための社寺参拝は広く行なわれていたということになるが、筆者の調査を通じて都内の神社においては、一九九五年（平成七）以降に件数が急激に増加していることがわかった。

筆者は、二〇〇五年に都内神社九社（杉並区三社、練馬区四社、港区・台東区各一社）を対象に、厄年に関するインタビューを実施した。方法は、各神社を訪問し事前に考えた質問項目を中心に、インタビューを実施する形をとった（表1）。時期は二〇〇五年四月から一〇月にかけてである。インタビューで厄除祈願・厄祓いの件数について聞いたところ、八社は件数が増えているとし、目立って増え始めた時期は一〇～二〇年ほど前(調査時の)であるとした(4)。

件数以外の結果についても、全社で同様の傾向が確認できた。まずどの神社も厄年に関する取り組みとして、厄除祈願・厄祓いを挙げており、それ以外の厄年に関する取り組みは聞かれなかった。これら厄除祈願・厄祓いを受けに来る人は、正月から節分の頃に集中している。

調査した神社のうち、二社の神職から興味深いコメントがあった。そのコメントを引用すると次のようになる。

・厄除祈願については二〇年ほど前に急増、現在は落ち着いている印象である。最近は一年で二〇〇件弱、二〇年前はごくわずかだった。その頃に佐野厄よけ大師で大々的にCMなどの宣伝があり、その影響で神社への厄除けに関する問い合わせが増え、訪れる人も増えた。このように増えたのは、文化が進みすぎて、その隙間に生じた不安からではないだろうか。

・厄年関連の祈願・祓いで来る人は確かに増えている。以前はほとんど厄年のことで来る人はいなかった。これは、一〇年ほど前からの佐野厄よけ大師の宣伝が大きなきっかけになったのではないだろうか。また、(厄除祈願・厄祓いの数が増えたのは)社会の個人化が進んだことも関係あるのでは。(（　）は筆者による加筆)

他の神社の回答からも、増加している時期には多少の差はあるものの、調査時の二〇〇五年から一〇数年前までのことである点では共通していた。また増加の理由として、多くの神社で佐野厄よけ大師の名を出して、テレビのコマーシャル・ちらしなどによる宣伝効果の影響を挙げていた。

厄除祈願や厄祓いに来る人の性別・年齢は、大厄の男性四二歳、女性三三歳が多いとする神社が多く、そのうち女

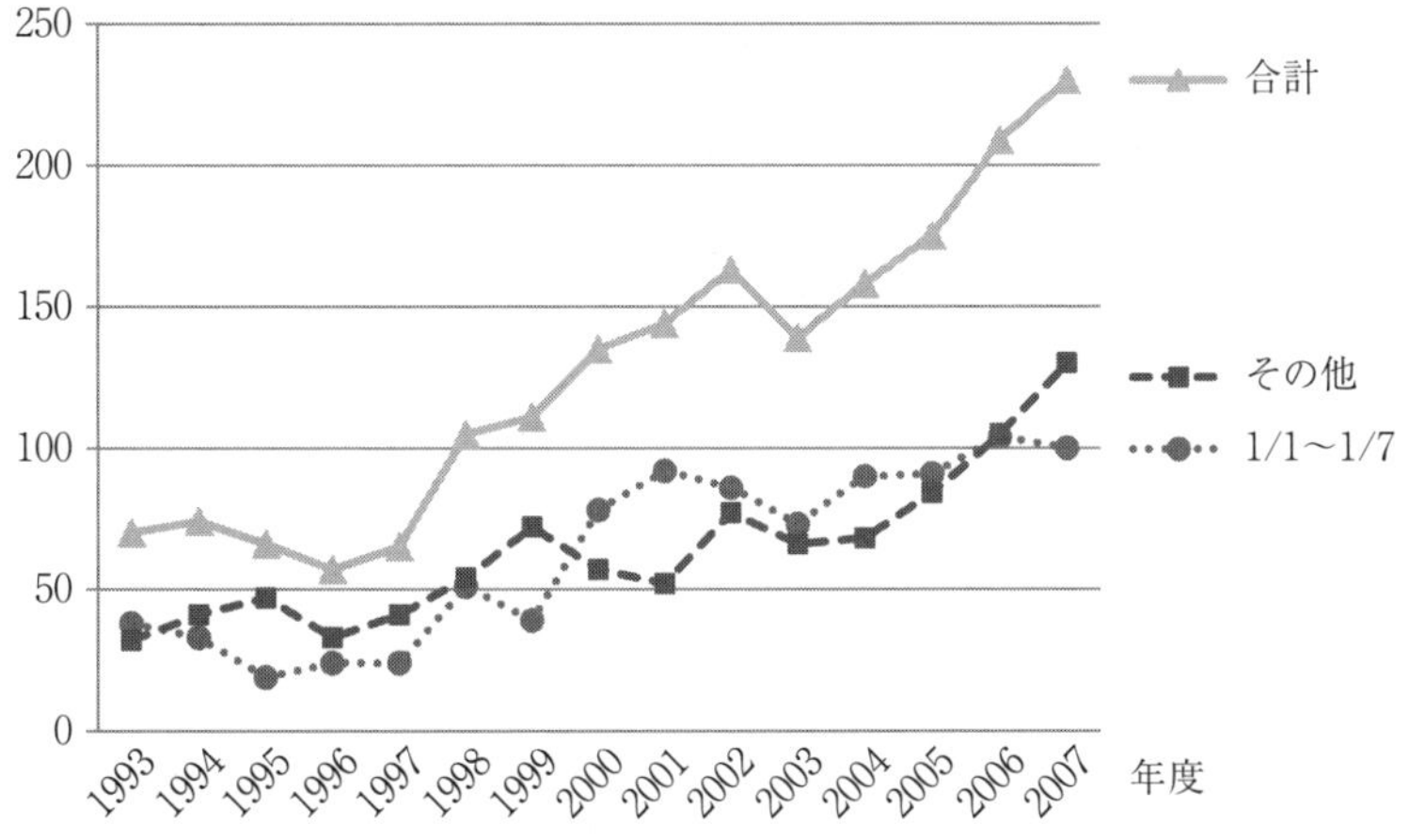

図1　某神社における厄除け祈願件数

性三三歳が多いのは全社に共通していた。最近は女性三七歳も増えているとする回答が多い。女性三三・三七歳については、「一人や友人と来ることが多い」や「積極的な印象」といった回答が多く得られた。

逆に男性四二歳は「少ない」という回答が一社でみられた。その他には、参拝しても「連れられて」と本人が強く意識してというよりも、周囲の家族が心配してともに参拝したというように、女性に比べるとやや消極的な印象を述べた神社もあった。

その他の厄年といわれている年齢、男性二五歳と六一歳、女性一九歳については、全神社において件数が少ないとの回答が得られた。

今回の神社における調査では、ほぼすべての神社で厄年関連のことで訪れる人の全体数が増えているとしていた。インタビューした杉並区内の神社一社より、一九九三年度からの厄除祈願・厄祓いの件数のデータを提供していただき、件数の変遷を表にまとめたのが図1である。図1の横軸の年度は、その年の四月から次の年の三月までの時期をさす。これをみると、一九九七年度までは、一年間に七〇件前後で推移していたのが、それ以降の五~六年で急激に増加し、近年では二倍以上になっていることがわかる。

この急激な増加は何によるものだろうか。明らかになった原因のひ

写真１　厄年表（左半分が厄年表。右半分はこの神社で作成した案内）

とつとして、先に言及した佐野厄よけ大師の宣伝効果が挙げられる。その影響力の大きさについて、今回調査した多くの神社から話を聞くことができた。現在厄除祈願で著名な寺院となっている佐野厄よけ大師ではあるが、実は一九七〇年代まではほとんどその存在を知られていなかったという。島田裕巳は一九八七年以降の東北自動車道の開通、佐野藤岡インターチェンジの完成を背景にしたこの寺院の動きが、その後の盛況ぶりにつながったと指摘、その経緯をレポートしている。

先代の住職は、その時代（モータリゼーションが押し寄せた頃）に惣宗官寺と呼ばれていた地方の一寺院に、佐野厄よけ大師という新たな名前をつけることで、一気に売り出していくことになる。命名は、一九六五（昭和四〇）年ごろのことであった。先代の住職が、モータリゼーションの影響について、どれだけ正確な予測をしていたかどうかはわからないが、役場に出かけていき、厄年を迎える人々の住所と名前をリストアップし、その人たちに佐野厄よけ大師への正月参拝を呼びかける手紙を送った。当時は、宛先を手書きしていたという。かなりの手間であったと思われるが、それが当たった。しだいに参拝客が増えるようになり、ダイレクトメールを送るだけでなく、ラジオやテレビで宣伝を行なうこともできるようになった。それによって一気に参拝客が増え、今では正月三箇日の参拝客が五〇万人に及ぶという。（島田 二〇〇五：五九頁）

＊（ ）内は筆者加筆。

ところで、各神社へ取材に行った際に印象深かったこととして、いずれの神社においても入口の鳥居のそばや境内の目立つ場所に「厄年表」（写真1）を大きく貼り出していることがあった。厄年表は、神社の境内の掲示板や看板に貼られているポスター状のもので、その年に厄年にあたる人の生まれ年などを記してある。神社参拝すると、よくみかけるものである。強い印象をもったことから、インタビューの中でもこの厄年表について触れ、質問をしてみた。

その結果、多くの神社で厄年表を貼ることによる効果を実感する声が聞かれた。後述する三〇代女性へのインタビューでは、多くの人が厄年を意識するきっかけとして厄年表をみたことを挙げている。しかし、神社では厄年表を貼ることの効果を実感し、佐野厄よけ大師の宣伝効果を実感しつつも、一方では大半の神社が厄年表を貼る以外は宣伝やお知らせのようなことをしておらず、今後もする予定がないとしていた。また、一社で、「厄年表のようなものはなるべく貼らないようにしている。貼るにしてもあまり目立つ形では置いてない。これは元々厄年は神道とあまり関係がないものであるのと、貼っているのをみて逆に不安にさせる気がするから」という意見もあった。

厄年表の作成・配布は、東京都神社庁の神道青年会教化部で実施している事業であるという。事業は一九九四年から開始され、当時の教化部長が以前からそのようなアイディアをもっていたこと、積極的に神社の教化として行なったものではなかったものの、厄除祈願や厄祓いを促す効果を狙ったのが主な理由だという。

東京都神社庁の厄年表の事業の開始時期である一九九四年は、神社でのインタビューで多く聞かれた佐野厄よけ大師の影響を感じ始めた時期と合致する。そして、この厄年表登場後、神社における厄除祈願件数が飛躍的に増加していることが図1からわかる。一九九〇年頃より、佐野厄よけ大師がメディアを利用して厄除祈願の呼びかけをしたことで、多くの人が厄年の存在を意識するようになったが、その流れを察知した神社において作成された厄年表が都内各社で貼りだされるようになり、厄年に関する行動が促されたといった流れが考えられる。

この他に、別の視点から厄年に関する参拝件数の増加の原因について考えると、性急に関係づけることはできないものの、一九九一年のいわゆるバブル崩壊を境に、次々に起こった大きな社会的事件・社会問題による当時の社会情勢からの影響を指摘することができるだろう。(5)不穏な社会情勢に対して人々が不安をもつ中、厄年という観念についてマスメディアを利用して広く認知・意識させていった社寺の活動が、人々の心を引き付けたとも考えられる。

図1のデータは、一社のみのものであることから、安易に一般的な傾向としてみることはできない。しかし、増加が明らかであることと、その増加の時期が、他の八社からの回答と類似していることを考慮すると、やはり厄年に対する意識は近年高まってきており、それによって何かしら行動する人(ここでは神社へ厄除祈願・厄祓い)が増加していることは、図1に示した神社以外にも幅広くみられる現象であるといえるだろう。

三　厄年に関する世論調査と三〇代女性のライフサイクル

第二項のインタビュー調査では都内九社を対象としたが、いずれの神社からも女性三三歳で厄除祈願や厄祓いに来る人が特に多いという回答を得ていた。このように、三〇代女性が厄年に対して高い関心をもっていることは、次に示す世論調査の結果からも明らかである。

昨今の世論調査で厄年のみを調査の対象とするものはみられないが、宗教意識や宗教観を問う中で、厄年に関する質問を含めている調査がいくつかみられる。

古いものでは、一九五〇年に迷信調査協議会が行なった「国民慣習（迷信・俗信）調査」がある。(6)この調査は迷信や俗信について、全国的な分布状況を統計的にみることを目的とし、厄年の他にも「日の吉凶」「家相」「おみくじ占い」など一六の項目について質問をしている。結果では、全項目中二番目に肯定率が高いものとして、「厄年には何か悪いことがあると思いますか」があり、全体の三五・七九％が「ある」とした。

本章冒頭でも紹介した朝日新聞の一九八一年、一九九五年実施の二回の世論調査の中で、厄年を気にするかについては二年とも半数以上が「気にする」とする高い割合となった。この調査では他に、大安・仏滅、縁起やジンクス、易や占いについても気にするかどうか聞く質問があるが、どの項目よりも厄年を気にするとした割合が最も高い結果となっている。(7)

読売新聞は、一九九八年、二〇〇一年実施の世論調査で、「あなたは次のことがらの中で、一応気にするものがありますか。あれば、いくつでもあげて下さい」という質問で、一九の選択肢を設けている。(8)この選択肢のひとつに「厄年」があり、それぞれの年で、三五・一％、三五・九％といずれも三番目に高い割合となっている。また、二〇〇〇年、二〇〇一年、二〇〇五年の調査では、「次にあげるような宗教に関することの中で、現在あなたがなさっているものがあれば、いくつでもあげてください」という質問があり、一七の選択肢を設けている。(9)この中で「厄払いをしに行く」は三二・四％、三四・〇％、三一・六％といずれの年も三割以上が選択し、六番目に高い割合となっている。

國學院大學二一世紀COEプログラムの二〇〇三年の世論調査では、宗教性を帯びた日常的な事柄の中で代表的なものを九種類挙げ、「以下にあげるもので、あなたが気にするものがありますか(複数回答)」とした質問を設けている(10)。そのうち、四三・八%が厄年を気にするとし、全選択肢のうち最も高い割合となっている。

以上の調査では、厄年を意識する人の割合は、他の選択肢や項目に比べて高い傾向を示すことが多かった。朝日新聞の結果以外は、いずれも厄年を気にする割合は半分に満たないものの、割合が三〇%以上であるということは、厄年について三人に一人以上が気にするということであり、高い割合であることはまちがいない。

次に上記の世論調査について、同じ厄年に関する質問の結果を性別・年齢別でみたい。性別・年齢別の結果を公表している調査は、表2のとおりで、迷信調査協議会、朝日新聞、國學院大學二一世紀COEプログラムである。それぞれの調査で若干年齢の分け方に違いがみられるが、朝日新聞と國學院大學の世論調査では、特に女性三〇代の頃の割合が大変高くなっているのがわかる。つまり一九九五年の朝日新聞、二〇〇三年の國學院大學の調査では男女別・年齢別の中で最も高く、一九八一年の朝日新聞の場合も最も高い割合を示した四〇代女性とほぼ同じ割合である。

この結果と異なるのが、一九五〇年の迷信調査協議会の結果で、女性の中で三〇代が最も低い割合となっている。これは現在の実態とは全く逆の結果といえる。迷信調査協議会の報告書では、特に女性三〇代のことについては言及していないが、性別に限らず若い年齢層の方が「迷信」を否定する態度が強いと述べている。戦後の数十年におけるこの大きな変化については分析・考察が必要であるが、ここでは次にゆずることとする。

表2における朝日新聞、國學院大學の三つの世論調査は、およそ一〇年の間隔をおいて実施されているが、いずれ

表2　厄年に関する世論調査（性別・年齢別）一覧

	迷信調査協議会	朝日新聞	朝日新聞	國學院大學 COE プログラム
調査年	1950	1981	1995	2003
質問項目 （「　」の中が質問、 「　」の後が選択肢）	「厄年に何か悪いことがあると思うか」 ある・ない・わからない	「それでは厄年はどうですか」 気にする・気にしない・その他		「以下にあげるもので、あなたの気にするものがありますか」 （複数回答）
男				
20～29歳	30.22(1)	26.7 37.0	35.3 44.5	27.9
30～39歳	28.90	33.5 47.1	55.5 53.9	34.6
40～49歳	34.37	49.5	50.9	43.3
50～59歳	36.78(2)	39.2	47.7	37.0
60～69歳		37.3(3)	44.0	39.2(3)
70歳以上			36.5	
女				
20～29歳	39.37(1)	49.5 54.4	58.5 65.7	46.7
30～39歳	38.64	60.2 62.5	71.9 68.6	55.3
40～49歳	42.07	63.5	60.6	46.0
50～59歳	56.72(2)	58.5	62.2	49.7
60～69歳		59.5(3)	66.8	49.8(3)
70歳以上			49.0	

＊数値は％であり、質問項目に対して下線の選択肢を選んだ割合を示す。國學院大學の調査のみ「厄年」と回答した割合を示す。
＊数値が上下で分かれているものは、上段が年齢区分の前半、下段が後半の％を示す。
（1）29歳以下の％、（2）50歳以上の％、（3）60歳以上の％

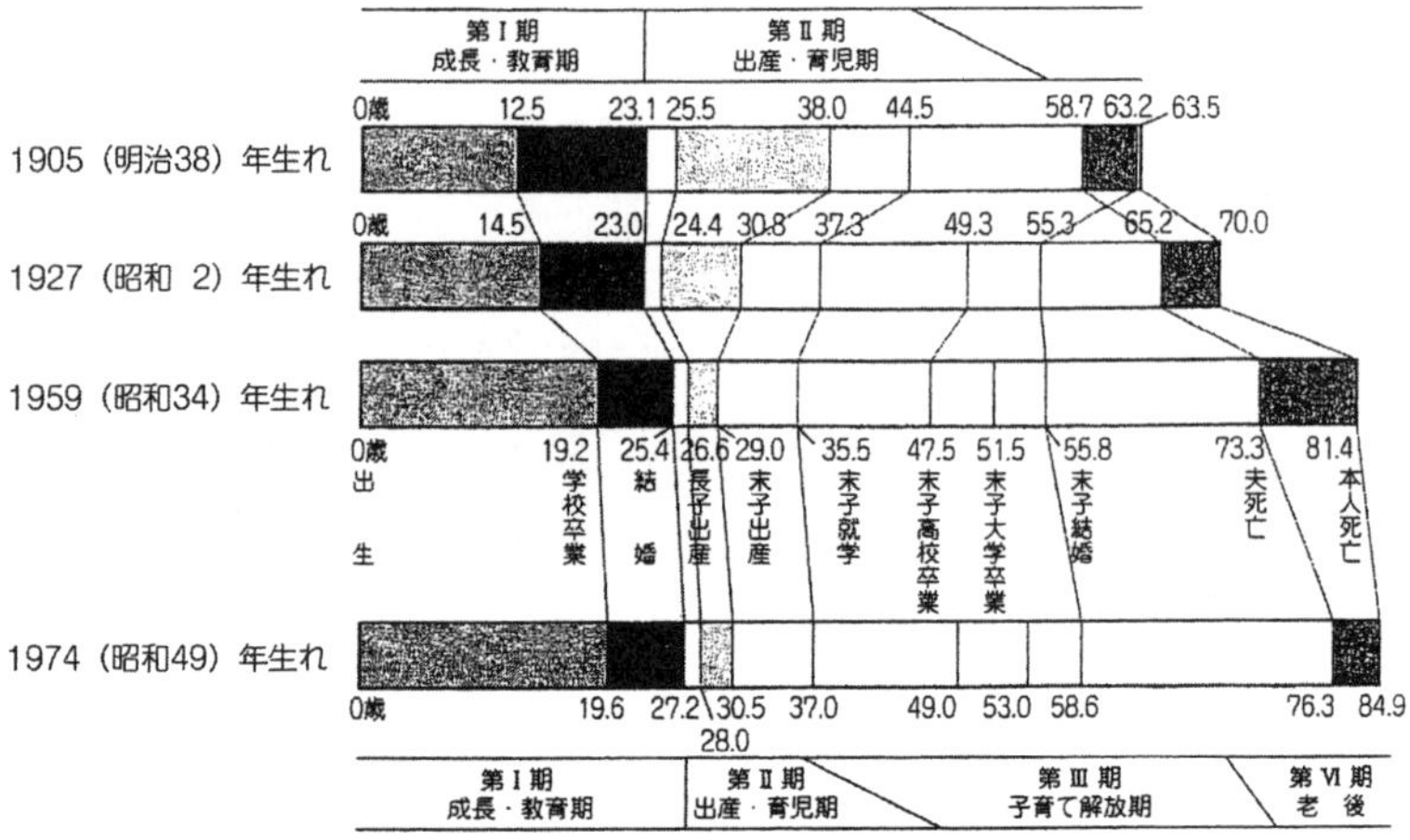

（注）このモデルの出生年は，1928年，1950年，1984年，2001年の平均初婚年齢から逆算して設定した。学校卒業時は初婚年齢の人が実際に進学する年の進学率を用いた。他のライフステージは婚姻時における平均値。

図2　女性年代別ライフスタイル
（井上輝子ら『女性のデータブック［第4版］』有斐閣、2005年から）

も三〇代女性の意識が高い。いずれの調査でも他の年代よりも意識が高い傾向にあることから、この結果がある世代特有というよりも、現代においてこの年代になると意識が高まると考えてよいのではないだろうか。現代における女性の三〇代特有の問題が、厄年への意識を高まらせているとも考えられる。

三〇代女性の特徴について考えるために、現代の女性のライフサイクルについてみていきたい。図2は既婚女性に限ったものであるが、明治の頃に比べて、現代の女性のライフサイクルが大きく変化していることがわかる。特に目立つ点としては、寿命が延びたこと、学歴が高くなったこと、子育てにかかる期間が短縮されたことが挙げられる（井上ら 二〇〇五）。

図2では、近年の結婚年齢の平均を二七・二歳としているが、厚生労働省の二〇〇七年のデータでは、女性は二七歳頃初婚、三三歳前後に離婚が多く、再婚する場合は三四歳前後が多い。一般的には結婚に関する大きな動きは、三〇代の前半までさかんにみられ、その後は減少する（厚生労働省 二〇

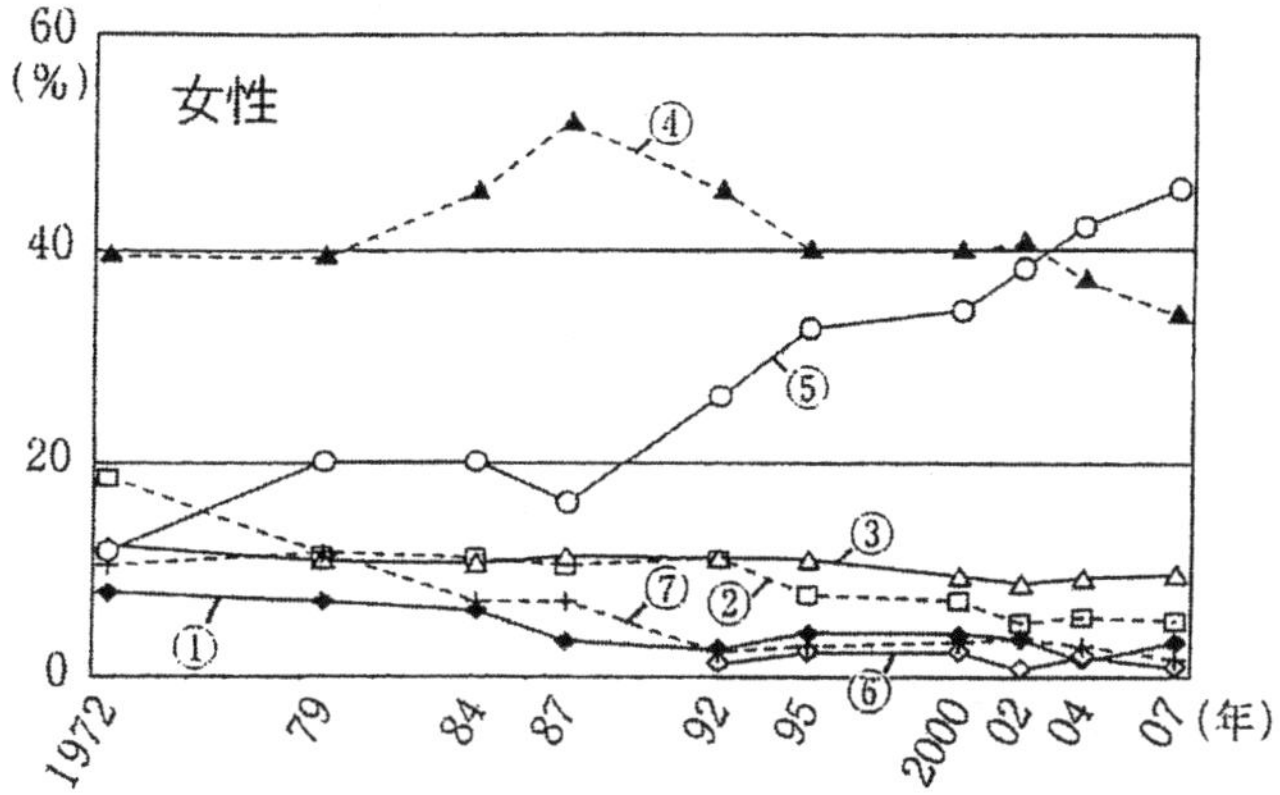

①女性は職業を持たない方が良い
②結婚するまでは職業をもつ方がよい
③子どもができるまでは、職業をもつ方がよい
④子どもができたら職業をやめ、大きくなったら再び職業をもつ方がよい
⑤子どもができても、ずっと職業を続ける方がよい
⑥その他
⑦わからない

図3　女性に聞いた「女性が職業をもつこと」についての考え
(NHK 放送文化研究所編『現代社会とメディア・家族・世代』新曜社、2008年から)

〇七)。三〇代は子育てにもっとも手のかかる時期ということも、図2よりみてとれる。

　次に仕事に関することについてみていきたい。現在女性が職業をもつことについての考えを女性に聞いた調査(図3)では、二〇〇二年を過ぎると五つの選択肢の中で「子どもができても、ずっと職業を続ける方がよい」とする回答を選択する人が最も多くなる(NHK 二〇〇八)。一九九五年の東京都労働経済局の女性の労働事情に関する調査では、現在働いている理由として三〇代女性は「自分の才能や能力を発揮する」「社会の中で自分を生かす場が必要」を選ぶ人が他の年代に比べて多く、学歴の高まりとともに、数年続けた仕事の経験・実績から、仕事の上で自分の力を発揮したい、伸ばしたいといった意欲の高さがうかがえる(東京都労働経済局 一九九五)。

　しかし、実態としてはこれまで図4のように

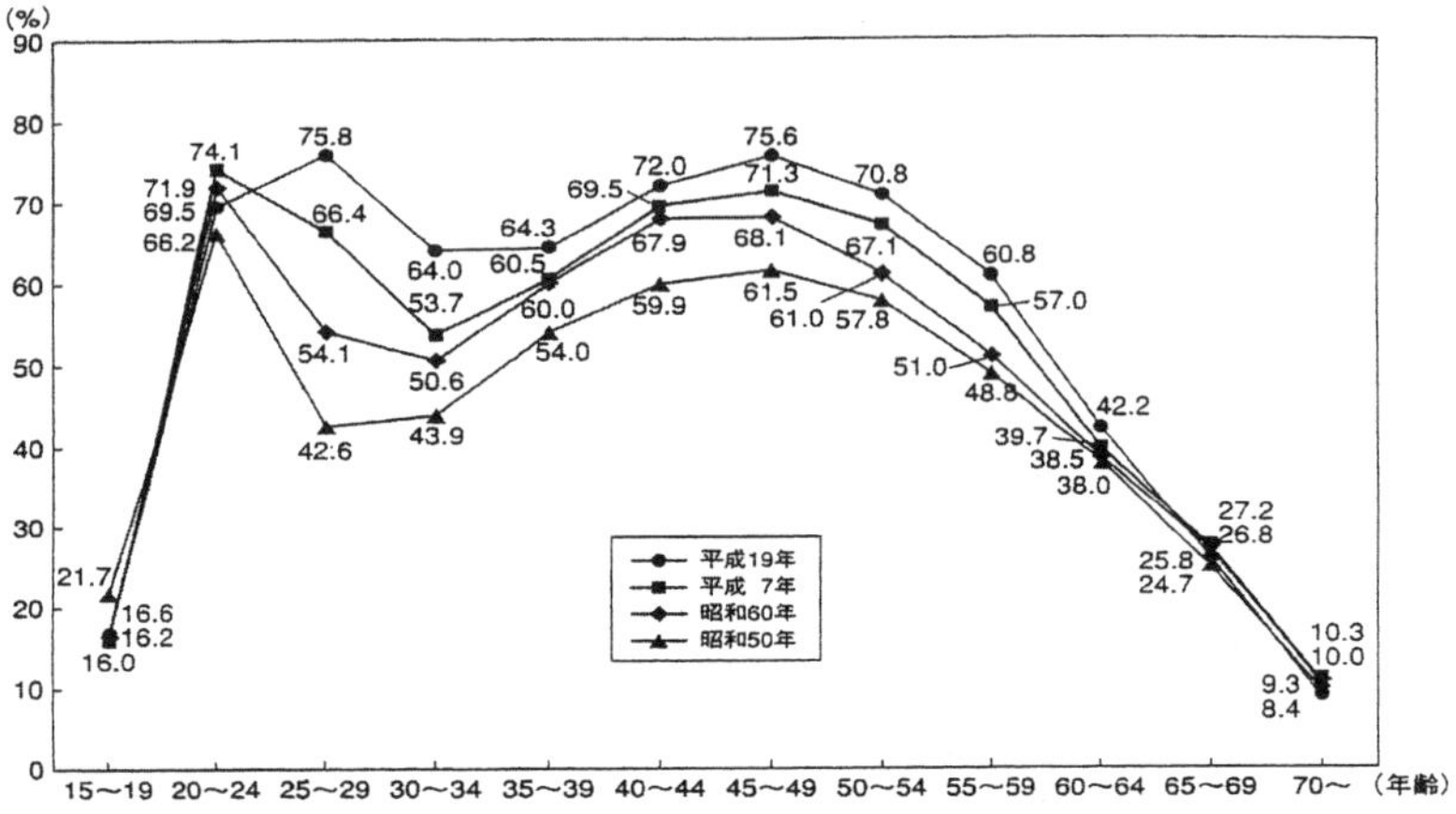

(備考)総務省「労働力調査」より作成。

図4　女性の年齢層別労働力率
（木本書店編集部編『白書の白書』2009年版から）

二〇、三〇代になると労働力率が下がることが続いており、「仕事はするが子育ての時期は家庭」という方が、現状を反映しているといえる。近年になるほどこの傾向が三〇代に集中するようになっていることが図4からもわかる。

以上より、現代において女性の三〇代は、家庭では結婚・出産・育児の時期であり、仕事に関しては家庭の事情で仕事を続けるか否かを迷う時期であり、これらのことで問題が生じやすい時期といえる。これらの問題が、三〇代女性を厄年へとつなげやすくしているのだろうか。

四　三〇代女性へのインタビュー

それでは現在の三〇代女性が、厄年をどのように捉えて行動しているのか、インタビューを通じてみていきたい。

筆者は三〇代女性にインタビューを実施し、厄年に対する意識や行動について探った（表3）。実施期間は二〇〇四年一〇月から二〇〇五年九月にかけてである。回答者は東京・神奈川在住の三〇代女性一七人で、一対一でインタビューを行ない、厄年につい

表３　厄年インタビュー調査概要（30代女性）

日時	2004年10月から2005年９月まで
対象	東京・神奈川在住の30代女性、17人
時間	各インタビュー60分程度（１対１）
構成	⑴自己紹介と調査説明、了解を得る。 ⑵対象者の基本属性の確認。 ⑶厄年に関するインタビュー実施。 ［主な質問項目］ 厄年への認知・関心の有無、厄年を意識したきっかけ、厄年を意識した行動の有無と内容、厄年に対するイメージ、厄年の時に経験した出来事 ⑷御礼と記録の文字化の承諾得る。

て感じていることなどについて、自由に語ってもらう形をとった。回答者は主として筆者の知り合いであることから、属性にはいくらかの偏りがみられ、一七人中一二人が未婚で常勤の仕事をもっていることを付記しておく。

調査した中で、特に回数多く協力して下さった三人の話をはじめに取り上げたい。

〔Ａさん〕

生まれも育ちも東京のＡさんは、様々なことに挑戦し続けている女性である。Ａさんは一八歳まで東京で過ごしたが、大学進学時に家を出て、結婚している今に至るまで親とは同居していない。元々大学で美術の勉強をしていたが、卒業後アメリカに留学したり、仕事をしながら大学院で日本文化について学んだりしてきた人である。現在は、この日本文化についての研究活動を続けながら子育て中である。

Ａさんの父は埼玉県の農家の末っ子で、高校卒業後東京で仕事を始めて母と知り合い結婚したという。母の方は生まれも育ちも東京の下町である。Ａさんの家では神社のお札を鴨居に置くぐらいはするものの、両親とも信仰深いということはなかったそうだ。交流が多かった母方の祖母は、昔からのやり方などを大切にしていたようだが、それほど母親に強く指示することはなく、そのこともあって母親もAさん自身も、例えば大安や仏滅といったことについては多少気にするものの、あまりこだわりはないという。
Aさんは三〇代の二回の厄年を振り返り、厄年は「変わり目の年。気をつけた方が良い年。もう二〇代ではないことを実感する年」という。当時は全体的に体調が悪かった以外は厄年で思い当たるような出来事はなかったが、神社で厄祓いをしたという。厄年を意識し、厄祓いに行くことにしたのは、初詣などで参拝する神社に貼られた厄年表をみたからだという。「(厄祓いに)参加したのは、行きやすい場所に神社があったからで、お正月ではなく自分の都合のいい時に大安吉日を選んで行った。大安吉日を選んだのは、何となくその方が良いと思ったから。お祓いには、悪いもののパワーを下げてくれるイメージがあり、積極的な感じではなく、やった方がやらないより良い感じ。外からの攻撃を和らげる、バリアーのようはイメージがある」という。

〔Bさん〕

生まれた時から東京で生活しているBさんは、未婚で医療系の仕事をしており、自宅で両親と妹とともに暮らしている。旅行や町歩き、映画鑑賞や読書など、趣味の豊かな女性である。父は静岡県出身だが、幼い頃に東京へ移り住み、母の方は代々東京であった。このBさんの両親のうち、母は比較的日柄方位や昔からの習慣などを気にするが、これは母の母(Bさんにとっては祖母)が昔からの習慣などに詳しく、Bさんの母にいって聞かせていたからだという。ただしBさんの母は、昔からの習慣について話しても、Bさんに押し付けることはないという。そのためBさんが厄年だった時に、母に厄年のことについて何かいわれたりしたことはないという。Bさんが厄年にあたっていることを知り、気にするようになったのは初詣で行った神社の境内に貼られた厄年表をみたからである。ところで、Bさん自身は、占いなどみて気にすることはあるものの、日柄方位や昔からの習慣などは全く気にしていない。また母は神社や寺によく参拝するが、Ｂさんは初詣や墓参りに行くぐらいとのことである。

Ｂさんは、厄年は「体の調子が悪くなりやすい年」と話す。彼女はこのことについて、科学的に証明されている話を聞いたといい、「厄年は体の変わり目という感じ。出産年齢とか。でも、悪いものがたまってこの年に何か起きるという感じはしない」という。Ｂさんは、厄年の時に厄除けの御守りを買った。このことについて、「何もしないよりいい気がして。へんなものが寄ってこないようにと思って買った」という。Ｂさんは厄祓いをしていないが、他の人がしているのをみた時の様子を、「印象として、これから悪いものがつかないようにしてくれている感じがした」と語る。Ｂさん自身は、厄年の頃に厄年と関連のあるような出来事を経験しなかったという。

〔Ｃさん〕

神奈川県の農業を営む家で生まれ育ち、東京に通学・通勤してきていたＣさんは、調査当時保育関連の仕事をやめて、子育て中の主婦であった。

Ｃさんの実家は、祖父母や兄家族とも同居するにぎやかな様子であったが、大学を出て就職後しばらくして独り暮らしを始めるようになり、三三歳厄年の時は結婚直前でその状態がまだ続いていた。当時仕事先の人に厄年のことをいわれて、意識するようになったと話す。三三歳厄年の時「お祓いはちょっと大げさな感じなので、手軽にしようと思って、神社で厄除けの御守りだけを買った。御守りは気休めのようなもので、何もしないと不安だったので」という。厄年のイメージは「とにかく悪いことが起こりそうなイメージ」だという。またさらに聞くと、「厄年は悪いことが外からやってくる感じ。（自分はしていないが）厄祓いは、自分についた悪いものを取り去っている感じがする」

という。ちなみにCさんは神社に行くのは大きなお祭りや初詣の時だけである。Cさんの厄年の時に、祖母が亡くなり、母が病気で入院した。このことについて、自分の厄年と関連づけて両方とも自分の身代わりになってくれたように感じたという。

この三人の話からも、厄年に対する意識・関心の高さを確認することができた。三人を含むインタビューした全員に、「これまで厄年を意識したことがありますか」という質問をしたが、一七人中一六人が「ある」か「少しはある」と回答している。

そして意識するようになったきっかけは、「神社の厄年表をみて」が最も多かった。親など身近な家族ではなく、仕事の同僚や神社に貼られた掲示物をとおしてであるところから、従来との伝達経路の変化を感じさせる。これまでの民俗学における数多くの記述から、ムラにおける子どもの「しつけ」や子どもを「一人前」にすること、なることについては、地域社会を中心に多くの人が連帯しながら共同で行なっていたことがわかる。そして特にこの任を担っていたのは家族であった。しつけに関して「従来の家族は二世代にわたっての親族からなるいわゆる複合家族が多くみられたので、父母以外に祖父母などによって行われ、伝統的な食事の作法や挨拶の仕方・言葉使い・見だしなみ・人生観・処世観などが、折りにふれて繰り返し教えられていったのである」、そして「ハレの日とくに正月・盆や祭日には、緊張のなかにもムラビトとしての信仰・社会倫理・社交にわたるしつけが自然と行われもした」という(佐藤 一九八一:二七五頁)。核家族化し、地域社会とのかかわりも希薄になっている現代において、世代間伝達をしていく力は弱まっている。このようにみていくと、現在厄年に関する情報を得た際に、何かしらの行動をするかどうかがすべて個人の決定にゆだねられている点は、非常に現代的な特徴であり、興味深い。

厄年を意識して取った行動としては、神社や寺院に関係することが多く、最も多かったのは、参拝した際に先ほどのBさん、Cさんのように「厄除の御守りを買った」であった。理由は、「悪いものをはねかえす力があると思って」「へんなものが寄ってこないようにしてくれる」「お祓いは大げさな気がして」「何もしないよりいい気がして」などがあった。また厄祓いをしたという回答には次のようなものがある。

・厄年の頃、仕事での人間関係で疲れていた上によく眠れず、調子が悪かった。その頃友人から厄祓いに行った話を聞いて、気になってお寺でお祓いをしてもらった。近くに厄除けで有名なところがあり、そこに行った。気休め的ではあったが、これから悪いものがつかないようにしてもらった感じだった。

・神社に参拝して、お祓いをしてもらった。参拝したのは行きやすい場所に神社があったからで、お正月ではなく自分の都合のよい時に大安吉日を選んで行った。積極的にというよりも、やった方がやらないよりはよい感じがして行ったんだと思う。

これらの回答にみられる御守りや祓いを受けた理由などから、厄年の厄は外からやってくるもので、御守り・祓いはそれらからバリアのように自分を守ってくれる、というイメージが読み取れる。そして、御守りを受けるよりも積極的であると思われる祓いでも、「とりあえず」といった同様の言葉が聞かれることが多く、厄年を意識して取る行動は切羽詰ったものではなく、一応念のため、といった予防的な感じで捉えられていることがわかる。

次に厄年に関する出来事については、以下のコメントがあった。

・三三歳の厄年の頃にはこれでもかという感じで悪いことが起こった。財布を盗まれたり、タクシーにぶつけられたり、階段で転んで病院に通うことになったり。あまり続くので気になって友人に付き合ってもらって、有名な神社へお祓いに行った。自分についた悪いものを取り去ってもらった感じがした。

・いろいろなものを落として、落ち込んだ。そのことを友人に言うと「落としたものが厄の身代わりになってくれたんだよ」といわれ、へんに納得した。

・その頃病気で入院した。それまで大きな病気をすることはなかったが、ある時外出先で激痛に見舞われ、救急車で運ばれた。腎臓の病気がみつかり、しばらく入院した。

出来事の多くは、運の悪さや体調に関するものであった。中には厄年の頃に自分自身に起きた出来事の他、周りの家族などに起きたことを厄年と関連づけて捉える人もいた。例えば、「祖母がなくなり、母も病気で入院した」「親が初めて大病した」などがある。このように、厄年における厄が、自分以外にも本人の周囲にいる人々に影響を与えると考える人は多かった。これは民俗学で指摘されてきた個人と地域社会との深いつながりの中、共食や贈与等によって、厄を分散・共有するという意識の名残りといえるのだろうか。影響のある範囲がごく身近な家族に限られている点から、厄年観の変化を示していると考えられる。

インタビューの中では、回答者たちの厄年観を直接的、間接的に聞くことができた。全体的に特に多かったものは、Aさん、Bさん、Cさんの話にもみられる「体の調子が悪くなりやすい年」「節目・変わり目の年」と「悪いことがふりかかりやすい年」というものだった。

これら多かった回答に対し、従来の厄年観にみられた厄年を「人間が生きていくうちには年々厄や穢れなどマイナスの要素が付着していく」(佐々木 一九八八：一八八頁)とし、そのために日々生きてきた中で身についたマイナスのものを除去・分散させる、あるいは長年生きてきて疲弊した自分にエネルギーをつける年だとした回答はごく少数であった。また興味深いこととして、「体の調子が悪くなりやすい年」には「数年にわたって」「身についたマイナスのもの」といった従来の厄年観をあてはめやすい要素があるものの、そのような要素を重視せず、その年がよくないからと捉える人が多かった。

五　インターネット調査と女性誌の記事にみられる厄年観

前項における三〇代女性たちへの厄年に関するインタビューで得られた結果について、さらに考察をすすめるために、インターネットにおける厄年に関するアンケート調査の結果や、女性誌の記事に書かれた現代の厄年に関する記述も併せてみていきたい。

まずインターネットにおける調査をひとつ取り上げる。この調査は主にオフィス勤めの女性を対象にした無料情報紙で全国的に展開している『シティリビング』が、そのホームページ上で行なったアンケート調査である(11)。ホームページで、「ＯＬ世論調査どっちだポン！厄年を気にする?･厄年を気にしない?･」と題する調査が二〇〇四年(平成一六)一月から二月にかけて実施され、一二五二人が回答に参加している。

調査項目は、厄年を「気にする」か「気にしない」かのいずれかを選択する一つのみで、それ以外は厄年に関して自由に記述する内容になっている(自由記述の件数は一三八件)。

厄年を気にするかどうかについては、「気にする」が八四四人、「気にしない」が四〇八人で、全体の三分の二が厄年を気にするとしている。厄年への関心の高さは、ここでも明らかである。自由記述部分の内容は様々であるが、この中から「厄年を意識して取った行動」「厄年の時に経験した出来事」「厄年に関するイメージ・厄年観」についての記述を抜き出し、整理したのが表4～6である。

詳しくみていくと、「厄年を意識して取った行動」として、「厄祓い」が突出して多く、筆者の調査で最も多かった「御守りを受ける」はそれに比して極端に少ない。自由記述部分の回答は、希望者のみが書くため、書く人には厄年

表4　厄年を意識して取った行動（件数）

厄祓いをする	44
神社に参拝する	4
無理しないようにする	3
御札・破魔矢・御守を得る	3
健康管理に気をつける	1
その他	6

表5　厄年の時に経験した出来事（件数）

健康の問題・体調不良	24
人間関係（家庭内含）の問題	10
交通事故	7
身近な人の死	6
仕事の問題	6
泥棒・盗難	3
受験の失敗	2
その他	5

表6　厄年に関するイメージ・厄年観（件数）

体調の変化する時・体調が悪くなりやすい時	16
生活面・仕事面が変化しやすい時	5
迷信・占い	2
よくない年回り	1
昔の人の的を得た言い伝え	1
悪いことがある時	1
人生の岐路	1
親が亡くなるとき	1
ギリギリで大丈夫だったことがギリギリでだめになる時	1
今までの悪い行いのばちがふりかかってくる年	1

に関して積極的な関心をもつ人が多いことが考えられ、取る行動も積極的な可能性がある（表4）。

次に出来事に関しては、書かれている記述を分類すると、八つに分けることができた（表5）。「健康の問題・体調不良」が特に多く、具体的には「体調を崩した」「（今までにない大変なことで）入院した」といった内容のものが多くみられた。次に多かった「人間関係の問題」では、離婚や失恋に関するもの、特に家庭内でのトラブルの記述が目立った。

最後に厄年観に関しては、「何十年も生きていればガタが出てくるのでは？　健康面を見直すいい機会」「体調がかわる頃だから気をつけなさいと言う意味なんだと思います」「体が一気に転換する節目」などと、体調の変化に関するものが大変多かった。体調と併せて、「生活面・仕事面が変化しやすい年」でも「変わりやすい年」「変わり目」「節目」という表現が多く、ほとんどが悪い方への変化としている（表6）。

以上、インターネットにおけるアンケートからは、筆者の調査の結果同様、「健康・体調」「変わり目」に関することが多くみられ、現代における厄年観として「健康問題が生じやすい」「体調を崩しやすい」「体調が変わりやすい」年というイメージを抽出することができる。

ここからは、女性誌に書かれた厄年に関する記事を通じて、女性の厄年が現在どのように取り上げられ説明されているのかをみていく[12]。そのことで、現代の三〇代女性の厄年に対する関心の高さの原因と、厄年観がどのようなものであるかを知る手がかりを得たいと考える。

現在多くの女性を対象にした雑誌、「女性誌[13]」が発行され、現代を生きる女性の興味・関心や意識を敏感に捉えて、その記事内容に反映させている。

明治期から現在に至る女性誌の中で、厄年に関して書かれた記事を検索したところ、七一件がみつかった[14]。年代別には、一九七〇年代には一件、一九八〇年代には三件、一九九〇年代には三二件、二〇〇〇年代（二〇〇九年六月まで）には三五件となっている。一九七〇年代より前の記事がみられないが、理由として女性誌が急増するのが一九七〇年代後半以降であること、厄年への関心の高まりが筆者の都内調査では一九八五年以降であることが挙げられる。これらの記事は数ページにわたって厄年を取り上げているものから、他の事柄とともに厄年を取り上げているもの、厄年に多少触れているエッセーなど、内容は様々であるが、いずれも多少の差はあれ、厄年についての記述を含んでいる。

現在の女性誌は、読者の年齢やライフスタイルなどに合わせて細分化されているが、厄年に関する記事が掲載されていたのは、二〇〜三〇代を対象とした雑誌が大半で、一〇代や四〇代以上向けにはほとんどみられなかった。ライフスタイル別では、主婦向け、キャリア志向向けといわれる雑誌の両方にみられた。

記事を整理すると、体の不調や病気といった健康に関する視点、仕事・結婚・恋愛などの心理的な問題を抱えやすい事柄についての心理社会的視点、女性の一生を視野に入れたライフサイクルからの視点、厄年を主に不運期として捉えた運に関する視点の四つの視点に大別できた。当然ひとつの記事にこれらの視点から書かれた内容が混在していることも多くみられる。

まず健康に関するものとしては、女性ホルモンの分泌の減少などにより、それまでの時期に比べて、様々な体の変調を感じやすく、乳がん・子宮がんのリスクが急激に高まるという記事が多い。また、昔とのライフサイクルの違いも含めて、今は三〇代よりも四〇代の方が女性の厄年といえるのではないかと、新厄年を提案することもみられる。

心理社会的視点からの記事は、女性の三三歳と三七歳の厄年の頃は、「ちょうど結婚や出産、仕事、恋愛、体の不調など、様々な迷い・焦り・不安が重なる、人生の節目」（PHPカラット 二〇〇四）などとして、女性が現代社会を生き抜いていく上で、この時期特有な人生における課題が次々と待ち受けている、といった説明が多い。そして、それらの課題は「タイムリミット」「ラストチャンス」「閉店のシャッターが下り始める」（umo! 一九九八）といったような表現で、強い焦りと不安をともなうと指摘し、精神的なトラブルを起こさないための心理的なアドバイスが載せられている。

この二つの視点については、時期によって多少の変遷がみられた。例えば、一九八〇年代は健康に関する視点から説明した記事で占められ、一九九〇年代もこのタイプが多く、二〇〇〇年代になると代わって心理社会的視点からのものが多くみられるようになる。ただし、いずれの視点でもライフサイクルからの説明をともなうことが多かった。

ライフサイクルからの説明は多くの記事にみられ、厄年を考える時、ライフサイクルは切り離せないものであることをうかがわせる。先に述べた健康面から心理社会的側面への視点の変化についても、三〇代は体の変調に関する説明よりも、人生においてやり直すことが社会的に難しくなる分岐点であり、焦りが強くなる時期であるとする現在のライフサイクルを基にした説明によった方が共感を得られやすいと分析しているといえる。

運との関連で厄年を取り上げている記事は、この時期を不運期のひとつとして説明し、他の不運期、例えば天中殺、大殺界や風水・手相などにあらわれる悪運とともに取り上げていることが多い。説明では、「今は運が悪いから、何をしたってしょうがない」、「運の悪い時期を乗り切ればきっといいことがある」といった感覚がみられ、乗り切るための具体的な方法が掲載されている。例えば、「水晶に自分の悩みや不安を込めて、海や川に流すと運気を浄化させる作用があります」（an an 一九九四）、「不運が重なったら、部屋の西北にグリーンを置くと気持ちが楽になる」（an an 一九九六）などがある。運からの厄年についての捉え方は、ライフサイクルの場合よりも気楽な印象があり、記事にみられる深刻さの度合いはかなり低い。そして、記事によって視点は異なっているとしても、厄年を転機として捉えている点では、ほぼ全記事が共通していた。

この他として、四つの視点から書かれた内容とともに、厄年に関する大まかな知識・情報を紹介するガイド的な内容(例えば「厄年とは何か」「起源や由来」「何をするとよいのか(しない方がよいのか)」といった事に関する記事)、また有名人や読者の厄年にまつわる体験談が盛り込まれていることが多かった。体験談については、大きく分けると体調を崩したことに関するもの、仕事・恋愛・家庭生活に関するもの、事故や盗難などに関するもの、自分ではなく家族が不幸な目にあったことに関するものに分けられる。しかし、いずれにしろ体験談についての記事は、記事内容全体の中心に据えられることは稀で、補助的な扱いにとどまる。

以上、記事の整理・分析から、女性誌は現代の女性に厄年を語る上で説得力をもつものとして、健康や心理社会的な説明をともなう「ライフサイクル」と、不運期をさすことが多い「運」を考えているといえる。読者である女性たちは健康や心理社会的な説明をともなう「ライフサイクル」からの説明の多い記事の中で、自らの抱えている問題を厄年にあてはめ、気持ちを軽くする手段を得ているといえる。つまり、厄年が女性たちのぼんやりとした不安の理由を明確に説明することで、不安をやわらげる機能を果たしていると考えられる。

逆に厄年を不運期と関連づける運からの説明では、三〇代の女性と厄年の間を特別に関連づける根拠が弱いといえるが、記事では不運期としての厄年を乗り切る力を与えてくれる様々な事柄を紹介し、そこには楽しさがみえ隠れしている。雑誌側では、元々関心が高い三〇代女性の厄年について、運からの説明がひとつの手近な解決策を与えるとみているのかもしれない。例えば「長いもの」「蛇に関連したもの」といった昔からの厄除けによいとされる特徴を踏まえつつアレンジして、読者の購買意欲に訴えるおしゃれな商品を紹介している例もある。女性誌の厄年記事が、現代の女性たちの不安を軽減させているだけでなく、楽しむ機会とさえなっているのである。そしてさらに、厄年自体を楽しむことを提案しているといえるのである。

六　女性たちから取り出した現代の厄年観

第四項における三〇代女性へのインタビューから得られた、「体の調子が悪くなりやすい年」「節目・変わり目の年」と「悪いことがふりかかりやすい年」といった厄年観は、第五項のインターネット調査や女性誌の記事を整理した中でも確認できた。本項では、この点について、より詳しい考察を行なう。

第四項で示した三つの厄年観のうち、インターネット調査、女性誌の記事でも最も多くみられたのは、「体の調子が悪くなりやすい年」であった。厄年と健康・体調を関連づけやすい理由として、三〇代女性に特にみられる健康の問題がある。

「新厄年の研究」と題する雑誌の特集では、卵巣活動は三五歳頃にピークを迎え、これを境に女性ホルモンの分泌量が急減し、老化が進み始めるということ、そしてその前後に厄年があることが重要なポイントであると指摘している（ヨミウリウィークリー　二〇〇二）。具体的には、三三歳の厄年の頃、女性は胃がんや女性ホルモンの状態が関与する乳がん、子宮がんの罹患率が急に高まりだし、また三七歳の厄年の頃も女性ホルモンの分泌が急減することにより、骨粗しょう症や動脈硬化のリスクが急に高まるとして、三〇代の厄年の頃にみられる健康の問題を挙げている。

厚生労働省のデータでは、二五〜三四歳では「熱がある」「体がだるい」「いらいらしやすい」「頭痛」といった全身症状、呼吸器系、消化器系、皮膚、肩こりについての有訴者数が目立ち、三五〜四四歳でも「体がだるい」「頭痛」の全身症状、腹痛・胃痛、肩こりの訴えが多い（厚生労働省　二〇〇一）。病気とまではいかなくとも、何か調子が悪いという感じをもっている人が多いといえる。人によっては自分が年をとったと感じる場合もあるかもしれない。

以上をみると、女性にとって三〇代は、医療的なデータにも示されているように、健康面においてそれ以前の時期に比べて大きな変わり目になっているといえる。病気の罹患率が急激に高まるとともに、体に何かしらの不調も感じやすくなっている。これらマイナス方向への体調の変化などが、女性の大厄として設定されている時期に説得力をもたせていると考えられる。厄年と健康の問題を関連付けることは、古い文献の記述にもみられるように、従来にもみられた厄年観である(15)。

時代を問わず、厄年と健康の問題がつながりやすいのは、背後に有限な肉体をもつ存在として「人生には危険な年や時期、気をつけなければならない年がある」という、人間として普遍的で実感をともなう関心・不安があるからではないだろうか。つまり、普遍的な理由から厄年が今も昔も多くの人々に関心をもたれているといえる。

二つ目の厄年観として「節目・変わり目の年」があったが、これも今も昔もみられる厄年観といえる。しかし、この「節目」の意味することは今も昔も同じであろうか。かつて地域共同体の中で、個人は周囲と様々なつながりを強くもちながら生活していた。多くの決まりごとや儀礼・行事などを通じて、生活や人生に大きな道筋、流れが作り出されていた中、「節目」は先人たちも通ってきた人生の目印と考えることができる。しかし、これに対して現代は、ある程度の決まった流れがあるとはいえ、自分で人生を選び決めていく形であり、「節目」は選択の時である。選択の仕方によってはマイナス方向・危機的方向へ進むこともあり、当然不安が生じやすい時期であるといえる。

女性誌における厄年に関する記事では、女性の三三、三七歳の厄年の頃は「ちょうど結婚や出産、仕事、恋愛、体の不調など、様々な迷い・焦り・不安が重なる、人生の節目」(PHPカラット 二〇〇四)などとしている。そして女性にとって、現代社会を生き抜いていく上で、この時期特有の人生における課題が次々と待ち受けている、といった説明が多い。また、それらの課題は先述したように、「タイムリミット」「ラストチャンス」「閉店のシャッターが下り始める」（uno! 一九九八）といったような表現で、強い焦りと不安をともなうと指摘する説明もある。現代における節目の時期に生じる不安を説明するものとして、厄年はいわば大変便利なものであり、様々ある不安を厄年に当てはめることでかえって安心できるような、不安を意味づけることで、不安の度合いをやわらげる機能をもっているといえるのではないだろうか。

三つ目の厄年観として、「悪いことがふりかかりやすい年」というものがあった。この厄年観で注目すべきことは、悪いことがこの年に限って外からやってくるイメージがあることである。先行研究にもあるように、従来の厄年のイメージには、悪いことが長期間にわたって身についてたまっていくような感覚がみられたが、現在このように考える人は少ない。以前あったと考えられている、人生の節目で「生まれ変わる」という感覚が、現代においてみられないことを理由として挙げることができる。

かつて多くの儀礼や行事を通じてある時期に生まれ変わったように感じ、それまでに身についたマイナスのものを取り去り、新たな力を得ることを実感するといったことを、現代の人々はできなくなっている。現代の人々にとって、厄年儀礼はあるごく限られた時期に自分の身についたもの、立ちふさがるもの、そのものだけを取り除いたり退治したり、またつかないようにするといった解釈をされているといえる。先述の神社における調査の際、ある神社の神職より「現代の人にとって厄祓いは予防接種みたいなものとして考えられているのでは」という意見を得たが、今回の三〇代女性へのインタビューを通じて、この意見は核心をついたものに思われる。厄年を意識して神社や寺院を訪れた人々は、そこで外からやってくる悪いものである厄年の厄を取り去り、またはつかないような予防措置をとってもらっているといえそうだ。

以上三〇代女性の厄年観について考察した。女性にとってこの時期特有の健康面の問題、そして現代の三〇代女性をとりまく社会環境の変化がもたらす不安を説明するものとして、この年代と厄年がつながりやすい実態がうかびあがってきた。「体の調子が悪くなりやすい年」「節目・変わり目の年」といった厄年観である。そして、三つ目の厄年観は、霊魂観の変化を意味し、年代を問わず、現代の人々全般に共通してみられる厄年のイメージといえるのではないだろうか。

七　三七歳厄年の創出

ところで、厄年として設定されている年齢であるが、人々の求めに応じて年齢が新たに設定されている実態がある。先に、近年は女性の場合、三七歳も厄年に含めることがあると述べたが、これが一般的になったのはごく最近のことである。例えば、現在七〇代以上の女性に聞くと、女性は一九歳と三三歳が厄年であると考えていたが、三七歳は知らなかったということが多い。三七歳が女性の厄年に含まれるようになった時期・過程を確認したい。

筆者は、二〇〇八年に関東における厄年に関して著名な寺院に、インタビュー調査を実施した（表7）。調査対象は、西新井大師総持寺（東京都足立区）、川崎大師平間寺（神奈川県川崎市）、堀之内妙法寺（東京都杉並区）、佐野厄よけ大師惣宗官寺（栃木県佐野市）の四寺院である。

調査結果に入る前に、インタビューで聞くことのできたそれぞれの寺院が厄年について著名になった経緯や、寺院と厄年との関連、厄年に対するイメージについて得られた回答をみていきたい。

西新井大師は、疫病などの災厄を弘法大師が平癒させたとする言い伝えと寺院の創建とが関連していることから、厄とのつながりが深いという。現代において、厄年は年齢的・社会的ストレスだとするものや、身体の不調から来るものだという説明で理解する人が多い印象だと語っていた。

川崎大師は、寺院を興した兼乗という者がその時四二歳の厄年で、厄除けを祈願する形で寺が始まったのだという。厄年については、「体・環境・社会的事柄についての節目の時、特に気を使って慎む年、年回りと説明している」とのことだった。

妙法寺は、日蓮の四二歳の伊豆流罪の際に、弟子日朗が掘った霊木により、日蓮の罪が許されたとする言い伝えから厄年との関連がいわれるようになったのだと話す。厄年について聞かれると、九星学から説明しているという。悪い運気の星回りにある時であるとして、急に悪くなるものではなく徐々に悪くなるのだと説明し、後厄には徐々によくなると話しているという。

佐野厄よけ大師は、天台宗の中興の祖である慈恵大師が厄除けと関連深く、寺ではこの慈恵大師の画像を祀っているという。厄年のイメージについては、例えるならそろそろこのあたりで注意が必要になる「交通標識」だという。先人たちの経験から導きだされた心身の変わり目、節目という人生の目印であるとも語っていた。

調査の結果、いずれの寺院でも厄除祈願数は全祈願数の中で最も多かった。そして他の祈願数が減っている一方、か、厄除祈願件数は減っていない、横ばいということであった。いずれの寺院も厄除祈願で古くから著名であることから、先述の図1の某神社における一九九七年以降の急増はみられないということであった。参拝者に関して、昨今印象に残ったこととして、熱心に参拝する人の多くが二〇～三〇代の若い人であるということ、この年代で厄年に関して質問をしたり説明を求める人が多いということが挙げられていた。

参拝の時期については、全寺院において正月から節分にかけてが最も多くみられるが、誕生日の頃や気の向いた時も多いとのことであった。

表7　厄年インタビュー調査概要(関東厄除け著名寺院)

日時	2008年５月から６月まで
対象	西新井大師総持寺(東京都足立区、真言宗) 川崎大師平間寺(神奈川県川崎市、真言宗) 堀之内妙法寺(東京都杉並区、日蓮宗) 佐野厄よけ大師惣宗官寺(栃木県佐野市、天台宗)以上４寺院
時間	各インタビュー60分程度
主な質問項目	厄年のイメージ、寺と厄年との関連、件数動向、参拝時期、参加者の構成、参拝者年齢・性別(特に女性37歳の厄年について)、厄年に関して実施している取り組み、最近の変化・印象に残っていること

写真２　川崎大師へと続く参道、厄除門

写真３　落語でも有名な「堀之内やくよけ祖師」堀之内妙法寺

写真４　佐野厄よけ大師前にて

これらの寺院においては、厄年の年齢は男性二五と四二歳、女性一九と三三歳のほか、男性の六一歳と女性の三七歳を含めるところがあった。特に西新井大師では、女性三七歳は同じ電車線の駅にある佐野厄よけ大師の影響で、三七歳を含めるようにして欲しいとの要望が増え、一九九〇年頃から含めるようになったという。妙法寺は三七歳を厄年に含めていないが、五・六年ほど前(調査時の)から三七歳も増やして欲しいとの声が多く聞かれるようになったという。

佐野厄よけ大師が女性三七歳を厄年としていることについて、副住職に尋ねたところ、一九七〇年頃から含めるようになったという。いろいろな厄年年齢に関する言い伝えがある中で、特に体調の変わり目という視点より、重要度の高い年齢を選んで設定をしたと語る。そしてまた、今後も必要性が高まれば、新たな年齢を厄年に含めていくというスタンスをもっていると語る。例えば、現在設定されている厄年は最高で六一歳までが多く、高齢化がすすむ現代に対応できていないと考えられる。佐野厄よけ大師では実際そのような声もあり、六一歳以降の厄年についても今後考えていきたいということであった。

全寺院において、男性の四二歳厄年の参拝者は多いとしていたが、それに比べて女性の三三歳厄年の参拝者の方が多いという説明をほとんどの寺院で聞いた。先述のように参拝者の要望によって、新たに創出された三七歳厄年も女性であり、神社同様三〇代女性たちの積極的な様子が寺院でもみられる。

厄年にとって、年齢設定は大変重要であると思われるが、佐野厄よけ大師の例にみられるように参拝者の要望・希望により、新たな年齢が創出されている現状がある。このような現状の変化を女性誌はいち早く捉えている。一九八〇年代の記事では、女性の厄年の年齢として三七歳を含めることが少なく、一九歳と三三歳を女性の厄年であるとした前提のもとに書かれた記事が大半であったが、二〇〇〇年を過ぎると当然のように三七歳も含める形で女性の厄年に関する記事がみられるようになる。この三七歳が厄年に含まれるようになった契機として、佐野厄よけ大師の動きが重要なきっかけであったことはまちがいない。そして、この変化を素早く取り入れ、また他の場でも広めようとした女性たち自身の動きには注目すべきものがある。

ここからは人々が以前からいわれてきた厄年の年齢に縛られることなく、必要に応じて自分たちに合う形で、新たに年齢設定を行ない取り入れている実態がみられる。人々はただその年齢が来たら、するものだから厄除祈願や厄祓いをしているわけではなく、厄年というものが現代を生きていく上で必要であると感じ、自分の置かれている状況を厄年にあてはめてみたり、儀礼に参加したり、またさらには自分たちに合う形に改良もしている。受身ではなく、積極的に厄年儀礼に参加しているということができる。

おわりに

現代の厄年の実態を明らかにすることを目的として調査をすすめた結果、厄年に関する儀礼が現在大変さかんであり、特に三〇代女性の関心が高いことを明らかにすることができた。しかし、現在もさかんに行なわれているとはいえ、様々な形で行なわれていた厄年儀礼は、現在社寺への参拝という形が突出して多くなっている。

この厄年に関する社寺参拝について、調査時の二〇〇五年の一〇数年までに急激な増加がみられたことがわかった。増加の要因については、神社へのインタビューの中で聞かれた、佐野厄よけ大師のメディアを利用した宣伝の影響が挙げられる。急激に増加した時期が、多くの社会不安が噴出した頃とも重なっており、不安要素の多い社会情勢の中、厄年という観念についてマスメディアを利用して広く認知・意識させていった社寺の活動が、人々の心を引き付けたのではないかと考えられる。

これまでに実施されてきた宗教に関する世論調査や、筆者の神社へのインタビューの結果から三〇代女性の厄年に関する意識の高さが明らかになった。このことを踏まえて、三〇代女性に厄年に関するインタビュー調査を実施したが、その結果から現代の厄年のイメージとして、「体の調子が悪くなりやすい年」「節目・変わり目の年」「悪いことがふりかかりやすい年」の三つを取り出すことができた。「体の調子が悪くなりやすい年」は、古くから変わらない厄年のイメージであり、実際に健康の問題が起きやすい時期に年齢設定されているため、説得力がある。「節目・変わり目の年」についても、以前からのイメージでありながら、人生の節目にみられる現代の不安定さが、さらに厄年とこのイメージをつなげやすくしているといえる。「悪いことがふりかかりやすい年」については、厄年儀礼に生命力の更新といった深いレベルの意味合いがみられたのに対して、現代は予防接種的にとりあえずといった表面的なものへと変化してきている。儀礼の根底にみられた霊魂観の大きな変容が影響しているといえる。それにもかかわらず、厄除祈願・厄祓いがさかんであるのは、厄年がそれぞれ設定されている年齢の際に生じる身体面、社会面、家庭面の問題から生じる不安を説明するものとして、うまく機能しているからといえる。厄年のイメージのはじめの二つは、三〇代女性に特徴的な健康面の問題や現代の女性のライフサイクルを反映した厄年観といえるが、最後の「悪いことがふりかかりやすい年」については、厄年観念の根底にみられた霊魂観からの変化であり、年代を問わず現代の人々の間に広くみられるイメージといえる。

この他、厄年に関して著名な寺院におけるインタビュー調査から、女性の三七歳厄年が最近になって新たに創出されたことを確認することができ、人々の厄年に対する積極的な姿勢を知ることができた。

生き方や価値観が多様化し、多くの可能性を秘めた現代は、見方を変えれば自分の立ち位置が不明確で、時には強い不安をともなう。この現代にみられる漠然とした不安を説明するものとして、また自分の現在の状況を確認し、意味づけるものとして、厄年は現代においても大きな意義があるといえる。

注

（1）朝日新聞の一九八一年世論調査「宗教と日本人」、一九九五年「全国世論調査」から。

（2）全国各地のハレの生活のうち、誕生・婚姻・年祝いの民俗についてまとめたもの。日本全国を一〇の地域に分け、巻ごとに異なる地域についてまとめている。地域として北海道、東北、北中部、南中部、関東、近畿、中国、四国、九州、沖縄・奄美がある。

（3）波平恵美子は、男性四二歳の厄年のみが強く意識され、女性三三歳は消えつつあると述べている（波平　一九八八）。本研究の結果とは大きく異なっており、一九八〇年代から現在までに厄年に関して大きな傾向の変化があったことが考えられる。

（4）一社のみ変わらないとしたが、この神社では古くから厄年とかかわりの深い「星祭り」を実施してきたため、以前から氏子たちの厄年に対する意識が高いということであった。また併せてこの地域に長く住み続けている人が多く、その意識の高さが維持されてきており、厄除祈願等の件数が多いということであった。

（5）一九九五年（平成七）には阪神大震災、サリン事件、一九九七年（平成九）には神戸児童連続殺傷事件、消費税率の上昇、山一證券をはじめ証券会社や銀行の相次ぐ破綻、失業率の増加がみられた。

（6）一九五〇年に文部科学教育局に設けられた迷信調査協議会は、全国規模で「国民慣習（迷信・俗信）調査」を実施し、依然多くの迷信・俗信といわれるものが人々の間で関心をもたれ、力をもっていることを明らかにした。「第一調査」の方で、干支で性格がわかると思うか、日の吉凶（大安・仏滅など）を使うか、厄年には何か悪いことがあると思うか、ゆうれいはいると思うか、など一六項目について聞いている。

（7）前掲（1）参照。

（8）読売新聞の一九九八年世論調査「宗教観」、二〇〇一年世論調査「宗教観」から。

（9）読売新聞の二〇〇〇年世論調査「宗教観」、二〇〇一年世論調査「宗教観」、二〇〇五年世論調査「宗教観」から。

（10）國學院大學二一世紀COEプログラムで、現代日本人の神観念もしくは宗教性を把握するために実施された二回の調査の第一回目。現代日本人の宗教意識と宗教行動について、明らかにするための一一の設問からなる。本問はそのうちのひとつで、厄年以外の選択肢は「仏滅の結婚式」「友引の日の葬式」「葬列帰りのお清め」「北まくら」「四という数字」「一三日の金曜日」「家の方角」「名前の字画数」である。

（11）『シティリビング』は週刊で発行され、東京版の発行部数は一八万二二五部（二〇〇六年日本ABC協会報告部数）。アンケートが実施された『シティリビング』のホームページは、http://www.city.living.jp/

（12）ここでの女性誌と厄年に関する調査結果とその分析について、さらに詳細に付論「女性誌の中の厄年」で述べる。

（13）本章で用いる「女性誌」とは、記事の検索に用いた大宅壮一文庫雑誌記事検索の雑誌の分類のうち、「女性」に分類された雑誌を指す。

（14）検索は大宅壮一文庫雑誌記事索引によった。女性に関する雑誌に限定し、「厄年」「厄」「厄除」「厄払」を検索キーワードとした。

（15）例えば、『源氏物語』若菜の巻では、光源氏が厄年を迎えた紫の上の健康を心配し、長寿延命の祈願をしっかりした方がよいとすすめる場面がある。

付論　女性誌の中の厄年

はじめに

現在「女性誌」[1]の内容は、実に様々である。読者の多様な興味を反映して、雑誌のタイプ別の細分化がすすみ、対象とする年齢層についても「二〇歳前後」「二五歳前後」「三〇歳前後」などと細かく分かれている。またさらにファッションひとつをとっても「モード系」「ギャル系」「ストリート系」「ＯＬ系」など細かく分類され、それぞれを対象とした雑誌群があるといった具合である（雷鳥社 二〇〇四）。

日本における女性誌の登場は明治時代であり、当時から戦後にかけて、いわゆる良妻賢母的な女性の生き方を啓蒙する役割を担ってきた。その後、一九七〇年代以降のウーマンリブ運動や国際婦人年を機に、女性を取り巻く環境とその中で生きる女性のライフスタイルは大きく変化し、多様化していくこととなる。この変化に合わせて、読者のニーズを反映させていった結果、新しいタイプの女性誌が次々と創刊され、それまで多くみられた啓蒙的な記事はみられなくなっていくことになる。

現代の女性誌の記事における頻出テーマは、美容、ファッション、恋愛、結婚、家庭、仕事、料理とされ、これらの記事内容はそのまま現代女性の興味・関心の高い事柄となっている（雷鳥社 二〇〇四）。つまり、女性誌が取り上げている内容は時代と深くかかわっており、現代女性の興味・関心を捉え、誌面に反映させている。

またそれと同時に、新たな興味・関心や意識を掘り起こし、拡大させていく役割も果たしている。読者である女性たちは、自分自身の生き方や生活全般について考えるため、また情報収集のための資料として、女性誌を活用しているといえる。

ところで現在雑誌の売上は総じて減少し、女性誌も例外ではない。しかし売上が減少しているということは、即、女性誌の内容が現代女性の意識や関心を反映させていないことを意味しているわけではない。低迷しているならば現状を打破するため、好調な時以上に各誌は女性の動向や関心に注意を払うに違いないからである。つまり、女性誌の記事をみていくことで、今も現代を生きる女性について、多くのことが見出せると考えられるのである

そこで、本論では現代の実情を巧みに内容に取り込み、発信している女性誌における厄年に関する記事をとおして、女性誌が現代女性の厄年（主に三三・三七歳）をどのように取り上げ説明しているのかをみていく。そうすることで、現代女性の厄年に対する強い意識の原因を探っていきたいと考える。

一　女性誌における厄年記事の内容

女性誌の中に書かれた厄年に関する記事を調べるために、大宅壮一文庫の雑誌記事索引総目録を利用した。(2)これにより、明治期から現在に至る女性誌の中で厄年に関して書かれた記事を検索したところ、九三件がみつかった。この九三件の記事中二二件を、女性の厄年を考える上で参考にできないと判断し除外した。(3)二二件を省いた七一件の記事を用いて、内容の整理・分析をすすめた（七一件の記事の一覧を表1にまとめた）。数ページにわたって厄年を中心に取り上げているものから、他の事柄とともに厄年を取り上げているもの、厄年に多少触れているエッセーなど、内容は

様々であるが、いずれも多少の差はあるものの、現代女性の厄年についての記述を含んでいる。

記事の掲載雑誌は二二誌で、雑誌名と取り上げ回数は『an an』（マガジンハウス）が九回、『婦人公論』（中央公論新社）が八回、『コスモポリタン』（集英社）・『FRaU』（講談社）・『CREA』（小学館）・『主婦の友』（主婦の友社）が三回、『主婦と生活』（主婦と生活社）・『クリーク』（マガジンハウス）・『家庭画報』（世界文化社）・『SOPHIA』（講談社）が二回、『JUNON』（主婦と生活社）・『uno!』（朝日新聞社）・『Domani』（小学館）・『クロワッサン』（マガジンハウス）・『Como』（主婦の友社）・『PHPカラット』（PHP研究所）・『Saita』（セブン&アイ出版）・『MORE』（集英社）・『セブンティーン』（集英社）・『婦人画報』（アシェット）・『トリニティー』（エル・アウラ）・『ラ・セーヌ』（学研）がいずれも一回であった。

先に現在の雑誌は、読者の年齢やライフスタイルなどに合わせて細分化されていることについて述べたが、厄年に関する記事が掲載された上記の雑誌の場合、対象とする年齢としては一〇代、四〇代以上向けは少なく、二〇～三〇代を対象とした雑誌が大半であった。ライフスタイル別では、主婦向け、キャリア志向向けといわれる雑誌の両方にみられた。

以下に厄年記事にみられる四つの視点、またそれ以外の視点から書かれたもの、厄年年齢に関するものなどに注目しながら、実際の記事を整理していきたい。

表1　女性誌に掲載された厄年記事一覧

	雑誌名	発行年	発行月	記事タイトル（特集の場合特集タイトル）	記事数	健康	心理社会	ライフサイクル	運	ガイド	体験談
1	婦人公論	1974	1	42歳は女も厄年	1		○	○			
2	婦人公論	1981	12	女の厄年なんか怖くない	1	○				○	○

	雑誌名	発行年	発行月	記事タイトル（特集の場合特集タイトル）	記事数	健康	心理社会	ライフサイクル	運	ガイド	体験談
3	主婦の友	1983	3	あなたは信じる？信じない？女の厄年・男の厄年おもしろ事典	1	○				○	
4	婦人公論	1988	3	女の厄年は40過ぎになった	1	○		○			
5	主婦と生活	1990	1	平成2年庚午―白水星　九星別・開運歴と厄除け霊符―	1	○			○		
6	CREA	1990	9	不思議に夢中・ついちゃったあなたのために　おまじない厄よけまる得第図鑑	1	○			○		
7	クリーク	1991	5	近頃なぜか気になりだした33歳、女性の大厄。実際に厄除けをするにはどうしたらよいか。	1					○	
8	婦人公論	1991	6	大長寿時代を乗り切る新・厄年の研究	1	○	○	○			
9	主婦と生活	1992	1	開運歴1992　今年1月・すべての災厄からあなたを守る	1	○			○		
10	婦人公論	1992	8	〝女の厄年〟を幸せに乗り切る法	1			○		○	○
11	an an	1992	9	天中殺も厄年も、これがわかれば怖くない。	1				○	○	
12	SOPHIA	1993	6	［特集］女の厄年　男の厄年	5	○		○			○
13	an an	1993	6	［特集］どう乗り切ろうか？　誰にでもやってくる不運期。	2				○		○
14	クリーク	1993	6	当世〝厄年〟事情　女の厄年は19歳と33歳！　あなたはやっぱり気にします？	1					○	
15	an an	1994	1	［特集］女にとって年齢とは？　女の「厄年」の意味をいろいろな角度から考えた	3	○	○	○			
16	SOPHIA	1994	2	若衆会がひらくお茶会と吉田神社の節分祭　厄をはろうて福招き	1					○	
17	コスモポリタン	1994	9	サクセス・エイジング大特集　美しく豊かに年齢を重ねるために20代でやっておくべきこと	1						○
18	JUNON	1994	11	第4回女性の厄年の変化について　女の一生は10代後半から20代前半にかけての過ごし方で決まる！	1	○		○			

19	an an	1996	2	淑女の生活　災厄の場合	1	○		○			
20	an an	1996	12	[特集]'97前半、恋と運命は？　誰も逃れられない不運期を上手に賢く乗り切る方法。	2				○	○	
21	uno!	1998	3	女の厄年　ウソ、ホント？	1		○	○			
22	家庭画報	1998	8	宮尾登美子の物語　厄除けの思い出	1						○
23	Domani	1998	9	女の厄年・厄除け・厄払い	1					○	○
24	an an	1999	9	[特集]不運期の乗り切り方が、その後の年齢運を左右する。	2				○	○	○
25	ラ・セーヌ	1999	12	[特集]今『夫婦』を考える　15年・20年・25年は「ふたり」の厄年	3		○				○
26	CREA	2000	11	スキンケア御三家の美容ライター座談会　10~30代肌の厄年は3回訪れる	1	○肌				○	
27	クロワッサン	2000	11	着物の時間62　麻の葉の着物を3枚同時にこしらえたの、厄払いで厄年に。	1						○
28	婦人公論	2001	6	警告ルポ　40歳は女の新厄年？　からだの不調を見逃さないで	1	○		○			○
29	FRaU	2001	7	[特集]30歳までの「完全恋愛計画」あなたは女の厄年の怖さについてあまりに無知である	3	○	○	○			○
30	Como	2002	9	肌厄年のトラブルを吹き飛ばす一発逆転！スキンケア	1	○肌					
31	主婦の友	2002	10	Dr.コパの2002年風水開運ポイント　厄を落とすマメな換気と掃除が住まいを守り、幸運を呼ぶ	1		○	○			
32	婦人公論	2003	1	良縁を招くストラップから厄除キーホルダーまで　街で見つけたラッキーグッズ18種	1				○	○	
33	コスモポリタン	2003	1	[特集]28・32・35歳「メンタル厄年」は幸せ軸がぶれるとき	4		○	○			
34	コスモポリタン	2003	2	女28・32・35歳は「メンタル厄年」	1		○	○			○
35	FRaU	2003	5	[特集]ありとあらゆる「危険な年」、私はうまくかわす。	2				○	○	○

	雑誌名	発行年	発行月	記事タイトル（特集の場合特集タイトル）	記事数	健康	心理社会	ライフサイクル	運	ガイド	体験談
36	トリニティ	2004	1	［特集］Exorcism of ONMYOUJI　陰陽師にきく秘蔵の厄祓い	2			○	○	○	
37	主婦の友	2004	2	Happy パレット Dr.コパの風水 de もっと幸せに　季節行事のチェックで家の厄落とし	1				○	○	
38	ＰＨＰカラット	2004	8	［特集］女の厄年33歳　働く30代心の厄年をどう乗り切るか	2		○	○			
39	an an	2004	11	04年恋愛白書　恋の痛手も笑いとばして厄払い！　恥ずかしい恋の体験大集合	1		○				○
40	婦人公論	2005	1	暮らしの改善風水Q＆A夫婦で厄年を迎えたのですが、対処法は？	1				○	○	
41	FRaU	2005	11	挑戦する厄年	1		○	○		○	○
42	婦人公論	2006	1	幸運の鍵を手に入れよう　ルポ・悩みの元はなんですか？　よろず厄除けの神様を求めて東奔西走	1				○	○	○
43	家庭画報	2006	8	50代からの肌磨き〝垢〟をスクラブで落として厄払い	1	○肌					
44	セブンティーン	2006	11	キャラパラッ、2006年秋キャラクターブームに異変アリ!?　おでんくん、スティッチ、厄ックン	1				○	○	
45	an an	2006	11	風水や厄払いなど7つのテクを大紹介。最近ついてない人必見！　悪運デトックスのススメ。	1				○	○	○
46	主婦の友臨増	2007	1	Dr.コパの厄落とし＆ご利益風水	1				○	○	
47	Saita	2007	1	2007年スピリチュアルことはじめ　女30代を乗り切るハッピー厄落とし	1	○	○	○	○	○	
48	CREA	2007	3	美の殿堂　厄年とは何ぞや	1					○	
49	an an	2007	4	大宮エリーさんの厄年に勝つ！	1						○
50	MORE	2007	10	［特集］新説20代後半、全ての女子は3回落ちる25・27・29歳は恋愛厄年だった！	2		○恋愛	○			○
51	婦人画報	2008	2	一〇〇〇年の都で究極の選択　今月は「節分」壬生寺の厄除け炮烙	1					○	

＊「健康」「心理社会」「ライフスタイル」「運」は記事の主な視点であり、その視点が記事の中でみられた場合縦方向の欄に○印をつけた。

1　厄年に関する四つの視点

記事は大別すると、体の不調や病気といった健康に関する視点、仕事・結婚・恋愛などの心理的な問題を抱えやすい事柄についての心理社会的視点、女性の一生を視野に入れたライフサイクルからの視点、厄年を主に不運期として捉えた運に関する視点の四つの視点から書かれていた。当然一つの記事に、これらの視点が混在することも多くみられる。中には一般的な年齢設定から離れ、「よくない年」という部分のみを抽出して用い、それを女性にとって健康・心理社会的な問題となりやすい事柄と結びつけることがみられた。例えば、「肌厄年」(表1の26・30番の記事においてみられた。以降、表1の番号に関しては［　］で囲う)、「恋愛厄年」［50］、「メンタル厄年」［33・34］と命名し、使用している場合もみられた。このような場合、古来からの厄年に関する説明がなく、厄年の一般的な対応策として出てくる社寺における厄祓いなどについて、触れられないことが特徴としてある。また厄年の一般的な年齢設定である一九、三三、三七歳に全く捉われずに、独自に設定することが多い。

四つの視点から書かれた記事にみられる特徴は、次のとおりである。

まず健康に関するものとしては、三〇代は一般的に身体的にはあまり問題がなく、体調は安定して活力のある時期とするものの、女性ホルモンの分泌の変化のために乳がん・子宮がんのリスクが急激に高まるという記事が多い。そして、昔とのライフサイクルの違いも含めて、今は三〇代よりも四〇代の方が健康上の面から女性の厄年といえるのではないかと、新厄年を提案することも多くみられる。

心理社会的視点からの記事では、女性の三三、三七歳の厄年の頃は「ちょうど結婚や出産、仕事、恋愛、体も不調など、様々な迷い・焦り・不安が重なる、人生の節目」［38］などとして、女性が現代社会を生き抜いていく上で、この時期に特有な人生における課題が次々と待ち受けているといった説明が多い。そして、それらの課題は「タイムリミット」「ラストチャンス」「閉店のシャッターが下り始める」（すべて〔21〕）といったような表現で、強い焦りと不安がともなうことを指摘し、精神的なトラブルを起こさないための心理的なアドバイスが載せられている。『コスモポリタン』では、二号にわたり、通常の厄年の年齢とは別に、現代のライフサイクルの中で働く女性にとって、特に悩むことの多い二八、三二、三五歳を「メンタル厄年」と名付けて、特集している〔33・34〕。

この二つの視点から書かれた記事については、時期によって多少の変遷がみられた。例えば、一九八〇年代は健康に関する視点から説明した記事ばかりで、一九九〇年代もこのタイプは多く、二〇〇〇年代になると代わって心理社会的視点からのものがよくみられるようになる。そして、両視点ともライフサイクルからの説明をともなうことが多かった。

ライフサイクルからの説明は、多くの記事にみられた。現代において厄年を考える時、ライフサイクルは切り離せないものであることをうかがわせる。また、先に述べたとおり、健康か心理社会的視点からの説明とともに用いられることが多い。

運との関連で厄年を取り上げている記事は、多くが『an an』に掲載されたもので、厄年の時期を不運期のひとつとして説明し、他の不運期、例えば天中殺、大殺界や風水・手相などにあらわれる悪運とともに取り上げている。運に関する記事では、不運期である厄年を乗り切るための具体的な方法が多く紹介されている。例えば、「水晶に自分の悩みや不安を込めて、海や川に流すと運気を浄化させる作用があります」〔15〕、「不運が重なったら、部屋の西北にグリーンを置くと気持ちが楽になる」〔20〕などがある。

ところで、記事には多くの場合、専門家のコメントやアドバイスが掲載され、記事自体を執筆していることもある。その職業は医者、心理関係者（心理カウンセラー、心療内科医など）、占い関係者（占星術、運勢学、風水、方位学など）、宗教学者・民俗学者、宗教家（宮司、住職など）であった。どのような専門家のコメント等が掲載されるかは、その記事が先に挙げた四つのどの視点から主に書かれているかで決まり、連動しているといえる。

そして、記事によって書かれている視点は違っていても、厄年を転機として捉えている点では、ほぼ全記事が共通していた。

2　ガイド的な内容と体験談

四つの視点から書かれた内容とともに、厄年に関する大まかな知識・情報を紹介するガイド的な内容、有名人や読者の厄年にまつわる体験談が盛り込まれることが多い。

ガイド的なものに関しては、「厄年とは何か」「起源や由来」「何をするとよいのか（しない方がよいのか）」といった事柄について書かれたものが多く、ほとんどの記事でこれらの事柄についてはいくらか触れられていた。「厄年とは何か」では、災難にあいやすい年とするものが多く、「起源や由来」については陰陽道を基にするとした説明が多い。この両者のいずれも数行の短い説明で終わっていることがほとんどである。

「何をするとよいのか」については、五誌で実際に厄除祈願・厄祓いのために著名な寺院を訪れた際の一部始終を、記事と写真で紹介している。併せて祈禱にかかる所要時間、祈願料など実際的な内容を載せている場合もみられる。訪問先は、妙法寺（東京都杉並区）と等々力不動尊（東京都世田谷区）［ともに7］、川崎大師（神奈川県川崎市）［14・48］、佐野厄よけ大師（栃木県佐野市）［23］、西新井大師（東京都足立区）［41］である。神社に関しては、一覧や簡単な説明で記事にでてきたものの、厄除祈願体験の訪問先にはなっていなかった。

体験談については、有名人・読者いずれについても、厄年の記事が多くあらわれ始める一九七〇・八〇年代は少なく、その後徐々に多くなっている。内容については、記事と関連のあるものが選ばれているという実情はあると思われるが、大きく分けると体調を崩したことに関するもの、仕事・恋愛・家庭生活に関するもの、事故や盗難などに関するもの、自分ではなく家族が不幸な目にあったことに関するものに分けられる。しかし、いずれにしろ体験談が記事の内容の中心に据えられることは少なく、補助的な扱いである。

３　年齢の設定

現在一般的に女性の厄年は一九、三三、三七歳の三年齢に定着している。厄年がいつかを知る上で参考にされることの多い神社に掲示されている厄年表[4]も、この三年齢を女性の厄年としていることが多い。

しかし、厄年に関する記事がみられ始めた頃は、一九、三三歳とすることが多く、一九、三三、三七歳とされることが増えるのは、二〇〇〇年以降である。記事が多くみられるようになる前から女性の厄年を一九、三三、三七歳と設定している記事には、実際に神社や寺院に行って厄祓い体験をした報告や、神社・寺院関係者に話を聞いたものが多い。女性の厄年が三年齢で定着した背景には、社寺が関係しているということだろうか。

また、「1　厄年に関する四つの視点」でも触れたが、現代のライフサイクルに合わせて、女性の厄年を新たに設定した方がよいのでは、とする新厄年を提案する記事がみられる。中には具体的な年齢を提案している記事もみられた。このようなタイプの記事は、最近では少なくなっている。健康・ライフサイクル面から書かれた記事に多くみられていた。

掲載されることが多いとはいえないが、目を引く内容の記事について紹介したい。

4　その他

例えば、厄除けに関する小物や持ち物に関する紹介記事が、いくつかの雑誌でみられた。この記事には二つのタイプがみられ、一つは従来から厄年によいとされる「七色のもの」「蛇に関連したもの」「うろこ模様のもの」「長いもの」を取り入れアレンジしたもので、例えば「長いもの」ではベルト、マフラー、スカーフなど、「蛇に関連したもの」では蛇柄の指輪、蛇柄の財布などが紹介されている［3・7・10・12・27・35・40・47］。もう一つは、厄年にかかわらず魔よけになるもの、幸運を招くなどとされているもの［11・15・20・45・47］で、「ハッピーアイテム」と題して「ドリームキャッチャー」「死海の塩」「パワーストーン」などが紹介されている例もある［45］。最近の傾向では、両タイプともファッションの一部として紹介され、写真とともに問い合わせ先、値段など書かれていることが多い。

この他に、独自に実施した厄年に関する調査を紹介している雑誌が三誌ある［23・41・47］。すべて読者を対象としたもので、回答者の人数や年齢については不確かなことが多い。項目は、「厄年に厄祓いをしたか」「厄年に何か悪いことが起きたかどうか」「厄年がいつか知っているか」「どこに厄祓いに行ったか」「住んでいる地域の厄除けに関する風習を教えてほしい」といったもので、このうち、「厄祓いをしたか」と「悪いことが起きたか」の二つの質問については、三誌とも実施している。悪いことが起きたかどうかについては、三誌とも五〇％前後が「はい」と答え、類似の結果であるが、厄祓いに行ったかどうかは、「行った」と答えた割合が二誌で約七〇％、一誌で四〇％ほどと違いがみられた。

二　記事からの分析・考察

以上、女性誌に書かれた厄年の記事について、その内容をみてきた。これらの記事から、女性誌は現代女性に厄年を語る上で説得力をもつものとして、健康や心理社会的な説明をともなう「ライフサイクル」と、不運期をさすことが多い「運」を考えているということがわかる。両者は女性誌の厄年に関する記事において、使われ続けてきた視点である。

ライフサイクルに関しては、記事が多くみられ始める一九八〇年代には健康に関する視点とともに語られていたが、途中より心理社会的視点からの説明の際に多く用いられるようになる。例えば三〇代は、女性ホルモンの減少などにより、それまでの時期に比べて様々な体の変調を感じやすく、乳がんや子宮ガンの罹患率が高まり、危険な時期であるという説明よりも、仕事や恋愛、結婚、出産といった様々な迷い・焦り・不安が重なる人生の節目となっている、という説明の方が、女性の厄年を考える上で共感を得るようになってきたと判断しているといえる。

現代女性のライフサイクルを考えると、どの世代にも身体面での特徴的な出来事、問題となりやすい社会状況がある。例えば、一〇代では月経の開始、高校・大学受験、二〇代では就職、結婚、出産などが挙げられる。ではなぜ三〇代の厄年に高い関心が集まるのだろうか。

先述したように、全記事を通して三〇代の厄年を転機として捉えている点が共通している。そしてこれは現状を反映したものといえる。女性の三〇代の時期に、人生における転機とされる事柄が集中してきている傾向は、昨今ますます顕著である。

平均的な既婚女性のライフサイクルを明治三八年（一九〇五）生まれ、昭和二年（一九二七）生まれ、昭和三四年（一九五九）生まれ、昭和四九年（一九七四）生まれで比較したものが、先の図2（二五四頁）である（井上ら 二〇〇五）。図2の結婚、出産、子育ての時期に注目するならば、結婚、出産は三〇代の時期へと移行し、子育てで手のかかる乳幼児期が、最近では完全に三〇代の中におさまっていることがわかる。厚生労働省の二〇一一年の人口動態調査では、結婚については一九九三年には二六・一歳だった女性の平均初婚年齢が、二〇一一年には二九・〇歳へと上昇している。また離婚については、同データ（二〇一一年）より結婚後一〇年以内のものが全体の五三・五％を占めることから、三〇代での離婚が多いといえる。つまり、明治生まれでは二〇代から四〇代の間にみられた、女性の家庭に関する重要な転機の多くが、現在三〇代の時期に集中するようになっている。

このことと併せて、戦後の女性の就労状況の変遷をみていきたい。復興・工業化が急速な勢いで進行する中、戦後の早い時期には性別役割分業や活動領域の性別分化が依然として維持され、女性の社会進出は阻まれていたといえる。しかし、高度経済成長以後、技術革新、サービス経済化の進行の中で、女性労働に対する需要は高まり、高齢化・少子化の影響を受けた社会構造、経済システムの変化とも相まって、女性労働は日本経済にとって不可欠なものとなっていった（神田ら 一九九二）。このことは、戦後の女性雇用者数の増大にもあらわれている。そして、特に女性の三〇代に注目して、労働に関する変遷をみるならば、「年齢層別労働力率」にみられるM字曲線のへこみの部分が、一九七〇年には二五～二九歳にあったものから、一九九七年には三〇～三四歳へと上昇していることに注目したい（図4。二五六頁）。これは、女性の労働における大きな転機が二〇代から三〇代へと上昇していることを意味している。

以上から女性の人生における大きな転機といえる家庭に関連した結婚、離婚、出産、子育て、そして就労に関連した離職、再就職などが、現在三〇代に集中してきているといえる。

厄年に関する記事の変遷をみていくと、女性を取巻く現状を背景に、女性の三〇代は周囲からのプレッシャーに過敏になりやすく、実感をともなう体の変化・体力の低下も手伝って、何かしら決定しなければならないと感じやすい時期と捉える記事が増えている。

・仕事も出産も、自分にはまだまだ選択の自由があると思いながらも、決断のリミットはすぐそこに迫っていると感じる。〝行き詰まり感〟にさいなまれる年齢。［34］
・子どもを持つか否かについての決断を迫られる時期……この時期を逃すと、あとになるほどチャンスが低くなる。仕事も転職はしにくくなるし、勉強を始めるならそろそろ狙いが定まっていたほうがいい。自分の可能性が狭まってきていることをひしひしと感じさせられるときでもあります。［38］

つまり、現代女性のライフサイクル全体をみた時、三〇代は人生において重大な決定をせまられ、やり直すことが難しくなる分岐点であり、焦りの強くなる時期と考えられている。いくつかの女性誌では、この時期を自らの可能性の限界に思い悩む時期としている。そして、この傾向は二〇〇〇年以降の記事に顕著である。

実際最近のデータで、特に三〇代の女性が他の時期に比べて日頃疲れたと感じ、いらいらしたり落ち込んだりする割合が高いという調査結果もある(5)(加藤　二〇〇五)。

この不安定な状況に対して、厄年のもつ、人生における大きな節目であると同時に、よくないことが起こりやすいというイメージとが合致し、現代において厄年を納得し共感できるものとして印象づけているのではないだろうか。そして自らが抱えている問題を厄年に向かわせることで、女性たちは気持ちを軽くする手段を得ているといえる。この他、厄年の習俗が古くから存在し、陰陽道が基にあるという説明が、さらに説得力を高めている。

運に関する側面では、厄年を不運期と説明することで、自分の力ではどうにもならないという感覚が記事全体にみられ、心理面・行動面での具体的なアドバイス（例、好きなこと・楽しいと思えることをみつける〔21〕、体力は温存して無理に活動的にならない〔33〕）をする、ライフサイクルからの説明の記事とは趣を異にする。運に関する説明では、「今は運が悪いから、何をしたってしようがない」、「運の悪い時期を乗り切ればきっといいことがある」といった感覚がみられ、厄年の時期を不運期と説明し位置づけることで、不安な気持ちを軽くし、落ち着かせる役割を果たしていると考えられる。そして、運からの厄年についての捉え方は、ライフサイクルの場合よりもかなり気楽な印象であり、記事にみられる深刻さの度合いもかなり低い。

ところで厄年を不運期と関連づける場合、なぜ三〇代の女性の間で厄年に対する関心が高いのかということについて、十分な説明をすることは難しい。ではなぜ女性誌では、運に関連した厄年に関する記事が多いのだろうか。自らの力ではどうにもならない運から厄年を捉えた場合、自分の外のものの力を借りる方向へ気持ちが向くことは自然なことである。そして女性誌の中では、不運期としての厄年を乗り切る力を与えてくれる様々な事柄を紹介しており、そこには楽しさがみえ隠れしている。

近年多いのは、不運期を乗り切るための厄除けの意味をもつ小物・持ち物などの紹介である。「長いもの」「蛇に関連したもの」といった、昔から厄除けによいとされる特徴を踏まえつつアレンジして、読者の購買意欲に訴えるしゃれた商品となっている例もある。また運に関する記事に限らないが、厄除祈願で著名な社寺を紹介する記事が、旅行ガイドのように掲載されていることもある。

つまり女性誌は、現代女性が厄年によって不安を軽減させているだけでなく、楽しんでさえいるとみており、さらに楽しむことを提案しているといえる。

おわりに

現代の三〇代女性の間で厄年に対する意識が高い理由について、女性誌の記事をみながら分析した結果、次のことをいうことができる。つまり女性誌では、現代の三〇代女性たちのライフサイクル上、焦りや不安を感じやすい状況と厄年のもつイメージとを女性たちが合致させていると考えているようだ。そして、女性たちは自らの置かれている困難な状況に対して、厄年によって納得し共感できる説明が与えられたと同時に、安堵感を得ることができたと考えることができる。

このような現代の三〇代女性の「ライフサイクル上、焦りや不安を感じやすい状況」は、普遍的にみられたものではない。戦後の生活をめぐる大きな変化に加え、高度経済成長期以後、特に目立つようになった女性の家庭や社会における役割・位置づけの変化によって、女性の三〇代の時期に、人生における多くの転機が集中するといった、ライフサイクルの変化がもたらしたものといえる。そのような状況において、現代女性は三〇代であれば、人に何かをしてもらうよりもすることの方が多く、抱えている問題については自らで解決することがのぞまれる。「自分でどうにかしなければ」「この事態を招いたのは自分である」「今しっかりやらねば後々問題がでてくる」といった厳しい視点を自らに向けがちだが、厄年が「不安な状況にあるのは自分だけではない」「今はつらいがそういう時期なのだ」「この状況は一時的なもので今を乗り切れれば楽になる」といった、背負っていた重荷をともに担いでくれるような、あるいは自らに向かっていた問題意識を他へ向かわせてくれるものとして機能し、女性たちの心を軽くし安堵感をもたせているというわけである。つまり、厄年は不安や恐れによってではなく、女性たちの気持ちを軽くすることで、関心を持たれ支持されているといえる。またさらに、高まった厄年への意識に一種の楽しさをもたせることのできる運からの説明が好まれ、受け入れられていると考えられる。

ところで、現在厄年の年齢として、女性では三〇代で三三歳の厄年にさらに三七歳が加えられ定着しているといえる。これは、それだけ現代女性にとって三〇代の頃は、不安や動揺を感じることが多いことを示唆しており、またその状態を説明する概念として厄年が必要とされていることを示しているのではないだろうか。

現代女性にとっての厄年のもつ意味合いを知ることや、関心をもたれる理由を女性誌の記事のみから抽出し結論づけることは、無理があり危険であろう。しかし、厄年自体が漠然として捉えどころなく、ライフスタイルや価値観が多様化する中、現代女性の厄年に対する意識を探ることは甚だ難しい。そういった状況において、女性の意識や関心を巧みに反映させた女性誌を利用することで得られる情報は多く、意義があると感じる。

注

（1）本論において「女性誌」としたのは、検索に用いた大宅壮一文庫雑誌記事索引で雑誌ジャンル「女性」と分類されたもの。

（2）検索方法は、一九八八年より前のものについて冊子体の大宅壮一文庫雑誌記事索引総目録で検索、一九八八年から二〇〇九年六月までは大宅壮一文庫雑誌記事索引検索 web 版にて検索。検索の際のキーワードは「厄年」「厄」「厄払い」「厄除」を使用した。

（3）除外の理由は、四件は記事の書かれた当時人気のあったテレビドラマ「花嫁は厄年ッ！」の出演俳優へのインタビューと番組紹介が主な内容であり、記事中に厄年に関する記述がなかったため。九件は「厄年」や「厄除」がタイトルに入った本の紹介記事で、本文に厄年に関する記述がなかったため。九件は「厄介」「災厄」「厄男」がタイトルに含まれているが、本文で厄年に関して触れられていなかったため。

（4）厄年表はその年の厄年にあたる人の数え年、干支と生まれた年を一覧表にして、神社の境内に掲示しているポスター状のもの。東京都神社庁の神道青年会教化部が実施している事業で、一九九四年から開始された。筆者の調査ではこの厄年表をみて厄年を意識するようになったと答える人が多かった。

（5）第一生命経済研究所が人々のライフデザインの現状と変化を明らかにしていくことを目的に実施した調査報告から。実施時期は二〇〇五年一月、対象は全国の満一八～六九歳の男女三〇〇〇人（有効回答数二一一八人）。

終　章

はじめに

本研究で取り上げた四儀礼は、一般的に人生儀礼として分類されるものであり、多くの共通点を有するものとして考えられてきた。

人生儀礼（通過儀礼）のもつ意義や特徴について、これまで多くの研究者が言及してきている。例えば、坪井洋文は「日本人の通過儀礼の諸段階」を大きく四つに分け(1)、そのうち特に出生儀礼と葬送儀礼に相当する時期にみられる多くの儀式の連続性に注目し、「（この時期に）儀式を繰り返し加えねばならぬほど、生児の霊魂が安定しないこと、死者の霊がさまよう危険のあることを示すもので、一種の鎮魂儀礼とみることができよう」（坪井　一九七一：二頁）としている。また、「当人を日常の生活から分離して隔離することが必要条件であって、当人はその儀礼を終えることによって、次の段階へと移行するものであるから、社会的には社会的地位の移行を承認することでもある」（三頁）としている。

井之口章次は、「通過儀礼を扱う場合の観点として、霊魂の問題、家族・親族関係、もっと広い社会関係の三点」

を挙げ、人生儀礼の各段階でも、絶えず霊を更新する必要があったこと、成長を身近に見守る家族に対する注目の必要性、当事者を取り巻く社会が儀礼における関係を認めることによって成り立つことを強調している（井之口　一九七八）。

両者は、人生儀礼を捉えるにあたり、霊魂とのかかわり、社会からの承認に注目している点で共通している。

この二つの特徴について多くの研究が集中し注目されてきたことについて、平山和彦は「日本の民俗研究者は、通過儀礼を霊魂観と人々による社会的承認という両側面から研究してきたということができよう」（一四八頁）と指摘している（平山　一九九二）。

この他、本研究で取り上げた四儀礼に絞って、その従来の共通点をさらにみていくならば、「霊魂とのかかわり」「社会的承認」のほかに、「神仏からの加護を願う」という点も共通点として挙げることができるだろう。安産祈願であれば、社寺参拝のほか、石や枕、ひしゃく、そして腹帯などを介して神仏からの加護を願う形が多く報告されてきた。初宮参りはその名称のとおり神社との関連が深く、厄年については神参りをするということが全国的にみられたほか、厄年観念の根底に古くより存在した歳神と関連する儀式、身祝いがあったとされることからも、神仏からの加護を願う意味合いが想定される。七五三は四儀礼の中で従来からの神とのかかわりが最も少ないといえるものの、現在七五三の日とされる一一月一五日が元は氏神の例祭日であったこと、また七五三にあたる年齢が厄年とされていた流れもあることを考えるならば、やはり「神仏からの加護を願う」という意義を共通してもっていたといえる。

以上、従来の人生儀礼の研究・報告から、社会的承認を求める点、霊魂とのかかわりのある点、神仏からの加護を願う点は、四儀礼とも共通してみられる特徴であったといえる。

本研究では、人生儀礼の中で現在子どもと女性にかかわりの深い「安産祈願」「初宮参り」「七五三」「厄年」の四儀礼についての現代における実態と意義あるいは背景について、調査してきた結果をまとめ、分析・考察してきた。そして分析から理解できることは、これらの儀礼が伝統的意味からは大きく変化した、という事実であった。

儀礼の変容を、一 社会的承認の縮小・喪失、二 霊魂とのかかわりの希薄化、三 社寺参拝への画一化、の三点に絞って、以下考察する。

一 社会的承認の縮小・喪失

従来はどの人生儀礼においても社会から承認されることが重要な意義であり、儀礼は本人が生まれ育ち、生活していた地域社会へ向けられたものであったとさえいえる。人々は今も変わらず、ある社会に所属し、その中で何かしらの地位・役割をもつことが求められているが、現在四儀礼において従来のような社会的承認の要素をみつけることは難しい。このような伝統的な儀礼がもっていた社会的承認の縮小あるいは喪失ということは、四儀礼の最も重要な意義のひとつが、現代においては失われてきていることを意味している。

人は絶えず社会における自他との関係や役割を把握して生活しているが、その中で儀礼は地位役割のスムーズな変化・移行をもたらしてきた。例えば、安産祈願における腹帯では、帯を締め始める時に帯祝いを行なうことで、胎児の存在が社会的に初めて明らかにされていた（鎌田ら 一九九〇）。また、父親が帯を締めてみせ、自分の子どもであることを明らかにしたり（加藤 二〇〇六）、親戚や近隣の人また産婆なども呼んで饗応したり（大藤 一九六八）ということがあった。初宮参りでも、子どもがこれから社会の一員として育てる子どもであることを示すために、人を招いてごちそうしたり赤飯などを配ってまわったりした（恩賜財団母子愛育会 一九七五）。また集まった子どもたちにお菓子を

表1　4儀礼の相違点　（アンケート・インタビューの結果から）

儀礼名	参加者の構成	参拝先	情報収集先
安産祈願	妊婦と夫、妊婦と妊婦の母	霊験のあるところ	出産・育児雑誌
初宮参り	子と両親、 子と両親と祖父母	近いところ	出産・育児雑誌
七五三	子と両親、 子と両親と祖父母	近いところ （＋有名なところ）	親、友人
厄年	本人のみ、本人と友人 本人と家族	初詣先、 霊験のあるところ	厄年表、新聞折込広告、 電車吊広告、 テレビ広告

＊表にはそれぞれで多いパターンを記した。
＊「両親」には、子に兄弟姉妹がいれば含める。

配るなどということがみられ、赤子を近隣の子どもたちに顔見せさせるといった意味合いもみられた。そのような周囲への働きかけは、現在はほとんどみられず、家族や個人内での閉鎖的な儀礼となっている。

実際の数字をとおして、現在の四儀礼と社会との関係を確認してみたい。本研究では、各章において各儀礼の参加者数や構成についてみてきた。人生において儀礼の行なわれる順に比較をしていくならば、現在の儀礼の主な要素である参拝や会食では、安産祈願の場合参加者は妊婦本人を含め二人か三人、初宮参りと七五三では四人以上一〇人で子ども本人またその兄弟姉妹、親、祖父母といった構成が多い。厄年では、本人のみ、友人とあるいは家族といった様々なタイプがあり、タイプ分けは困難であるが少人数である点では共通している。以上の四儀礼の現状にみられる、本人のみ、三世代の家族で行なう、また家族以外でも数人の友人でという構成は、これらの儀礼が従来のような地域社会に向けての実施でないことを示している。つまり、現在のこれらの儀礼における参加者数や構成からも、社会的承認の意味をみつけることは難しいといえる（表1）。

従来儀礼を通じて行なわれていた「社会的承認」は、現代において、特に本研究で対象とした四儀礼の実施期間においては、儀礼以外のところで行なわれていることをみることができる。例えば、初宮参りに関する調査で回答者の母親たちに、母親になった自分と子どものことを社会から認めてもらったと感じたのは、いつどのような時だったかと尋ねたところ、多くの人が保健所での出来事を挙げていた。現在保健所では、妊婦を対象とした母親学級や、生後しばらくの間に予防接種や子育てに関する説明会、子どもに関する健康診断を頻繁に実施している。これらを通じて、母親たちは自分が母親になったことを自覚し、子どもの存在を周囲とのかかわりの中で意識する。そして、他の母子との交流やふれあいをとおして、地域の人々とのつながりを意識し、また実際に作るきっかけとしたという。

四儀礼における社会的承認の要素が縮小し、儀礼が社会に向けて行なわれなくなった一方で、先述の儀礼参加者の構成をみてもわかるように、いずれの時期においても儀礼が家族や個人に向けられたものになっている様子がみられる。そして、子どもに関する儀礼については、母親の役割の大きさが際立っている。

現代の産育儀礼において儀礼の主役といえる子どものために、儀礼を計画・準備し、そして実施する母親の役割の大きさを見逃すことはできない。例えば、第三章の七五三に関する参加者へのアンケートでは、七五三を実施したことについて多くの母親たちが「役割を果たせてよかった」「責務」といった言葉を使用して回答している。ここからは、現代の母親たちが子どものために七五三を行なうことを自分の役割と感じ、準備・実施している様子がうかがえる。また実際、七五三アンケートやインタビューにおいて、実施の有無をはじめ、参拝先、参加者への声かけなど、準備・計画から実施のすべてにおいて母親が中心になって行なったとの話を聞くことができた。七五三アンケートへの協力を求めた際、男性については数人の父親が応じてくれた以外は、「こういうのはわからないから」「全部妻がやっているから」といった理由で断られることが多かった。また、七五三のインタビュー(回答者は母親のみを対象とした)でも、「夫や祖父母は、いてくれないと困るけど、いろいろ言われても困る」として、計画から実施に至るまで母親がすべて取り仕切っている様子がうかがえた。こういったことから、子どもにとっての宗教的事柄とのかかわりをスタートさせているのは、母親であるともいえ、現代における女性のもつ宗教的役割の大きさを確認することができる。

このように現在、子どもに関する儀礼の中心的役割を当然の責務のように母親たちが担っているが、これは比較的新しいことといえる。例えば、第三章の付論においてインタビューした六〇～八〇代の女性の中には、自身が子どもの頃祝ってもらった七五三では、祖母が中心的役割を果たしていたことを話されていた方々がみられた。これに関して、社会学者の山田昌弘は、母性愛、例えば子どものために母親は尽くすべきだとすることが近代社会において作りだされたイデオロギーだとしている。大正期に出現した富裕な都市サラリーマン階層に、この意識の出現をみることができるとしており、「日本では母性意識が強いというが、近代家族を支えている「母性愛イデオロギー」定着の歴史は浅い」(山田 一九九四：一一二頁)としている。今後子どもの儀礼の担い手に関する資料を集め、変遷など分析をすすめることで、儀礼のもつ現代的意義の考察を深めていけるのではないかと考えている。

ところで、従来の儀礼にみられた「社会的承認」の意義には、「神からの承認」という意義も含まれていた。従来では、初宮参りや七五三のために神社参拝することが、氏子入りを意味し、そのことにより人別帳などに記載してもらうということもあった(宮本 一九九七)。従来の地域共同体において中心的な位置を占めていた神からの承認が、そのまま社会からの承認ということにつながっていたといえる。そして、参拝先の神社も、従来は地域共同体とかかわりの深い神社となっていた。

この点に比して、現代は儀礼における社寺参拝がさかんながら、表1のように、参加者は儀礼によってそれぞれ異なった観点から参拝先を選択している。安産祈願では安産に関して霊験のある社寺への参拝が多くなっている。東京の場合、かなり広い地域から特定社寺への参拝がみられ、特に日本橋の水天宮への集中がみられる。それに対し、初宮参りと七五三のアンケート・インタビューの回答では「近いところ」が多くなっているが、いずれも自宅や実家に近い社寺への参拝の意味である。「近いところ」ということは、神社であれば氏神神社などを連想するが、実際は氏神神社の場所もわからない場合さえある。つまり、近いところが氏神神社をさしていないことが多いのである。初宮参りのインタビューでは、参拝先に「近いところ」を選択した人が四五人中三四人いたが、その内、氏神神社を意識したとする人は六人のみであった。

そして七五三のインタビューではさらに詳しく聞いてみると、「近いところ」には「有名なところ」という条件も入っていることが確認できた。参加者たちは、居住地に距離的に近い中で、比較的有名な社寺を選んでいるといえる。

第一章から第三章の中で筆者は、母親の地域への帰属感が、これら儀礼の参拝先を左右する点について指摘した。現代において、人々が地域社会への帰属感を強く意識するようになる重要なきっかけのひとつは、子どもをもつようになった時であろう。そしてその具体的な例として、先に挙げた保健所の存在がある。親のうち、特に母親と地域との関係が、儀礼に大きな影響を与える要素であることも、現代的特徴である。子どもを通じて地域の様々なサービスや取り組みに参加することにより、母親たちは地域社会との関係を深めていく。初宮参りと七五三の社寺参拝先においても、最も多かった「近いところ」にはただ都合がよいことだけではなく、地域に向けた「親しみ」も含まれているといえる。これは、地域社会への帰属感がまだ弱いことの多い子どもの誕生前に実施される安産祈願の参拝先が、居住地の近くではない「霊験のあるところ」に集中していることにもあらわれている。

ところが、地域への親しみが増しても、特定の神社との関連が深まるわけではない。つまり参拝先で注目すべきこととしては、安産祈願→初宮参り→七五三→厄年という流れにおいて、同じ人の中で参拝先が儀礼ごとに変化していくことがある。初宮参りと七五三の間でも、参拝先のつながりはみられないことが多く、儀礼ごとに参拝先を探し考える状態である。厄年に関しても同様で、情報を新たに得て(例えば友人に聞く)参拝するため、参拝先に関して他の儀礼との関係は薄い。アンケートやインタビューを通じて、四儀礼のどの儀礼においても「神からの加護を願う」という意味合いが非常に強くみられたが、その神は儀礼ごとに異なっている場合が多いというわけである。参拝する神は地域社会を代表するものとはなっておらず、人生儀礼にみられた従来の形の「神からの承認」という意味合いは希薄になっているといえる。現代における人生儀礼の中に社会的承認といった役割は求められておらず、従来社会を代表していた神(氏神など)からの承認、関係づくりも必要ではなくなっている。

しかしそういった中で、年賀状に初宮参りや七五三のときに撮った写真を載せ、家族に関する報告を親戚や知人にするといった事例が、筆者の実施したアンケートやインタビューの中からいくつか聞かれた。このようなことが現在一般的に行なわれていることは周知のとおりである。現代の人生儀礼にみられる一種の社会的承認と考えてよいのかもしれない。今後の検討課題としたい。

二　霊魂とのかかわりの希薄化

次に「霊魂とのかかわりの希薄化」についてであるが、四儀礼に関するこれまでの研究の多くは、従来の意義として霊魂に関する内容を含んできた。安産祈願、初宮参り、七五三、厄年のいずれも、人生における区切りとされる時期に実施されており、移行期として霊魂が不安定な時期と考えられてきた。

安産祈願であれば、腹帯によって胎児の霊魂を胎内にしっかり安定させようとしたり(加藤　二〇〇六)、初宮参りであれば、神前で大きく鳴らされる太鼓の音が赤ん坊に魂入れをする意味をもつ(大藤　一九六八)とも解釈されたりしてきた。厄年観の基盤には「霊魂の更新」の意味合いがあったとされている（井之口　一九七五）が、大陸から入ってきた厄年に関する知識が日本に定着したのも、日本に元々年初めに霊魂を新たなものにする「身祝い」の習俗があったからと考えられている（佐々木　一九八八）。七五三についても、かつての幼児期に実施されていた儀礼では、その年齢が厄年とされることが多かった。現在の厄年のように、三〇代より後の年齢設定に関心が集まっているのと異なり、死亡率の高い乳幼児期の年齢が重要視され、その時期の霊魂の安定化が求められていたといえる。

このようにいずれの儀礼においても霊魂とのかかわりが深いとされ、霊魂に関する儀礼とさえいえる様子があったといえる。例えば、坪井洋文は「日本人の生死観」の中で、日本人の人生の各段階を霊魂と関連づけ、人生儀礼の主たる目的が霊魂の安定化にあるとしている（坪井　一九七〇）。

しかし従来はそのように考えられていたものの、現代において霊魂に関する意味は四儀礼の中から大幅に失われてしまっているといっても過言ではない。従来の四儀礼にみられた霊魂の取り上げられ方をみていくと、この時期における生命の不安定さ、生命力の衰退との関連で語られていることが多い。霊魂は本来体から離れそうになったとされる時、また離れた後のしばらくの間、特に意識されてきたといえる。高度経済成長期にようやく乳幼児死亡率は激減するが、明治・大正の頃は依然高く（森山ら　二〇〇三）、七歳までの儀礼の集中からもわかるように、小さい頃にはなんとか生きて成長してもらいたいということが親の何よりの願いであった。また、厄年についても、元は毎年行なわれていた身祝いが、特定の必要性のある年へと限定されていった結果であると考えられ、必要性のある年には当然体調の不安定さが大きく関与していたことが推測される。

現在乳幼児死亡率は急激に低下し、子どもと死は容易に結びつかなくなっている。第二章の初宮参りに関する母親たちへのインタビューでも取り上げたように、死のイメージとつながらなくなった子どもには、霊魂の概念は結びつかないのである。

では、霊魂に関する観念が現代においてみられないかというと、そうではない。初宮参りにおけるインタビューで母親たちが語っていることをみれば(第二章)、現代においても霊魂は死の様相が強まると理解できる観念であるといえるだろう。

これらの四儀礼における従来の霊魂との関係を取り上げる時に、もう一点重要なポイントがある。生命の循環である。第二章図2(一二四頁)の坪井洋文の「日本人の生死観」図にもあるように、従来の人生儀礼は、生から死、また死から生へと循環した構成になっているとされてきた。その循環には霊魂が大きく関与しているとする指摘が多くあったことについては、先述したとおりである(2)。この図2では、誕生からしばらくの間と死後しばらくの間は、霊魂が不安定であるとしている。またこれらの時期における儀礼の構成も対称的なものとなっている。生と死で絶えず繰り返される循環は、儀礼を通じても確認されてきた。しかし、「霊魂が不安定」と解釈されてきた誕生後しばらくの間の子どもの死亡率に関連した状況は、医療技術・保健衛生の進歩や普及によって、現代においてみられなくなった。そのことで、乳幼児期にみられた霊魂に関する感覚は失われ、循環できなくなったとも解釈できる。現代においても、生まれ変わりや輪廻を否定しない考え方もみられるが、従来のような霊魂の流れについての破綻のない説明は不可能となっており、人々を安心させ心のよりどころとなる観念とはなり得なくなった。

循環する人生観では人々を納得させられない現代において、人生は流れ去ってしまうものと考えられることが多くみられ(例えば、「人生は一度きり」「一回きりの人生」という言い方)、子ども時代であれば、成長の段階のひとつひとつをかけがえのない貴重なものとする人生の捉え方が一般的となっている。

この人生の捉え方のあらわれとして、「記念に残す」ということが現代の人生儀礼、特に子どもに関する儀礼においてみられる中心的な意義となっている。このことが特に顕著にみられるのは、七五三である。七五三では、かつて成長の段階を自他ともに認め、大人社会に入る前の子どもの位置づけを明確にする意義が強くみられた。しかし、子ども観の変化によって、現在は成長とともに刻々と変わりゆく子どもの「今」をかけがえのないものとして、人生の節目に人生儀礼の形で記録に残したいといった思いや行動が強くみられるようになっている。

この状況を後押ししているのが、現在子どもの人生儀礼において多くの人に利用されている子ども写真館である。子ども写真館の登場と隆盛により、現在のように七五三の儀礼がさかんな様子があるとも考えられるが、興味深いことに、この儀礼において人々が最も強く求めているのは、社寺の存在であることが本研究でみえてきた。このことについて、次項と結びにおいて、述べたい。

三　社寺参拝への画一化

最後に「社寺参拝への画一化」についてみていきたい。現代の四儀礼において、社寺参拝は儀礼の中心に位置づけられ、さかんに実施されている。しかし、従来の儀礼の様子に関する事例報告などをみていくと、社寺参拝に限らない儀礼の実施方法が数多くあり、社寺参拝が行なわれないことも多くあったことがわかる（恩賜財団母子愛育会　一九七五）。

時代や地域、実施する人の階層の違いによって多種多様であった儀礼の形が、現在のように社寺参拝に画一化された背景について、特に神社に注目したものとして、第一次世界大戦後の民力涵養運動に関する岩本通弥によるものがある（岩本　二〇〇八）。岩本によれば、この時期の運動により、門松や注連縄、初詣や七五三、神前結婚式など、今日日本で「伝統」とみなされている「国民儀礼」の多くが誕生し、それまで地方ごとで多様であった民俗文化が平準化され、「文化的ならし」が図られる一方で、「神社中心主義」といえる忠君愛国へ向けた儀礼の全国的画一化の端緒ともなったとしている。そしてこの明治・大正期に、現在当然のように行なわれている神社参拝をはじめとした儀礼が、国策として促進された背景があったことを指摘している。

しかし、第一章でも取り上げた『日本産育習俗資料集成』『日本民俗地図』『東京の民俗』といった明治・大正期を対象とした民俗調査報告からは、この時期、神社参拝に限らない様々な信仰形態や信仰対象についても報告されており、神社参拝の国策としての浸透の程度には、地域差や非徹底な様子もみられる。そうとはいえ、このことにより多くの儀礼と神社参拝が関係づけられるきっかけのひとつとなったことは、まちがいないだろう。

このように四儀礼と神社参拝のつながりは、明治・大正期以降深まったと考えられるが、このつながりが深まった背景には、さらに「失われた合力を得る方法」として、寺院を含む社寺参拝を位置づけることができる。四儀礼には、従来は多くの場合、多数の参加者がみられ、その人々との様々なやりとりをとおして、祈願していることが成就するための後押しとなるような、精神的力づけを得ていたといえる。合力はこのことをさしている。それが現代において、地域共同体が失われ、地域における人間関係が希薄になる中、得られなくなってきている。

「合力が失われてしまった」ことについては、本研究において、特に安産祈願における腹帯と神社参拝との関係の中で顕著にみることができた。現在社寺でもらい受けることの多い腹帯は、従来は妊婦の実家から贈られ、人を招いて行なう帯祝いで、産婆や夫、また安産だった女性などから締めてもらうといったことをされてきた。しかし、人を招いての帯祝いがほとんど行なわれなくなり、腹帯も自分で用意し、自分で締め始めることが多い現代においては、従来のような形で周囲より安産であるための合力を得ることができなくなってしまった。そこで、その失われた合力を霊験のある社寺にて腹帯をもらい受けることで得ようとすることが行なわれ、従来あまりみられなかった腹帯と社寺との密接な関係へとつながったといえる。

そしてさらに現代における社寺参拝への画一化の動きを加速させたものとして、メディアの影響を挙げることができる。それぞれの儀礼ごとに、利用されることの多いメディア媒体は異なっている（表1参照）ものの、どの儀礼においても何をするのか、どこに行くとよいのか、といったことについて、儀礼参加者たちはメディアで説明されていることを参考にすることが多い。

人々と社会・地域共同体との関係は希薄になり、従来の重要な意義であった社会的承認にみられた、儀礼と社会の関係も希薄になっている。そのような中、現在は親の世代も、またさらに祖父母の世代も、儀礼の従来のやり方や意味することについての知識をもっていないことが多く、世代間伝達が難しい現状にある。こういった理由より、人々はメディアを通じて情報収集していることがみられるが、この他の理由として第二章では、家族のきずなをこわさないために、あえて世代間伝達をせず、外部に新しい情報を求めていることについても指摘した。おせちなど正月にみられる伝統的な事柄に関する説明が、子どもにとってややこしく煩瑣なものと感じられるのではとの思いから、子どもとの関係悪化を危惧し、子どもにあえて説明をしないといった例であった。また、第三章では一九九〇年代の母親が古くからの形式張った地域ぐるみの儀礼を敬遠し、そのことをやめさせることができない自分を責めている例を挙げた。徐々に儀礼に関する知識が失われているだけでなく、積極的に失《な》くそうとする流れもみられる。

人々がメディアからの発信により儀礼に関心をもち、実際の行動とつながった様子を示した例を挙げたい。かつて厄年を意識して取る行動は多様であったが、現在はほとんどが社寺参拝に関係したことになっており、厄年と社寺は切り離せないものとなっている。これだけ厄年の社寺参拝が定着した理由としては、特定の社寺がメディアなどを利用して、広く厄年を認知させていったことが大きいと考えられる。従来は親や祖父母、さらに地域社会によって担われていた厄年に関する事柄の伝達が、社寺の活用するテレビやラジオ・新聞といったメディアに取って代わられるようになった。メディアの説明を通じて人々は厄年を知るようになってきているのである。そして特定の社寺による宣伝に加えて、正月の初詣などの際に広く社寺に貼られるようになった厄年表をみることによって、厄年に関する参拝は促進されている。実際筆者が実施したインタビューでは、多くの人が厄年を意識するきっかけとして、社寺の境内でみた厄年表を挙げていた。つまり、テレビやラジオ等を通じて厄年を人々に認知させることに加えて、厄年表という自分自身であればいつが厄年であるかを知らせる工夫が施され、また同時に厄除祈願や厄祓いといった具体的な方法も提示されたことが、効果を挙げてきたといえる。

そして、厄年に限らず、社寺と人生儀礼を結びつけた情報の提供をしているメディアを通じて情報収集することが増加していった結果、従来は地域によって独自の内容をもっていた儀礼が、全国どこにおいても「社寺参拝への画一化」といった内容となってきている。

このようにメディアからの情報の影響力が甚大であることは、昨今の件数増加からもみることができる。厄年に関しては、神社における厄除祈願件数が以前はさほど多くはなかったのに対して、調査時の二〇〇五年までの一〇数年の間で、急激に増加している。その主要な原因として、先述したような佐野厄よけ大師などにみられる寺院を中心としたテレビやラジオ・新聞への広告の活用による影響が考えられる。筆者の神社へのインタビューでは、多くの神社から佐野厄よけ大師の宣伝による影響について聞くことができた。例えば、メディアにおける厄年に関する佐野厄よけ大師の宣伝が増えた頃、「そちらの神社でも厄祓い(厄除祈願)をしていますか」といった神社への問い合わせが多くあったという。また、安産祈願の参拝先については、多くの妊産婦が利用する出産・育児雑誌で取り上げられている限られた神社への極端な参拝の集中がみられる。

ところで、先に表1でも示したように、情報収集するために主に活用するメディア媒体は儀礼によって異なっている。例えば、厄年ではテレビ・ラジオのコマーシャル、新聞広告、駅広告が、多くの人の関心を引きつけ利用され、大きな効果を上げていることがわかっている。また安産祈願や初宮参りでは出産・育児雑誌の活用が多く、逆に七五三になると、出産・育児雑誌は活用されなくなる。

この情報収集に関する安産祈願・初宮参りと七五三の間にみられる違いは、どこから来るのだろうか。現代において子どもに関する儀礼における母親の役割の大きさについては、先述したとおりであるが、これらの儀礼間の情報収集先の違いについては、子どもの発達段階にみられる母親たちの地域との関係性の相違を挙げることができる。子どもが生まれた直前直後の時期においては、まだ母親のもつ社会的ネットワークが未発達な時期であることが多いことから、育児等に関する情報は自然と出産・育児雑誌から収集されることになる。子どもが三〜七歳まで育った七五三の時期には、保健所や病院をはじめ、幼稚園や保育園、近所、公園など地域におけるネットワークが広がり、そのネットワークを通じて子どもに関する情報収集がさかんになっていくことが調査の結果から考察できる。このように現代の母親たちとその親との間で、儀礼に関する事柄の伝達がなされない背景には、祖父母の世代が実際に儀礼に関する知識をもたないことも先に述べた。これは四儀礼に関する調査を通じて、主に神社におけるインタビューで得られたコメントからも明らかである。例えば、祖父母とともに参拝しているのにどのように参拝すればよいのかわからず、皆でウロウロしている家族を目にするといったこと、子・親は服装がきちんとしているのに、祖父母だけ普段着で参拝しているといったこと、などである。

以上、現代の四儀礼における「社寺参拝への画一化」をみてきたが、これまで人々が地域社会から得ていたものを社寺が代替していること、メディアからの影響が考えられることをその理由として挙げた。しかし、筆者はこれら四儀礼と社寺との関係を考える時、そこにはさらに儀礼と社寺を結びつける現代日本人の宗教性の一端をみることができるように感じる。結びにおいて、再考していくこととする。

結び―現代における人生儀礼の捉え方と日本人の宗教性―

四儀礼に関する調査から、いずれの儀礼においても「神からの加護を願う」といった思いが、儀礼実施の大きな要因であることがわかる。いずれの儀礼においても社寺参拝が中心的な内容であり、参拝した場合には、社殿などにあがって神職や僧侶に祈禱、祓いをしてもらう場合が大半である。それほどに現代においては四儀礼を行なうにあたって、人々が神や仏とつながることを願い、宗教的行動を積極的にとろうとしているといえる。

しかしながら、これまでの調査の中で儀礼参加者に社寺参拝の理由を尋ねると、「なんとなく」「行かないよりいいと思って」「行かないと子どもがかわいそうだから」といったようなひどく消極的な回答が返ってくる。これらの回答から、神や仏に対する信仰心や普段からの親しみなどを感じ取ることは難しい。現にインタビューから、儀礼のために参拝した神社へは、それ以前にも以降にも参拝していないということを語る者が少なくなかった。

儀礼における参加者の積極的な行動の反面、実施の理由にみられる消極的な回答は、いずれも現在の四儀礼の実態を示したものである。この一見矛盾してみえる実態は、何を意味しているのだろうか。

その意味を知る手がかりは、参加者の言葉の中から見出すことができる。儀礼参加者へのインタビューのコメントの中で、「(人生儀礼を)するのであれば、きちんとやりたい」というものがあったが、この「きちんと」のほか、

「ちゃんと」あるいは「まちがいないように」儀礼を行ないたいという思いは、どの儀礼かにかかわらず広く聞かれたものである。楽しみや余暇活動の一環として儀礼を行なうのではなく、つまりイベント[3]とは別の存在として捉えられている。そして「ちゃんと」するためには、神仏の存在が大変重要だというわけである。

筆者はこれまでの調査研究を通じて、四儀礼における時代を超えた普遍性を感じさせる要素が、現代人のもつ漠然とした不安を説明し、意味づけるものとして機能しているのではないかと考えている。漠然とした不安は、前もって決められた人生の道筋がなく、自分で判断して選択し進んでいかなければならないという、現代人を取り巻く社会状況から生じているといえる。また情報が錯綜し変化し続ける現代人の生活における落ち着かなさや、自分や社会に対する不信感からも生じている。このように日々の生活に不安を抱えた現代人にとって、古くよりいわれてきた人生の節目の時期に儀礼を行なうということは、厄年であるならば、今自分が体調や社会生活について不安を感じているのが「厄年であるから」という理由づけとなる。また、七五三であれば、儀礼を実施することで子どもを他の子ども同様の人生のスタートラインに立たせてあげることができ、親としての責務を果たせたとほっとすることもできる。

本研究で取り上げた四儀礼が「普遍的」なものとして、古い時代より今に至るまで長く続いてきたものであるとすることは難しい。それは、現在の儀礼の方法が従来とは全く異なる場合があることや、これらの儀礼の行なわれる場として、一般的に考えられている社寺も、必ずしも古くからこれらの儀礼と深くかかわってきたものではないことが多いことからもいえる。例えば、腹帯はほとんどの場合社寺で授与されるものではなかったし、従来は厄年にあたる人が神役を務めるために厳しい物忌に入ると報告されていた事例をみれば理解できる。

しかし、ここで重要なのは四儀礼を古い時代から存在したものとして人々が捉えていることであり、そのように儀礼のもつ時代を超えた普遍性を感じさせる要素が、変化し続け実態を捉えにくい現代において、強い信頼感と安心感をうみだしていることである。そして、現在主な儀礼の場となっている社寺に対して、人々は同様のイメージをもっているのである。「日本人の宗教団体への関与・認知・評価に関する世論調査」（國學院大學、二〇〇四年）には、神道・仏教・キリスト教・新しい宗教団体についてそれぞれのもつイメージを聞く質問項目が設けられている。「心・精神的」「伝統行事・冠婚葬祭」「御利益」「伝統文化」「神秘的」「超能力の強調」など一二の選択肢から選ぶ形となっており、神道と仏教については三回実施されたすべてで、「伝統行事・冠婚葬祭」を選ぶ人が最も多かった。他の回答として、「伝統文化」も多く、古くから続けられてきた、語り継がれてきたというイメージが、現代の神社・寺院には強くあり、四儀礼のもつイメージと重なっている。つまり、多くの日本人は、人生儀礼と社寺の両方に、歴史的な永続性や普遍性を感じているのである。

生きていくことがいわば選択の連続であり、選び取ったものさえも速いスピードで変化していく中、「永続性」や「普遍性」は大きな魅力をもち、また人々に強い安心感を与えている。現代人は、人生儀礼にみられる宗教的要素に、他では得にくい自分と社会をつなぐもの、また過去や未来へとつないでくれる確かな要素を見出しているといえる。

以上、本研究で得られた結果や、行なった分析は、現代日本の文化的中心地といえる東京を主な調査地としてきた。今後調査地域を広げ、本研究結果の確認作業とともに継続した調査を実施し、目まぐるしく変化する儀礼のあり様を追っていくことを今後の課題としていきたい。

注

（1）四つとは、「成育階梯」「成人階梯」「死霊階梯」「祖霊階梯」をさす。

（2）円環的生命観、循環的生命観と呼ばれる。儀礼などに象徴されるように日本人の一生が、「生」と「死」を繰り返し、循環した構造になっているとするもので、祖霊信仰論や生まれ変わりともつながる観念である。

（3）『祭とイベント』の中では、多くの著者が現代の「祭り」と「イベント」について取り上げ、論じている。その中で、「地域イベント発、偽祭のパフォーマンス」（二二八〜二五六頁）で出島次郎は、イベントを端的に「カミなき祭り」と捉えている。また、イベントと祭りの違いとして「イベントは、つねに新しいシナリオをつくなれければならない」ものとし、それに対して人々は祭りをとおして「同じモノをつくること、同じコトをみることの価値を再発見しつつある」ではないかとしている。

参考文献

あ

旭岡　靖人『日本人　効く厄よけ』小学館、二〇〇七年

安蘇谷正彦『こんなに身近な日本の神々』毎日新聞社、二〇〇四年

阿南　透「写真のフォークロア—近代の民俗—」『日本民俗学』一七五、一九八八年八月、六九～九五頁

阿南　透「情報・メディアの民俗学研究へ向けて—郵便・電報・電話の場合—」『國學院雑誌』九九—一一、一九九八年一一月、二〇九～二一八頁

阿南　透「運動会のなかの民俗—釧路市民大運動会の事例から—」『日本民俗学』二四九、二〇〇七年二月、一～三七頁

姉崎　正治「中奥の民間信仰」『哲学雑誌』一三〇、一八九七年一一月、九九五～一〇二五頁

阿部　重夫「儀礼の意味について—ラドクリフ・ブラウンの所説をめぐって—」『宗教研究』一六五、一九六〇年一一月

天野　武「絵馬奉納と産育習俗」『日本民俗学』八三、一九七二年九月、一五～二三頁

細野善彦他『人生の階段—いまは昔むかしは今　五—』福音館書店、一九九九年

荒木美智雄「日本民俗宗教　総論」小野泰博他編『日本宗教事典』弘文堂、一九八五年

い

飯嶋　秀治「儀礼論再考—行為の逆服的再編とその様式—」『宗教研究』三二六、二〇〇〇年一二月、一～二三頁

飯島　吉晴「子供の発見と児童遊戯の世界」『日本民俗文化大系一〇　家と女性』小学館、一九八五年、二二三～三二〇頁

飯島　吉晴「年を取るということ」『日本の民俗八　成長と人生』吉川弘文館、二〇〇九年、一～三〇頁

池上　良正「民俗宗教」『日本民俗宗教辞典』東京堂出版、一九九八年、五四七～五四九頁

池上　良正「宗教学の方法としての民間信仰・民俗宗教論」『宗教研究』三二五、二〇〇〇年九月、一～二四頁
井阪　康二『人生儀礼の諸問題』名著出版、一九八八年
井阪　康二「時間の民俗」『日本民俗学』二一四、一九九八年五月、三〇～四二頁
石井　研士『データブック　現代日本人の宗教』新曜社、一九九七年
石井　研士「神道と社会変動をめぐる研究」『神道研究』一六八・一六九、一九九七年一二月、三九七～四三五頁
石井　研士『戦後の社会変動と神社神道』大明堂、一九九八年
石井　研士「七五三」『日本民俗大事典　上』吉川弘文館、一九九九年、七七三～七七四頁
石井　研士「初詣と七五三」飯島吉晴編『幸福祈願（民俗学の冒険①）』（ちくま新書一九六）筑摩書房、一九九九年、六八～九四頁
石井　研士a『日本人の一年と一生　変わりゆく日本人の心性』春秋社、二〇〇五年
石井　研士b『結婚式―幸せを創る儀式―』（NHKブックス一〇四九）日本放送出版協会、二〇〇五年
石井　研士『データブック　現代日本人の宗教　増補改訂版』新曜社、二〇〇七年
石上　堅『生と死の民俗』桜楓社、一九七六年
石上　堅「七五三」『日本民俗語大辞典』桜楓社、一九八三年、六七〇～六七一頁
石沢　祐子「産育儀礼における禁忌について」『日本民俗学』一八九、一九九二年二月、一二三～一三八頁
石塚　尊俊「産の忌」井之口章次編『講座日本の民俗三　人生儀礼』有精堂、一九七八年、一二〇～一三四頁
石本　敏也「消滅した厄祓祭祀」『高志路』三四六、二〇〇二年一一月、三〇～三六頁
板橋　春夫「儀礼　人生儀礼研究の現在―伝統と現代を語るために―」『日本民俗学』二二七、二〇〇一年八月、一七五～一九〇頁
板橋　春夫「通過儀礼の新視覚」『国文学　解釈と鑑賞』七三―八、二〇〇八年八月、一一六～一二三頁

井上輝子・江原由美子編『女性のデータブック〔第四版〕』有斐閣、二〇〇五年
井之口章次「誕生―その問題点―」『國學院雑誌』五九―一、一九五八年一月、一五～二〇頁
井之口章次「幼少年期」『日本民俗学大系四　社会と民俗二』平凡社、一九五九年、二二三～二二六頁
井之口章次「厄年および年祝い」『日本の俗信』弘文堂、一九七五年、一一五～一四一頁
井之口章次編『講座日本の民俗三　人生儀礼』有精堂出版、一九七八年
井之口章次「産神そして厠神」『日本民俗学』一三〇、一九八〇年八月、一～一一頁
井之口章次「通過儀礼」『日本民俗学』一三六、一九八一年八月、二〇～二九頁
井之口章次「老少伝承論―穢れをめぐって―」日本民俗研究大系編集員会編『日本民俗研究大系四　老少伝承』國學院大學、一九八三年、七～三〇頁
色川大吉「『昭和史　世相篇』の構想」網野善彦他編『日本民俗文化大系一二　現代と民俗』小学館、一九八六年、五六～一一〇頁
岩井宏貫「変転する日常生活―衣・食・住の視点―」網野善彦他編『日本民俗文化大系一二　現代と民俗』小学館、一九八六年、四四九～四五七頁
岩田重則『墓の民俗学』吉川弘文館、二〇〇三年
岩田重則「儀礼　人生儀礼研究の現在」『日本民俗学』二四七、二〇〇六年八月、六六～一〇〇頁
岩本通弥「可視化される習俗　民力涵養運動期における「国民儀礼」の創出」『国立歴史民俗博物館研究報告』一四一、二〇〇八年三月、二六五～三一五頁
岩村暢子『普通の家族がいちばん怖い―徹底調査！破滅する日本の食卓―』新潮社、二〇〇七年

う

上野和男『日本民俗社会の基礎構造』ぎょうせい、一九九二年

上野千鶴子「女の戦後史八五―女とメディアー女性誌ニュージャーナリズムの同世代史―」『Asahi journal』二六―四八、朝日新聞社、一九八四年一一月二三日、七八～八二頁
宇田川のり子・尼崎道代『いまどきの赤ちゃんお行事』(エッセイコミックス)主婦と生活社、一九九八年
内野久美子「七里法華と子安講―その習俗と信仰―」『日本仏教』四五、一九七八年四月、二六～三八頁
宇野　円空「宗教的儀礼とその態度」『宗教研究』三五、一九二七年、一二～三六頁

え

江馬　務「七五三の祝」『江馬務著作集七　一生の典礼』中央公論社、一九七六年、一八〇～一八六頁

お

大島　建彦「産神研究の諸問題」『西郊民俗』九八、一九八二年二月、二〇～二四頁
大島　建彦「龍湖寺の子安信仰」『西郊民俗』一七八、二〇〇二年三月、一～四頁
大出　春江「出産の戦後史」新谷尚紀・岩本通弥編『都市の生活リズム』三、吉川弘文館、二〇〇六年、三五～六四頁
大藤　ゆき『児やらひ』岩崎美術社、一九六八年
大藤　ゆき「産の忌みについての問題」『日本民俗学』八五、一九七三年五月、二五～二九頁
大藤　ゆき「女の子とナンド」『女性と経験』五、一九八〇年九月、一四～一七頁
大藤　ゆき『子どもの民俗学』草土文化、一九八二年
大藤　ゆき「民俗における母親像」網野善彦他編『日本民俗文化大系一〇　家と女性』小学館、一九八五年、三七七～四一五頁
大藤　ゆき『子育ての民俗―柳田国男の伝えたもの―』岩田書院、一九九九年
大間知篤三他編『民俗の事典』岩崎美術社、一九七二年
小笠原清忠「礼法　七五三祝い」『儀礼文化』四二、二〇一一年三月、四二～六一頁

岡野　治子「命のはじまり」『岩波講座宗教七　生命』岩波書店、二〇〇四年、一七七～二一二頁
小神野雅子・鈴木祐子・鈴木節子「マタニティ雑誌の特性についての検討―雑誌「マタニティ」の掲載内容と情報提供者の内容分析から―」『母性衛生』三八―二、一九九七年、二五九～二六五頁
小川　直之「年齢儀礼研究の課題」『國學院雑誌』一一一、一九九九年一一月、六〇～七七頁
小川　直之「いのちの「時」と儀礼」『儀礼文化』二九、二〇〇一年六月、六四～八〇頁
小田嶋政子「出産・産育儀礼―士族開拓の地―」『女性と経験』一九、一九九四年一〇月、九～一八頁
小野　重朗「産育儀礼にみられる試練と命名」『日本民俗学』一四三、一九八二年九月、一～一三頁
折橋　豊子「人生儀礼を撮る―渋谷の写真館にみる世相の変遷―」『都市民俗研究』一四、二〇〇八年三月、二一～三二頁

か

柏木　博他『日本人の暮らし―二〇世紀生活博物館―』講談社、二〇〇〇年
加藤寛監修『ライフデザイン白書　二〇〇六～〇七』第一生命経済研究所、二〇〇五年
加藤美恵子「中世の出産―着帯・介添え・産穢を視座として―」『女性史学』一六、二〇〇六年、一～二一頁
金沢　康隆『江戸結髪史』青蛙房、一九九八年
金子　　仁『厄年の科学』（カッパホームス）光文社、一九七六年
鎌田　久子「利根川流域の産神について」『人類科学』二二（一九六九年度九学会連合年報）、一九六九年、一九九～二〇八頁
鎌田　久子「利根川流域の産神信仰」九学会連合利根川流域調査委員会編『利根川―自然・文化・社会―』弘文堂、一九七一年、三〇六～三一四頁
鎌田　久子「妊娠祈願―唐松講を中心に―」『女性と経験』一九、一九九四年一〇月、五～八頁
鎌田久子・宮里和子・菅沼ひろ子・古川裕子・坂倉啓夫『日本人の子産み・子育て―いま・むかし―』勁草書房、一九九〇年
亀山　慶一「八王子市堀之内の通過儀礼」『日本民俗学』六三、一九六九年七月、六四～六八頁

亀山　慶一「漁にまつわる産忌について（通説検討）」『日本民俗学』七三、一九七一年一月、一～二頁
川端柳太郎「冠婚葬祭と時間の風化」『風俗の社会学』世界思想社、一九八七年
神田直子・木村敬子・野口眞代『新・現代女性の意識と生活』（ＮＨＫブックス六六一）日本放送出版協会、一九九二年

き

木村　博「厄除け厄落とし」五来重他編『講座日本の民俗宗教四　巫俗と俗信』弘文堂、一九七九年、二一六～二三九頁
京田　直美「女性の祀る山の神―宮城県遠田郡小牛田山神社とその周辺―」『女性と経験』二三、一九九八年一〇月、七六～八三頁

く

國本　恵吉『産育史　お産と子育ての歴史』盛岡タイムス社、一九九六年
久保田裕道「地域の儀礼文化研究における視点と方法論」『儀礼文化』四一、二〇一〇年三月、二一～三三頁
倉石あつ子「子育ての世界」『女の眼でみる民俗学』高文研、一九九九年、八七～一一四頁
倉石あつ子・小松和彦・宮田登編『人生儀礼事典』小学館、二〇〇〇年
倉沢進・浅川達人編『新編　東京圏の社会地図　一九七五―九〇』東京大学出版会、二〇〇四年
倉田　一郎ａ「厄年の問題」『民間伝承』九―一、一九四三年五月、五～一一頁
倉田　一郎ｂ「厄年の問題(二)」『民間伝承』九―二、一九四三年六月、六七～七二頁
倉林　正次「わが国儀礼文化の一面―儀礼構造論への試み」『宗教研究』一八九、一九六六年一一月、六七～八七頁
倉林　正次『儀礼文化序説』大学教育社、一九八二年
倉林　正次「子どもの伝承と信仰」日本民俗研究大系編集委員会編『日本民俗研究大系四　老少伝承』國學院大學、一九八三年、三一～五五頁
倉林　正次『儀礼文化学の提唱　日本文化のカタチとココロ』おうふう、二〇一一年

黒田日出男『「絵巻」子どもの登場』河出書房新社、一九八九年

こ

小池淳一「厄年と陰陽道―儀礼史的理解をめざして―」『儀礼文化』二五、一九九八年一〇月、二一～二一頁
郷田洋文「厄年・年祝い」『日本民俗学大系四　社会と民俗』平凡社、一九五九年、二七五～二九〇頁
孝本貢『現代日本における先祖祭祀』御茶の水書房、二〇〇一年
古賀瑞枝「水天宮信仰の展開について―久留米から江戸へ―」『佛教大学大学院紀要　文学研究科篇』四一、二〇一三年三月、一～一八頁
國分真佐代・大石恵美子「初産婦の産育に関わる慣習の実行程度」『紀要』二七、聖隷クリストファー大学看護短期大学部紀要委員会、二〇〇四年、三三～四一頁
小林亜子「育児雑誌の四半世紀」『現代のエスプリ』三四二、至文堂、一九九六年一月、一二三～一三六頁
小林玲子・近藤良江・後藤愛・宮澤里美・宮田久枝「妊婦雑誌からみた妊婦の意識の変遷」『母性衛生』三九―一、一九九八年一〇月、一〇五～一一三頁
小松満貴子『〈女あすに生きる〉①私の「女性学」講義―ジェンダーと制度―』ミネルヴァ書房、一九九八年
小森揺子「誕生と犬―産神の性格―」『日本民俗学』三―三、一九五六年一月、八二～八七頁
小森揺子「誕生の周辺」『日本民俗研究大系四　老少伝承』國学院大學、一九八三年、一三七～一五二頁
近藤直也『ハライとケガレの構造』創元社、一九八六年
金野啓史「子安信仰の一考察―福島県大沼郡金山町大志の事例から―」『日本民俗学』二〇五、一九九六年二月、八四～九四頁

さ

坂本要「人生儀礼」『日本民俗学』一六〇、一九八五年七月、二二一～三二頁

桜井徳太郎『日本人の生と死』岩崎美術社、一九六八年
桜井徳太郎「「七五三」と幼児教育―民俗儀礼の教育的意義―」『児童心理』三一―一三、一九七七年、一九二～一九七頁
桜井徳太郎編『講座日本の民俗七　信仰』有精堂、一九七九年、
桜井徳太郎編『民間信仰辞典』東京堂出版、一九八〇年
佐々木和子・村田勝「『現代・世代論』ライフステージマガジン・女性誌にみる「世代論」」『社会運動』二五六、二〇〇一年七月、二～一八頁
佐々木　勝『厄除け―日本人の霊魂観―』名著出版、一九八八年
佐々木美智子「産神と穢れ―小森・倉石論文を読んで―」『女性と経験』九、一九八四年九月、三九～四一頁
佐々木美智子「産育儀礼の時代性」『母たちの民俗誌』岩田書院、一九九九年
佐々木美智子「着帯の風習と腹帯論争」産科文献読書会『現代訳　産屋やしなひ草』、二〇〇〇年、五八～六〇頁
佐々木美智子編『二一世紀のお産を考える―二〇〇〇年男性助産婦導入問題から―』岩田書院、二〇〇一年
佐々木美智子「現代の民俗学の視点と方法」『女性と経験』三四、二〇〇九年一〇月、一～一六頁
佐々木美智子「産む性の現在―現代社会と民俗学―」『日本民俗学』二六五、二〇一一年二月、九二～一〇三頁
佐藤　洋子「産の忌―伊豆大島・新島の事例を中心に―」『日本民俗学』一〇二、一九七五年一一月、六二～六六頁
佐藤　米司「人生儀礼」『日本民俗学』一一二、一九七七年九月、二二～三二頁
佐藤　米司「人の一生」竹田旦編『日本民俗学講座二　社会伝承』朝倉書店、一九八一年、二五九～三四九頁
佐野　和史「はつみやまいり　初宮詣」國學院大學日本文化研究所編『神道要語集　祭祀篇三』一九八七年、二九六～三〇二頁
佐野　恵子「厄除けの変容―京都・祇園祭山鉾巡行事を事例として―」『民具研究』一二五、二〇〇二年二月、一一一～一一三頁

佐野恂子・道家とき・籏美代子「七五三の行事と祝着について二―実態調査愛知・岐阜地方―」『日本衣服学会誌』三四―一、一九九〇年一〇月、一六〜二三頁
沢山美果子『出産と身体の近世』勁草書房、一九九八年

し

塩月弥栄子「あほうかしこ　子供の行事四　お宮参り」『女性セブン』一九九一年一一月二一日
塩月弥栄子「あほうかしこ　子供の行事七　七五三」『女性セブン』一九九一年一二月一二日
柴田　純「〝七つ前は神のうち〟は本当か　日本幼児史考」『国立歴史民俗博物館研究報告』一四一、二〇〇八年三月、一〇九〜一三九頁
柴田　純『日本幼児史―子どもへのまなざし―』吉川弘文館、二〇一三年
島薗進・竹内整一『死生学一　死生学とは何か』東京大学出版会、二〇〇八年
島薗進・石井研士編『消費される〈宗教〉』春秋社、一九九六年
島田　裕巳『「厄年」はある！』三五館、二〇〇五年
清水　とき「「七五三服装調査」を毎年行なって」農畜産業振興機構『シルク情報』六〇、二〇〇五年三月、二六〜三一頁
下中弥三郎編『神道大辞典』臨川書店、一九六九年（平凡社、一九三九〜四〇年刊の複製）
白河　桃子「女性誌「幸せアイコン」のつくり方　選ばれる一冊には理由がある」『AERA』九三二、朝日新聞出版、二〇〇五年六月一三日号
新谷　尚紀「人生儀礼」『日本民俗学』一二四、一九七九年九月、一八〜二八頁
新谷　尚紀「境界の石―産石と枕石と―」『日本民俗学』一五六、一九八四年一一月、一〜四六頁
新谷　尚紀『生と死の民俗史』木耳社、一九八六年
新村　拓『出産と生殖観の歴史』法政大学出版局、一九九六年

す
菅原　正子「七五三の源流─中世後期の髪置・帯直・元服等─」『日本歴史』六三〇、二〇〇〇年一一月号、四七～五二頁
菅原　正子『日本人の生活文化─くらし・儀式・行事─』吉川弘文館、二〇〇八年
杉立　義一『お産の歴史─縄文時代から現代まで─』（集英社新書）集英社、二〇〇二年
鈴木　明子「七五三」倉石あつ子他編『人生儀礼事典』小学館、二〇〇〇年、六二～六六頁
鈴木　岩弓『墓地のコスモロジー─霊場・恐山にみる死者供養─』（第一一回「地球環境財団研究奨励金」研究成果報告書）地球環境財団、二〇〇二年
鈴木　岩弓『死者と追悼をめぐる意識変化─葬送と墓についての統合的研究─』（平成14年度～平成16年度科学研究費補助金研究成果報告書）、二〇〇五年
鈴木　棠三『日本年中行事辞典』角川書店、一九七八年
鈴木　正崇「通過儀礼」赤田光男他編『講座日本民俗学六　時間の民俗』雄山閣出版、一九九八年、二〇五～二二四頁
鈴木由利子「選択される命」『日本民俗学』二二四、二〇〇〇年一一月、三四～六六頁
鈴木由利子「間引きと生命」『日本民俗学』二三二、二〇〇二年一一月、三一～一八頁
須藤　功『写真ものがたり昭和の暮らし七　人生儀礼』農山漁村文化協会、二〇〇六年
せ
瀬川　清子a「厄年について」『民間伝承』九─一、一九四三年五月、一一～一六頁
瀬川　清子b「厄年の行事」『民間伝承』九─二、一九四三年六月、七五～八一頁
瀬川　清子c「厄年の忌と厄児」『民間伝承』九─四、一九四三年八月、二〇九～二一二頁
関澤まゆみ『現代「女の一生」─人生儀礼を読み解く─』（NHKブックス一一一四）日本放送出版協会、二〇〇八年
た

V・W・ターナー『儀礼の過程』冨倉光雄訳、新思索社、一九七六年（原著は一九六九年発行）
高橋 六二「名付け祝いと初宮参り」日本民俗研究大系編集委員会編『日本民俗研究大系四 老少伝承』國學院大學、一九八三年、一八三～二〇七頁
田口 祐子「現代における初宮参りの意義に関する一考察」『國學院大學大学院紀要―文学研究科―』三九、二〇〇七年、一五五～一七〇頁
高松 敬吉「厄祓い考―四二歳の祝い―」『日本民俗学』一〇九、一九七七年一月、二一～二八頁
田口 祐子「現代の厄年に関する一調査」『神道宗教』二〇八・二〇九、二〇〇八年一月、八一～一〇三頁
田口 祐子a「現代の神社における初宮参りの実態について―東京都内の神社への調査から―」『神道研究集録』二三、二〇〇九年三月、四一～五五頁
田口 祐子b「現代の厄年観について―三〇代女性への調査を中心に―」『女性と経験』三四、二〇〇九年一〇月、七九～八九頁
田口 祐子「現代の七五三に関する一考察」『女性と経験』三六、二〇一一年一〇月、一二三～一三三頁
田口 祐子「母親たちから聞いた現代の七五三」『女性と経験』三八、二〇一三年一〇月、七二～八三頁
竹内 利美「七五三祝いと子ども組」五来重編『講座日本の民俗宗教一 神道民俗学』弘文堂、一九七九年、二九四～三〇八頁
武田 正『子どものフォークロア―その異人ぶり―』岩田書院、一九九七年
竹中 信常「宗教儀礼の衝動性」『宗教研究』一〇七、一九四一年四月、一四二～一五六頁
竹中 信常「儀礼研究への一試練」『宗教研究』二〇三、一九七〇年六月、八三～九八頁
竹中 信常「日本宗教学の軌跡」『宗教研究』二五九、一九八四年三月、二五～四三頁
竹沢尚一郎『象徴と権力―儀礼の一般理論―』勁草書房、一九八七年
田島 一「歴史のなかの子ども観一」『岩波講座子どもの発達と教育二 子ども観と発達思想の展開』岩波書店、一九七九

年、二〜三四頁
田中　整子「産神問答譚について」『日本民俗学』八九、一九七三年九月、六三〜七一頁
田中　宣一「「山村調査」の意義」『成城文芸』一〇九、一九八五年一月、二六〜八一頁
田中　宣一「民俗の儀礼」『儀礼文化』二六、一九九九年四月、七二〜八三頁
田中　正明「通過儀礼」『日本民俗学』一四八、一九八三年七月、一九〜三二頁
田中　義廣「聖なるもの—女舞と産忌と—」『日本民俗学』一一五、一九七八年三月、五九〜六〇頁
谷川　健一「産屋の砂」『古代史ノオト』大和書房、一九七五年
谷川　健一『黒潮の民俗学　神々のいる風景』筑摩書房、一九七五年

つ

坪井　洋文「日本人の生死観」岡正雄教授古稀記念論文集刊行委員会編『民族学からみた日本』河出書房新社、一九七〇年、七〜三四頁
坪井　洋文「人生の儀礼」大島建彦他編『日本を知る事典』社会思想社、一九七一年、二〜三頁
坪井　洋文「七・五・三祝」國學院大学日本文化研究所編『神道要語集　祭祀篇二』神道文化会、一九七六年、一六六〜一七一頁
坪井　洋文「ムラ社会と通過儀礼」網野善彦他編『日本民俗文化大系八　村と村人』小学館、一九八四年、四五七〜五〇六頁

と

道家とき・佐野恂子・簱美代子「七五三の行事と祝着について一—歴史的考察—」『日本衣服学会誌』三四—一、一九九〇年一〇月、八〜一五頁
シャーリー・ドゥブレイ『シシリー・ソンダース　ホスピス運動の創始者』日本看護協会出版会、一九八九年
宮田　英典「キッズマーケットのなかの家族と子どもの物語」現代風俗研究会編『現代風俗二〇〇一　物語の風俗』（現代風

俗研究会年報二(三)河出書房新社、二〇〇一年、五四～六五頁

な

内藤　美奈「対馬の産育習俗二　八幡宮神社の腹帯祝いと初参り」『女性と経験』二四、一九九九年一〇月、九三～九九頁
内藤　美奈「住吉大社の腹帯について」『女性と経験』三五、二〇一〇年一〇月、一一一～一一六頁
直江　広治「七五三」『日本民俗事典』弘文堂、一九七二年、三一五～三一六頁
中江　克己「「花のお江戸」の子ども事情」『公評』四二―一〇、二〇〇五年一一月、一〇八～一一三頁
中込　睦子『位牌祭祀と祖先観』吉川弘文館、二〇〇五年
中島　恵子「おんめ様のことなど―産女と安産・子育て祈願―」『女性と経験』九、一九八四年九月、五二～五五頁
中島　恵子「安産祈願」福田アジオ他編『日本民俗大辞典　上』吉川弘文館、一九九九年、五七頁
長澤　壮平「民俗儀礼としての日常的身体経験―岩手県岳神楽を事例として」『宗教研究』三六〇、二〇〇九年六月、一六一～一八一頁
中村　康隆「宗教的儀礼における生と死」『宗教研究』一〇六、一九四〇年一二月、六七～七三頁
中山　太郎『日本民俗学辞典』昭和書房、一九三五年
波平恵美子「日本民間信仰とその構造」『民族学研究』三八―三・四、一九七四年三月、二三〇～二五六頁
波平恵美子「通過儀礼における「ハレ」と「ケガレ」の観念の分析」『民族学研究』四〇―四、一九七六年三月、三五〇～三六八頁
波平恵美子「都市生活における危機と厄年の習俗」井上忠司編『現代日本文化における伝統と変容四　都市のフォークロア』ドメス出版、一九八八年、三九～六二頁

に

西川勢津子『お産の知恵―伝えておきたい女の暮らし―』講談社、一九九二年

西村　正子「産育習俗史一　広領域からみた妊娠・分娩・産褥期における日常生活行動」『母性衛生』四三―二、二〇〇二年六月、二四三～二五四頁

の

野口　武徳「沖縄池間島のお産と初出」『日本民俗学』五四、一九六七年一一月、四六～四七頁
野口義之・矢部俊政「壮年の体力と厄年に関する研究」『金沢大学教育開放センター紀要』五、一九八三年、二七～四三頁
野村　敬子「「お産の神様」覚書」『女性と経験』七、一九八二年八月、九～一二頁

は

長谷　幸江「つくられた性を売る女性誌」『講座主婦一　主婦は作られる』汐文社、一九八三年、

林　　淳「宗教の伝承―柳田ブームをふりかえる―」『宗教研究』二四二、一九八〇年二月、五一～五二頁

ひ

平澤美恵子『核家族に対する子育てのためのサポートシステム形成要件の検討』文部省科学研究費補助金研究成果報告書、一九九〇年
平山　和彦「ヘネップの理論と日本の通過儀礼」竹田旦編『民俗学の進展と課題』国書刊行会、一九九〇年、五六七～五九一頁
平山　和彦『伝承と慣習の論理』吉川弘文館、一九九四年
平山敏治郎「諸国風俗問状」『日本庶民生活史料集成　第九巻　風俗』三一書房、一九六九年

ふ

福尾　美夜「宮参りのことなど」『岡山民俗文化論集』一九八九年、一〇〇～一一五頁
福尾　美夜「安産祈願及びコンガラ様」『女性と経験』一九、一九九四年一〇月、一～五頁
福島　正人「儀礼と釈義」『課題としての民俗芸能研究』ひつじ書房、一九九三年、九九～一四九頁

福田アジオ『寺・墓・先祖の民俗学』大河書房、二〇〇四年
福田アジオ「二〇世紀民俗学のこれから」『女性と経験』三五、二〇一〇年一〇月、六〜二九頁
福田アジオ・古家信平他編『図説　日本民俗学』吉川弘文館、二〇〇九年
服藤早苗・小嶋菜温子編『生育儀礼の歴史と文化』森話社、二〇〇三年
福西　大輔「産育祈願に関わる八幡の信仰」『熊本大学社会文化研究』六、二〇〇八年、二九一〜二九九頁
福室マサ子「落合の農家から商家に嫁いで」新宿区地域女性史編纂委員会『新宿に生きた女性たち』六、二〇〇七年、一四〜一七頁
藤井　正雄『現代人の信仰構造—宗教浮動人口の行動と思想—』評論社、一九七四年
藤江寿美恵「厄年と除厄法」田中久夫編『民衆宗教史叢書二五　不動信仰』、一九九三年、一九三〜二二七頁
藤田　真一『お産革命』（朝日文庫）朝日新聞社、一九八八年
藤田　雅一「「子供の視点」からの家族研究」『日本民俗学』一六六、一九八六年七月、七〜八頁
古野　清人「宗教儀礼における社会的拘束性」『宗教研究』七九、一九三四年八月、一五〜三七頁

へ

A・V・ヘネップ『通過儀礼』綾部恒雄・綾部裕子訳、弘文堂、一九七七年（原著は一九〇七年発行）
オームス・ヘルマン「家のシンボルとしての先祖」日本民族学会第六回研究大会準備委員会『祖先観と社会構造　シンポジウム』東京教育大学文学部民俗学研究室、一九六七年
オームス・ヘルマン『祖先崇拝のシンボリズム』弘文堂、一九八七年
キャサリン・ベル「儀礼と身体」『宗教概念の彼方へ』法藏館、二〇一一年、一六五〜一八六頁

ほ

細木ひとみ「夫の褌を腹帯にすること」『久里』一六・一七、二〇〇五年三月、五九〜七二頁

堀　一郎『民間信仰』岩波書店、一九五一年

ま

牧田　茂『日本人の一生』（写真でみる日本人の生活全集六）岩崎書店、一九六二年
牧田　茂『人生の歴史』河出書房新社、一九七六年
増田　勝機「誕生日を祝う習俗並びに初誕生のエラビドリ習俗について」『日本民俗学』一四四、一九八二年一一月、三六～四九頁
松岡　悦子「妊娠・出産　いま・むかし」新谷尚紀他編『暮らしの中の民俗学三（一生）』吉川弘文館、二〇〇三年、九～三四頁
松木　玲子「マタニティ雑誌にみる妊産婦の意識と感覚」『助産婦雑誌』四七―一、一九九三年一月、四六～五三頁
松下　石人「帯の祝」『三河奥郡産育風俗図絵』（正文館書店、一九三七年刊の複製）上笙一郎編『日本〈子どもの歴史〉叢書一二』久山社、一九九七年
真鍋　昌賢「人生儀礼」小松和彦・関一敏編『新しい民俗学へ―野の学問のためのレッスン二六―』せりか書房、二〇〇二年、六三～七四頁
前田　卓『祖先崇拝の研究』青山書院、一九六五年
前田俊一郎「「生」と「死」に向かう人生儀礼研究」『日本民俗学』二六二、二〇一〇年五月、七七～一〇五頁
丸山　久子「出産をめぐる習俗」『講座日本風俗史一二』雄山閣出版、一九五九年、二三四～二四四頁
丸山　久子「石のおかず」井之口章次編『講座日本の民俗三　人生儀礼』有精堂、一九七八年、一〇六～一一九頁

み

三浦　圭一「庶民の一年と一生」黒田俊雄編『中世民衆の世界』三省堂、一九八八年、二二五～二九〇頁
水沢　謙一「運定めの話と産神信仰」『日本民俗学』五三、一九六七年九月、四九～五六頁

三田村成秀「五〇年間の神社信仰の変化」成城大学民俗学研究所編『昭和期山村の民俗変化』名著出版、一九九〇年、一二七〜一七二頁
宮家　準『日本宗教の構造』慶應通信、一九七四年
宮家　準『生活のなかの宗教』（NHKブックス三七六）日本放送出版協会、一九八〇年
宮家　準『宗教民俗学』東京大学出版会、一九八九年
宮家　準『日本の民俗宗教』（講談社学術文庫）講談社、一九九四年
宮家　準「今なぜ民俗宗教なのか—民俗宗教の概念の再検討—」『宗教研究』三二五、二〇〇〇年九月、一四五〜一六七頁
宮家　準「民俗宗教史の研究—宗教的伝統の解明をめざして—」『宗教研究』三四三、二〇〇五年三月、一六九〜一九三頁
宮里和子「産育をめぐる慣習の伝承と変容に関する研究」『民族衛生』五七—五、一九九一年九月、一八九〜二〇一頁
宮田　登『神の民俗誌』岩波書店、一九七九年
宮田　登『冠婚葬祭』岩波書店、一九九九年
宮田登・圭室文雄『江戸シリーズ六　庶民信仰の幻想』毎日新聞社、一九七七年
宮本常一「日本の子供達」上笙一郎編『日本子どもの歴史叢書五』久山社、一九九七年

む

村上興匡「大正期東京における葬送儀礼の変化と近代化」『宗教研究』二八四、一九九〇年六月、三七〜六一頁

も

最上孝敬「人生儀礼」『日本民俗学』一〇〇、一九七五年八月、一八〜二七頁
本林靖久「墓と樹木の一考察—墓上植樹と梢付塔婆をめぐって—」『宗教民俗研究』一四・一五、二〇〇六年三月、一二六〜一四六頁
森岡清美「女性ライフコースの世代間および世代内葛藤」『社会学評論』三九、一九八八年一二月、二三〇〜二三七頁

森瀬　貞「壱岐島の腹帯について」『日本民俗学』八五、一九七三年五月、二九〜三三頁

森山茂樹・中江和恵『日本子ども史』平凡社、二〇〇二年

や

八木　透「イエ・家族・通過儀礼―民俗学における族制研究の現在―」『日本民俗学』一九〇、一九九二年五月、五六〜七〇頁

八木　透「人生―通過儀礼研究の動向と展望―」『日本民俗学』二三九、二〇〇四年八月、六九〜八九頁

八木橋伸浩「講集団の変容」成城大学民俗学研究所編『昭和期山村の民俗変化』名著出版、一九九〇年、九九〜一二五頁

安井眞奈美『出産環境の民俗学：〈第三次お産革命〉にむけて』昭和堂、二〇一三年

安澤　菊江「産泰信仰―埼玉県下の事例を中心に―」『日本民俗学』一七二、一九八七年一一月、八三〜九九頁

柳田國男監修『民俗学辞典』東京堂出版、一九五一年

柳田　國男「宮参り」『月曜通信』修道社、一九五四年

柳田　國男「風俗問状答申」『郷土研究』四―九（一九一六年一二月初出）『柳田國男全集』二五、筑摩書房、二〇〇〇年、一五二〜一五三頁

柳田　國男「ウブスナのこと」『月曜通信』修道社、一九五四年

柳田　國男ａ「氏神と氏子」（一九四七年初出）『定本柳田國男集』一一、筑摩書房、一九六九年、三八三〜五一九頁

柳田　國男ｂ「小児生存権の歴史」（一九三五年初出）『定本柳田國男集』一五、筑摩書房、一九六九年、三九三〜三九七頁

柳田　國男ｃ「社会と子ども」（一九四一年初出）『定本柳田國男集』一五、筑摩書房、一九六九年、二〇五〜二三三頁

柳田　國男ｄ「先祖の話」（一九四六年初出）『定本柳田國男集』一〇、筑摩書房、一九六九年、一〜一五二頁

柳田　國男「女性生活史」（一九四一年初出）『定本柳田國男集』三〇、筑摩書房、一九七〇年、三〜六二頁

柳田　國男『産育習俗語彙』国書刊行会、一九七五年（愛育会、一九三五年刊の複製）

柳田　國男「郷土生活の研究法」（一九三五年初出）『柳田國男全集』八、筑摩書房、一九九八年、一九五～三六六頁
山崎　祐子「産む身体」湯川洋司他編『日本の民俗七　男と女の民俗誌』吉川弘文館、二〇〇八年、一一二～一四〇頁
山田　慎也『現代日本の死と葬儀』東京大学出版会、二〇〇七年
山田　慎也「現代儀礼研究の課題と方法―葬送儀礼の研究を中心にして―」『国文学　解釈と鑑賞』七三―八、二〇〇八年八月、一〇九～一一五頁
山田　昌弘『近代家族のゆくえ』新曜社、一九九四年

よ

吉岡眞知子「日本の子育て文化における子ども観―日本における子育ての習俗からみて―」『東大阪大学短期大学部教育研究紀要』二、二〇〇四年、二九～三五頁
吉野　裕子『易と陰陽道』人文書院、一九八四年
吉村　典子「出産習俗に見る「産む人中心」から「助産者中心」へ」『講座人間と環境五　出産前後の環境』昭和堂、一九九九年、八〇―一一三頁
依田新・加藤翠・猪狩宣子・高島恭子・和泉玲子「農家における産育儀礼ならびに年中行事の実態調査」『日本女子大学紀要家政学部』一七、一九七〇年六月、一～七頁

ろ

エリザベス・キューブラー＝ロス『死ぬ瞬間―死とその過程について―』（鈴木晶訳）読売新聞社、一九八八年（原著は一九六九年発行）

わ

和歌森太郎『女の一生』河出書房、一九七六年
渡辺信一郎『江戸の庶民生活・行事辞典』東京堂出版、二〇〇〇年

渡辺　桃子「岐阜県における誕生儀礼―帯祝と初誕生―」『岐阜県歴史資料館報』二四、二〇〇一年三月、一二六～一四四頁
渡辺千佳子「厄年・年祝い」五来重編『講座日本の民俗宗教一』弘文堂、一九七九年、三二五～三四〇頁

団体

NHK放送文化研究所編『現代社会とメディア・家族・世代』新曜社、二〇〇八年
NHK放送文化研究所編『現代日本人の意識構造』（NHKブックス一一五一）日本放送出版協会、二〇一〇年
大塚民俗学会編『日本民俗事典』弘文堂、一九七二年
恩賜財団母子愛育会編『日本産育習俗資料集成』第一法規出版、一九七五年
角川日本地名大辞典編纂委員会編『角川日本地名大辞典一三　東京都』角川学芸出版、一九七八年
京都府天田郡三和町編『シンポジウム産屋トーク二』三和町役場企画財政課、二〇〇〇年
金園社企画編集部編『おめでとう！　赤ちゃんのお祝い　子どものお祝い』金園社、二〇〇八年
金融財政事情研究会『第一一次　業種別審査事典　第九巻』二〇〇八年
厚生労働省『国民生活基礎調査』二〇〇一年
厚生労働省『人口動態統計』二〇〇七年
厚生労働省「平成二三年人口動態」『女性の暮らしと生活意識データ集二〇一三』三冬社、二〇一二年、二八～二九頁
厚生労働省雇用均等・児童家庭局編『女性労働の分析―中高年女性の就業実態と意識―』二一世紀職業財団、二〇〇六年
國學院大學COEプログラム　神道と日本文化の国学的研究発信の拠点形成『「日本人の宗教意識・神観に関する世論調査（二〇〇三年）・日本人の宗教団体への関与・認知・評価に関する世論調査（二〇〇四年）」報告書』二〇〇五年一〇月
國學院大學日本文化研究所編『神道事典』弘文堂、一九九四年

三元社編『旅と伝説』（誕生と葬礼号）、岩崎美術社、一九七八年（一九二八〜四四年の複刻版）
司　法　省『日本全国民事慣例類集解題』一九三二年
社会伝承研究会『人生儀礼と社会構造』（社会伝承研究七）、一九八三年
主婦と生活社編『都道府県別冠婚葬祭大事典』主婦と生活社、二〇〇〇年
主婦の友社『冠婚葬祭のマナー　もう恥をかかずにすむ』（主婦の友生活シリーズ）、一九九六年
女性のための編集者学校出版局編『まるごと一冊雑誌の本　まるごとマガジン一』一九八八年
神社本庁教学研究所『第一回「神社に関する意識調査」報告書』一九九七年八月
神社本庁教学研究所『第二回「神社に関する意識調査」報告書』二〇〇三年六月
神社本庁教学研究所『第三回「神社に関する意識調査」報告書』二〇〇五年一〇月
神社本庁教学研究所『第三回神社に関する意識調査報告書』二〇〇七年
新修新宿区史編集委員会『新修新宿区史』一九六七年
新　宿　区『新宿区十五年の歩み』一九六二年
新　宿　区『新宿区史』一九八八年
新宿区子ども家庭部子ども家庭課編『新宿区次世代育成支援計画』二〇一〇年
新宿区教育委員会編『新宿区文化財総合調査報告書四』一九七八年
新宿区地域女性史編纂委員会『新宿に生きた女性たち』二〇〇七年
新宿歴史博物館編『新宿区の民俗一　民俗芸能篇』一九九二年
新宿歴史博物館編『ステイション新宿』新宿区教育委員会、一九九三年
新宿歴史博物館編『新宿区の民俗四　落合地区篇』一九九四年
新宿歴史博物館編『展示図録　落合遺跡展（平成九年度新宿歴史博物館企画展）』新宿区教育委員会、一九九七年

神宮司庁編『古事類苑』礼式部、吉川弘文館、一九六九年(復刻版)
神宮司庁編『古事類苑』神祇部、吉川弘文館、一九七七年(復刻版)
西郊民俗談話会「産神特集」『西郊民俗』一〇〇、一九八二年九月
成城大学民俗学研究所編『昭和期山村の民俗変化』名著出版、一九九〇年
成美堂出版編集部編『赤ちゃん・子どものお祝い事　出産から小学校入学までの行事』成美堂出版、二〇〇八年
全国敬神婦人連合会『うぶちゃんと学ぶ　腹帯イロハ』全国女子神職協議会、二〇〇五年
中央区役所編『中央区史・下』一九五八年
東京空襲を記録する会『コンサイス東京都三五区　区分地図帖(復刻版)』日地出版、一九八五年(一九四六年刊の復刻)
東京都教育委員会編『東京の民俗』全八巻、東京都教育庁社会教育部文化課、一九八四〜一九九二年
東京都労働経済局編『東京の女性労働事情』一九九五年
豊島区立郷土資料館編『女性の祈り―婚姻・出産・育児の信仰と習俗―』(特別展図録)豊島区教育委員会、一九九三年
内藤新宿三〇〇年落合第一地区委員会『新宿おちあい―歩く見る知る―』一九九八年
内務省地理局『新編武蔵風土記稿』一八八四年
日本宗教学会編『宗教研究』(特集既刊宗教研究総目次・索引　一九一六〜一九九九年)三二二、一九九九年九月
日本生命倫理学会編『生命倫理を問う(生命倫理二)』成文堂、一九九一年
日本婦人団体連合会編『女性白書二〇〇四』ほるぷ出版、二〇〇四年
日本文化人類学会編『文化人類学事典』丸善、二〇〇九年
日本民俗学会編「特集　出産と生命」『日本民俗学』二三二、二〇〇二年一一月
婦人生活社『冠婚葬祭おつきあい事典』一九九九年
ぶよう堂編『あの日の新宿　昭和二五年から三〇年代の思い出と出会う(シリーズ地図物語)』ぶよう堂、二〇〇八年

文化庁文化財保護部『日本民俗資料事典』第一法規出版、一九六九年
文化庁編『日本民俗地図五　出産・育児』国土地理協会、一九七七年
文化庁編『宗教年鑑　平成二三年版』ぎょうせい、二〇一二年
ベネッセコーポレーション『育児大百科』一九九六年
ベネッセコーポレーション『出産&新生児大百科　新装版』二〇〇五年
三和町郷土資料館『大原の産屋(平成一一年度企画展)』一九九九年
明玄書房『日本の祝事』全一〇巻、一九七七〜一九七八年
明治神宮五〇年誌編纂委員会編『明治神宮五〇年誌』明治神宮、一九七九年
迷信調査協議会『生活慣習と迷信』技報堂、一九五五年
雷鳥社編集部編『雑誌タイトルコピー大全　女性誌編』雷鳥社、二〇〇四年

雑誌記事

『家庭画報付録』「子どもの成長を願う日本の行事と贈り物」二〇〇三年四月
『暮しの手帖　別冊』「子どもの行事と祝いごと」二〇〇二年五月
『週刊ダイヤモンド』三九三一、二〇〇二年四月「スタジオアリス(特集　サービスがカネを生む時)」
『商業界』四九―八、一九九六年八月「FC&ニュービジネス探訪―スタジオアリス／ラプティアカデミー―少子化時代のダブルポケットを狙う」
『商業界』七五四、二〇〇八年六月「スタジオアリス「サッカー型経営」の現場力」
『商業界』七六四、二〇〇九年二月「スタジオアリスくずはモール店　七五三シーズンの大安休日」
『二〇二〇 AIM business design』二〇四、二〇〇二年五月「ケース1　一〇年で二〇〇店でオンリーワン・ビジネスをつくりあげた、子供専門の写真スタジオ「スタジオアリス」」

『ヨミウリ・ウィークリー』二〇〇二年九月一五日号「新厄年の研究」

『ヨミウリ・ウィークリー』二〇〇五年一月二日号、「三〇〇人大調査！　働く女の癒し術」

『an an』マガジンハウス、一九九四年一月号「女にとって年齢とは？　女の「厄年」の意味をいろいろな角度から考える」

『an an』マガジンハウス、一九九六年一二月号「'97前半、恋と運命は？　誰も逃れられない不運期を上手に賢く乗り切る方法」

『Como』主婦の友社、二〇〇九年九月号「七五三白書二〇〇九」

『Como』主婦の友社、二〇〇九年一〇月号「祝！　七五三　秋の豪華特大号！」

『MINE』二〇〇四年一月「子どもに関するお金」

『ＰＨＰカラット』ＰＨＰ研究所、二〇〇四年三月号「女の厄年三三歳　働く三〇代心の厄年をどう乗り切るか」

『Saita』セブン＆アイ出版、二〇〇七年一月号「女三〇代を乗り切るハッピー厄落とし」

『uno!』朝日新聞社、一九九八年三月号「女の厄年　ウソ・ホント？」

あとがき

國學院大學大学院の博士課程前期で取らせていただいた石井研士先生の宗教学のゼミで、現代における宗教的な事柄についての課題が出され、取り組んだのが本研究の始まりだったように思います。その時に自分で考えて選んだのが厄年でした。博士課程前期から宗教学を学ぶことになったとはいえ、先生に「厄年は宗教的事柄に含めていいのでしょうか」と、あまりにも稚拙な質問をしたことを覚えております。その後自分なりに調べ発表した際に、先生から多少よく言っていただいたのを過大に受け取り、調子に乗った出だしだったように思います。その厄年について調べ、初宮参り、安産祈願、七五三と調べていくうちに、それは自分の人生ともリンクし始め、ただの研究テーマではなくなり、得られた結果が時には自分自身の人生の指針にもなっていきました。現代において、こういった人生儀礼がさかんでありながら、研究が大変少なく実態が明らかでないことも私を刺激しました。そうこうしているうちに、研究をいよいよやめられなくなり、多くの紆余曲折を経て博士学位論文『現代における人生儀礼の実態と意義―女性と子どもに関する儀礼を通じて―』を完成させるに至りました。そして、この博士学位論文に加筆修正をして出来上がったものが、本書となりました。

しかし、博士学位論文を完成させることは元来のんきな私にとっては並大抵なことではありませんでした。すぐ安易な方へ行きたがり、へこたれしてしまう自分がここまでやってこられたのは、周りのご指導、ご協力、励ましがあったことは言うまでもありません。この場を借りて、お礼を述べさせていただきます。

まずは本書は國學院大學課程博士論文出版助成金の交付を受け出版いたしました。貴重な機会を与えてくださった國學院大學に感謝申し上げます。そして、博士課程後期での指導教官であり、博士論文について長くご指導くださった石井研士先生に深く感謝申し上げます。先生のご指導は時にはやさしくそして時には厳しく、いつも研究者として正しいすすみ方を示して下さいました。さらに博士論文の副査を引き受けてくださった新谷尚紀先生、武田秀章先生にも多くのご指導いただきました。ありがとうございました。

本書における調査研究では、多くの方々にインタビューやアンケートへの協力、資料の提供をしていただきました。都内神社の神職の方々、また厄年については関東の著名な四寺院の僧侶の方々に大変お忙しい中、貴重なお話をしていただきました。お話しにくいであろうこともお聞きしてしまったこと、この場を借りてお詫び申し上げます。特に新宿区中井の御霊神社の磯部宮司には安産守授与に関する貴重な資料を利用させていただきましたこと、学校法人清水学園には戦前から今に至る明治神宮などでの七五三衣装に関する貴重なデータを利用させていただきましたこと、足立区の二ヶ所のスイミングスクールでは利用者の親へのアンケートの実施を許可いただきましたこと、そして中野区の幼稚園の方々には園の掲示板に七五三インタビュー協力者募集のポスターを貼り出すことを許可していただきましたこと、心より感謝申し上げます。七五三のアンケートやインタビューの実施については、財団法人東海冠婚葬祭産業振興センターより研究助成をいただきましたことも付記して感謝申し上げます。

最近では杉並区シルバー人材センターのご協力を得て、六〇～八〇代の女性の方々に七五三に関するインタビューをすることが可能になりました。また、鈴乃屋の着物レンタルブティックの枝廣さん、晴れ着の丸昌の鹿島さん、子ども写真館のスタジオアリスの松原さんにお話をうかがって、現代における人生儀礼に対する視野を広めさせていただき、新たな課題もみつけることができました。貴重なお話をありがとうございました。

そして、多くの儀礼参加者の皆様からのお話をうかがうことができなければ、この研究は全く内容のないものとなっておりました。ご自身やお子様、またお孫さんの儀礼の様子や思いについて、そしてご自身の厄年に関する体験などについて語ってくださり、ありがとうございました。

自著という未知の世界にとまどっている頼りない私を叱咤激励して最後まで辛抱強く引っ張って行ってくださった岩田書院の岩田博さんには感謝申し上げねばなりません。そして、國學院大學大学院の博士課程で子育てをしながら博士論文提出を目指すという同じ境遇に身を置いてきた、同志で友人の坂本直乙子さんの励ましなしではここまでがんばれませんでした。

最後に結婚とともに仕事をやめて研究活動を始めた勝手な私をいつも理解して支えてくれた夫と母、拙稿を読んで感想を言ってくれていた今は亡き父、そして私に研究の題材とアイディアを絶え間なく提供してくれる息子の周平に本書を捧げたいと思います。

二〇一五年三月

田口祐子

初出一覧

第一章

・「現代における安産祈願の実態とその背景」『神道宗教』二二〇・二二一、二〇一一年一月、一〇七～一二九頁

・「安産祈願の実態と動向―新宿区中井の御霊神社の事例から」『女性と経験』三五、二〇一〇年一〇月、一〇〇～一一〇頁

第二章

・「現代における初宮参りの意義に関する一考察」『國學院大學大学院紀要―文学研究科―』三九、二〇〇七年三月、一五五～一七〇頁

・「現代の神社における初宮参りの実態について―東京都内の神社への調査から―」『神道研究集録』二三、二〇〇九年三月、四一～五九頁

・「初宮参り―母親たちから聞いた現代のお宮参り―」『神道はどこへいくか』ぺりかん社、二〇一〇年、三三～五〇頁

第三章

・「現代の七五三に関する一考察」『女性と経験』三六、二〇一一年一〇月、一二三～一三三頁

・「母親たちから聞いた現代の七五三」『女性と経験』三八、二〇一三年一〇月、七二～八三頁

・「現代の七五三の変遷に関する一試論」『女性と経験』三九、二〇一四年一〇月、一〇～二〇頁

第四章

・「現代の厄年に関する一調査」『神道宗教』二〇八・二〇九、二〇〇八年一月、八一～一〇三頁

・「現代の厄年観について―三〇代女性への調査を中心に―」『女性と経験』三四、二〇〇九年一〇月、七九～八九頁

・「厄年の今とこれから―高まる関心―」『神道はどこへいくか』ぺりかん社、二〇一〇年、五一～七一頁

・「女性と厄除け―儀礼文化の現在―」『現代宗教』二〇一一、二〇一一年五月、二二五～四四頁
・「女性誌の中の厄年」『國學院雑誌』一一五―五、二〇一四年五月、一九～三四頁

著者紹介

田口　祐子（たぐち　ゆうこ）

アメリカ・ニューヨーク州生まれ。

東京学芸大学教育学部心理臨床学科卒業後、白百合女子大学大学院児童文化学科発達心理学専攻修士課程修了。練馬区役所職員（福祉職）を経て、
國學院大學大学院神道学専攻博士後期課程修了、博士（宗教学）。

2014年より國學院大學大学院特別研究員。

専門は宗教学、宗教民俗学。

現在の研究テーマは、現代の女性・子どもに関する人生儀礼の実態と意義。

主要論文に「現代における初宮参りの意義に関する一考察」（『國學院大学大学院紀要―文学研究科―』第39輯、2007年）、「女性と厄除け―儀礼文化の現在―」（『現代宗教』2011、秋山書店、2011年）、共著に『神道はどこへいくか』（ぺりかん社、2010年）、『冠婚葬祭の歴史』（水曜社、2014年）などがある。

現代《げんだい》の産育儀礼《さんいくぎれい》と厄年観《やくどしかん》

2015年（平成27年）3月　第1刷　400部発行　　**定価［本体6900円＋税］**

著　者　田口 祐子

発行所　有限会社岩田書院　代表：岩田　博　　http://www.iwata-shoin.co.jp

〒157-0062 東京都世田谷区南烏山4-25-6-103　電話03-3326-3757　FAX03-3326-6788

組版・印刷・製本：亜細亜印刷

ISBN978-4-87294-899-8 C3039　￥6900E

コピーOK

岩田書院 刊行案内（22）

No.	著者	書名	本体価	刊行年月
864	長谷部・佐藤	般若院英泉の思想と行動	14800	2014.05
865	西海　賢二	博物館展示と地域社会	1850	2014.05
866	川勝　守生	近世日本石灰史料研究Ⅶ	9900	2014.05
867	武田氏研究会	戦国大名武田氏と地域社会＜ブックレットＨ19＞	1500	2014.05
868	田村　貞雄	秋葉信仰の新研究	9900	2014.05
869	山下　孝司	戦国期の城と地域	8900	2014.06
870	田中　久夫	生死の民俗と怨霊＜田中論集４＞	11800	2014.06
871	高見　寛孝	巫女・シャーマンと神道文化	3000	2014.06
872	時代考証学会	大河ドラマと市民の歴史意識	3800	2014.06
873	時代考証学会	時代劇制作現場と時代考証	2400	2014.06
874	中田　興吉	倭政権の構造 支配構造篇 上	2400	2014.07
875	中田　興吉	倭政権の構造 支配構造篇 下	3000	2014.07
876	高達奈緒美	佛説大蔵正教血盆経和解＜影印叢刊11＞	8900	2014.07
877	河野昭昌他	南北朝期 法隆寺記録＜史料選書３＞	2800	2014.07
878	宗教史懇話会	日本宗教史研究の軌跡と展望	2400	2014.08
879	首藤　善樹	修験道聖護院史辞典	5900	2014.08
880	宮原　武夫	古代東国の調庸と農民＜古代史８＞	5900	2014.08
881	由谷・佐藤	サブカルチャー聖地巡礼	2800	2014.09
882	西海　賢二	城下町の民俗的世界	18000	2014.09
883	笹原亮二他	ハレのかたち＜ブックレットＨ20＞	1500	2014.09
884	井上　恵一	後北条氏の武蔵支配と地域領主＜戦国史11＞	9900	2014.09
885	田中　久夫	陰陽師と俗信＜田中論集５＞	13800	2014.09
886	飯澤　文夫	地方史文献年鑑2013	25800	2014.10
887	木下　昌規	戦国期足利将軍家の権力構造＜中世史27＞	8900	2014.10
888	渡邊　大門	戦国・織豊期赤松氏の権力構造＜地域の中世15＞	2900	2014.10
889	福田アジオ	民俗学のこれまでとこれから	1850	2014.10
890	黒田　基樹	武蔵上田氏＜国衆15＞	4600	2014.11
891	柴　　裕之	戦国・織豊期大名徳川氏の領国支配＜戦後史12＞	9400	2014.11
892	保坂　達雄	神話の生成と折口学の射程	14800	2014.11
893	木下　　聡	美濃斎藤氏＜国衆16＞	3000	2014.12
894	新城　敏男	首里王府と八重山	14800	2015.01
895	根本誠二他	奈良平安時代の〈知〉の相関	11800	2015.01
896	石山　秀和	近世手習塾の地域社会史＜近世史39＞	7900	2015.01
897	和田　　実	享保十四年、象、江戸へゆく	1800	2015.02
898	倉石　忠彦	民俗地図方法論	11800	2015.02
899	関口　功一	日本古代地域編成史序説＜古代史９＞	9900	2015.02
900	根津　明義	古代越中の律令機構と荘園・交通＜古代史10＞	4800	2015.03
901	空間史学研究会	装飾の地層＜空間史学２＞	3800	2015.03